O peregrino e o convertido

Dados Internacionais de Catalogação na Publicação (CIP)
(Câmara Brasileira do Livro, SP, Brasil)

Hervieu-Léger, Danièle, 1947-
    O peregrino e o convertido : a religião em movimento / Danièle Hervieu-Léger ; tradução de João Batista Kreuch. 2. ed. – Petrópolis, RJ : Vozes, 2015.
    Título original: Le pèlerin et le converti : La religion en mouvement
    Bibliografia.
    ISBN 978-85-326-3727-7
    1. França – Religião – Século 20 2. Religião 3. Religião e sociologia I. Título.

08-06615   CDD-306.6

Índices para catálogo sistemático:
1. Religião e sociologia   306.6
2. Sociologia da religião   306.6

Danièle Hervieu-Léger

O peregrino e o convertido

A religião em movimento

Tradução de João Batista Kreuch

EDITORA
VOZES

Petrópolis

© Flammarion, 1999

Título original francês: *Le pèlerin et le converti – La religion en mouvement*

Direitos de publicação em língua portuguesa:
2008, Editora Vozes Ltda.
Rua Frei Luís, 100
25689-900 Petrópolis, RJ
www.vozes.com.br
Brasil

Todos os direitos reservados. Nenhuma parte desta obra poderá ser reproduzida ou transmitida por qualquer forma e/ou quaisquer meios (eletrônico ou mecânico, incluindo fotocópia e gravação) ou arquivada em qualquer sistema ou banco de dados sem permissão escrita da editora.

Diretor editorial
Frei Antônio Moser

Editores
Aline dos Santos Carneiro
José Maria da Silva
Lídio Peretti
Marilac Loraine Oleniki

Secretário executivo
João Batista Kreuch

Editoração: Sheila Ferreira Neiva
Diagramação: AG.SR Desenv. Gráfico
Capa: Juliana Teresa Hannickel

ISBN 978-85-326-3727-7 (edição brasileira)
ISBN 2-0808-0017-5 (edição francesa)

Editado conforme o novo acordo ortográfico.

Este livro foi composto e impresso pela Editora Vozes Ltda.

Sumário

Apresentação, 7

Introdução – Uma parábola da modernidade religiosa, 15

1. A religião despedaçada – Reflexões prévias sobre a modernidade religiosa, 31

2. O fim das identidades religiosas herdadas, 57

3. Figuras do religioso em movimento – O peregrino, 81

4. Figuras do religioso em movimento – O convertido, 107

5. As comunidades sob o regime do individualismo religioso, 139

6. Instituições em crise, laicidade em pane, 175

Conclusão – Por uma laicidade mediadora, 221

Apresentação

Faustino Teixeira
PPCIR/UFJF

No âmbito das atuais pesquisas realizadas sobre o fenômeno religioso na Modernidade, um dos nomes de destaque é o da socióloga francesa, Danièle Hervieu-Léger, atual presidente da École, de Hautes Études en Sciences Sociales (Paris) e responsável pela direção da revista *Archives des Sciences Sociales des Religions*[1]. Com uma significativa produção na área de estudos da religião, que remonta à década de 1970, essa autora vem se firmando como uma referência na reflexão sobre modernidade, memória e tradição religiosa. São ricas e provocadoras suas indagações sobre a desconstrução dos sistemas tradicionais de crença e a singular mobilidade religiosa contemporânea.

A obra apresentada, *O peregrino e o convertido*, foi publicada originalmente em 1999, e as diversas traduções realizadas e em curso revelam a importância e atualidade da temática desenvolvida pela autora[2]. Trata-se de uma retomada da reflexão desenvolvida no li-

---

1. Dentre suas publicações: *Vers un nouveau christianisme?* – Introduction à la sociologie du christianisme occidental (1986); *De l'émotion en religion* (1990); *La religion pour mémoire* (1993); *Sociologies et religion* – Aproches classiques en sciences sociales des religions (com WILLAIME, J.P., 2001); *La religion en miettes ou la question des sectes* (2001); *Catholicisme français*: la fin dun monde (2003); *Quest-ce mourir?* (com AMEISEN, J.Cl. & HIRSCH, E., 2003).
2. O livro já foi traduzido na Itália (Il Mulino, 2003), Alemanha (Ergon, 2004) e Portugal (Gradiva, 2005).

vro *La religion pour mémoire* (1993), onde Hervieu-Léger busca trabalhar os processos de construção e transmissão das identidades religiosas na Modernidade. O objetivo agora é tentar esclarecer a dinâmica que anima a continuidade crente no campo religioso ao final do século XX, ou seja, o processo de recomposição do imaginário religioso num tempo marcado pela crise das instituições tradicionais e de sua gestão da "memória autorizada". Como assinala Hervieu-Léger, o panorama religioso que antecede ao novo milênio vem "marcado pela difusão do crer individualista, pela disjunção das crenças e das pertenças confessionais e pela diversificação das trajetórias percorridas por 'crentes passeadores'"[3]. Verifica-se, de um lado, a "desregulação institucional" da religiosidade; e, de outro, a disseminação de novas formas de expressão religiosa: de uma religiosidade "flutuante" ou de elaborações sincréticas inéditas. Para além de uma "condensação do religioso no seio das religiões", há que desocultar sua presença por toda parte, na medida em que esse religioso constitui "uma dimensão transversal do fenômeno humano que trabalha, de modo ativo e latente, explícito ou implícito, em toda a extensão da realidade social, cultural e psicológica, segundo modalidades próprias a cada uma das civilizações dentro dos quais se tenta identificar sua presença"[4].

O livro divide-se em seis capítulos. O primeiro deles versa sobre o tema da *religião despedaçada* (1), e traz uma reflexão primeira sobre a modernidade religiosa. Após situar o quadro geral da Modernidade, a autora busca desenvolver a questão do paradoxo religioso nas sociedades seculares e, em particular, a desafiante questão para a sociologia da modernidade religiosa, da crise de credibilidade dos sistemas religiosos e da emergência crescente de novas formas de crença. As sociedades modernas não podem ser encaixa-

---

[3]. HERVIEU-LÉGER, D. *Le pèlerin et le converti* – La religion en mouvement. Paris: Flammarion, 1999, p. 25 (seguimos aqui, e nas demais citações, a tradução de João Batista Kreuch, para a edição brasileira da obra, publicada pela Vozes).
[4]. Ibid., p. 19.

das numa perspectiva restrita de secularização, marcada pela ideia da privação social e cultural da religião. Curiosamente, a mesma modernidade secularizadora faculta a difusão de novas expressões religiosas, na medida em que suscita opacidade, instransparência e incerteza quanto ao futuro. O que caracteriza o tempo atual não é a mera indiferença com respeito à crença, mas a perda de sua "regulamentação" por parte das instituições tradicionais produtoras de sentido. O que ocorre é uma "bricolagem de crenças", uma individualização e liberdade na dinâmica de construção dos sistemas de fé. Como indica a autora, "as crenças se disseminam. Conformam-se cada vez menos aos modelos estabelecidos. Comandam cada vez menos as práticas controladas pelas instituições"[5]. Torna-se comum a presença de crentes que se afirmam sem a adesão precisa a uma instituição particular. E esta proliferação de crenças que marca o cenário contemporâneo reflete largamente a necessidade sentida pelos indivíduos de "recompor" o universo de sentido que eles mesmos sentem escapar de suas mãos numa modernidade intransparente.

No segundo capítulo, aborda-se a questão do *fim das identidades religiosas herdadas* (2). A interrogação que move a autora nesse momento se refere ao modo como se processa a transmissão das identidades religiosas entre as gerações no contexto nebuloso da disseminação de crenças. Com base na singular reflexão de Halbwachs, e sua sociologia das identidades religiosas na Modernidade, Hervieu-Léger sublinha a importância da transmissão regular das instituições e valores como elemento fundamental para a continuidade e sobrevivência da sociedade. Isto também se aplica ao campo religioso, pois é no movimento de sua transmissão de uma geração a outra que a religião se firma no tempo. O que ocorre na Modernidade é um fenômeno complexo de "crise de transmissão" dessa "memória autorizada", que é a tradição. As sociedades modernas tendem a ser cada vez menos sociedades da memória, uma vez go-

---

5. Ibid., p. 53.

vernadas pelo "paradigma da imediatez". Esse enfraquecimento ou perda das identidades herdadas vem ocorrendo de forma crescente no âmbito da transmissão religiosa: "os indivíduos constroem sua própria identidade sociorreligiosa a partir dos diversos recursos simbólicos colocados à sua disposição e/ou aos quais eles podem ter acesso em função das diferentes experiências em que estão implicados"[6]. Uma vez enfraquecida a capacidade reguladora das instituições religiosas, bem como os processos tradicionais de identificação religiosa, fica muito mais fácil a "saída da religião". Ou tende a ocorrer uma nova escolha religiosa, com base nos recursos que os indivíduos vão encontrando pelo caminho ou se engrossa a fila dos que se definem como "sem religião".

O que caracteriza a religiosidade das sociedades modernas é a dinâmica do movimento, mobilidade e dispersão de crenças. É uma dinâmica que tensiona com a figura típica e estável do homem religioso, que é sua condição de praticante. Na paisagem religiosa cristã, a figura do praticante foi sempre a mais evidente: do praticante regular, que se insere numa bem definida territorialidade comunitária. Essa "figura emblemática" do praticante tende a pulverizar-se na Modernidade, com a nova dinâmica da "mobilidade das pertenças, com a desterritorialização das comunidades, com a desregulação dos procedimentos da transmissão religiosa e com a individualização das formas de identificação"[7]. Em substituição a essa figura, modelo de participação religiosa, que é a do praticante, a Modernidade favorece a emergência de duas outras figuras que cristalizam melhor a dinâmica de movimento que marca a nova paisagem religiosa, a do peregrino e a do convertido.

O capítulo terceiro busca situar essas *figuras religiosas em movimento*, concentrando-se particularmente na figura do *peregrino* (3). Para a autora, esse novo personagem enquadra-se como luva na especificidade da modernidade religiosa. É uma "figura típica do re-

---

6. Ibid., p. 69-70.
7. Ibid., p. 94.

ligioso em movimento, em duplo sentido. Inicialmente ele remete, de maneira metafórica, à fluência dos percursos espirituais individuais, percursos que podem, em certas condições, organizar-se como trajetórias de identificação religiosa. Em seguida, corresponde a uma forma de sociabilidade religiosa em plena expansão que se estabelece, ela mesma, sob o signo da mobilidade e da associação temporária"[8]. Para ilustrar essa sociabilidade peregrina, caracterizada pela mobilidade e confessionalidade fluida, a autora serve-se do exemplo da comunidade ecumênica de Taizé, fundada em 1940 pelo pastor Roger Schutz[9]. Menciona igualmente a experiência das Jornadas Mundiais da Juventude, na versão parisiense de 1997. São exemplos de uma "dinâmica de agregação e dispersão" que, para ela, definem uma distinta "territorialização simbólica da universalidade católica".

A figura do *convertido* (4) vem trabalhada no capítulo seguinte e expressa uma clara perspectiva de identidade religiosa no contexto de mobilidade da Modernidade, marcada pela tônica da escolha individual. Essa figura desdobra-se em três modalidades diferentes: do indivíduo que "muda de religião"; do indivíduo que se integra a uma tradição religiosa de forma inaugural; do indivíduo que se reafilia à mesma tradição religiosa. Nesses diversos casos, a conversão é vivida como imersão num "regime forte de intensidade religiosa". A emergência dessa nova figura no panorama religioso é expressão da "desregulação institucional" e traduz um dos postulados essenciais da modernidade religiosa, onde a identidade religiosa firma-se como fruto de uma escolha. Como mostra Hervieu-Léger, em todas as formas de conversão em curso se cristaliza "um processo de individualização, que favorece o caráter que se tornou opcional da identificação religiosa nas sociedades modernas, e o desejo de uma vida pessoal reorganizada, na qual se exprime, muitas vezes, sob uma forma mais ou menos explícita, um pro-

---

8. Ibid., p. 98.
9. Trata-se de uma comunidade voltada para o trabalho com a juventude.

testo contra a desordem do mundo"[10]. É sugestivo perceber como a própria expansão do pluralismo e do relativismo, e o sentimento de insegurança a eles relacionados, acabam provocando a "reativação de identidades confessionais", bem como o desejo de inserção num "regime intensivo de vida religiosa".

No quinto capítulo, desenvolve-se o tema das *comunidades sob o regime do individualismo religioso* (5). Os dois capítulos anteriores tinham sublinhado que no centro mesmo da dinâmica de movimento que marca a paisagem das sociedades modernas estava o indivíduo. O traço peculiar e irresistível dessa paisagem é a "individualização" e "subjetivização" das crenças e práticas[11]. Um claro exemplo dessa tendência vem visualizado pela autora na "nebulosa místico-esotérica". Trata-se de uma "religiosidade inteiramente centrada no indivíduo e sua realização pessoal"[12]. Essa individualização no campo religioso se compagina com o individualismo moderno e configura uma afirmação de crença desvinculada de uma pertença específica. O "crer sem pertencer" é um dos traços do tempo atual e presentifica-se na lógica de uma "bricolagem de fé" que impossibilita a constituição de comunidades crentes mais definidas. Verifica-se uma "decomposição sem recomposição", para utilizar uma expressão de F. Champion. Ou seja, a afirmação de um regime subjetivo de verdade que "dissolve, potencialmente, toda forma de comunalização religiosa"[13].

No capítulo final, aborda-se o tema das *instituições em crise* e da *laicidade em pane* (6). A autora concentra-se aqui num dos temas mais atuais do debate francês em torno da laicidade. A constituição francesa de 1946 define a França como uma "República indivisível e laica". Ao longo do processo histórico, a percepção dessa laicidade foi ganhando matizes diferenciados: de uma laicidade mili-

---

10. HERVIEU-LÉGER, D. Op. cit., p. 140.
11. Ibid., p. 157.
12. Ibid., p. 162.
13. Ibid., p. 179-180.

tante e comprometida, para uma laicidade de mediação. Os embates precisos com a questão do islã, hoje a segunda religião na França, e a problemática das "seitas", exigiram um novo posicionamento sobre a laicidade e seu papel na regulação institucional do religioso no regime republicano. A proposta defendida por Hervieu-Léger vai na linha de uma "laicidade mediadora". Num tempo marcado pela desregulação institucional e pluralização do religioso, em que as instituições religiosas perderam sua capacidade de "enquadramento do crer", torna-se cada vez mais decisiva a atuação do Estado na gestão e racionalização do debate em torno da delimitação prática do exercício de liberdade religiosa. O diálogo inter-religioso ganha um significado especial nesse debate. Nada mais urgente no tempo atual que a busca de uma nova dinâmica de entendimento entre as religiões, e Hervieu-Léger identifica no desenvolvimento das relações inter-religiosas "uma forma inovadora de regulação das identidades crentes às tradições particulares"[14].

Nos desdobramentos criativos da "escola francesa" das ciências sociais, Danièle Hervieu-Léger brinda os leitores brasileiros com uma rica e original contribuição para se compreender o lugar e papel das religiões na paisagem religiosa contemporânea. É uma abordagem inovadora, que lança uma nova perspectiva para o estudo da secularização e a captação das formas contemporâneas de mobilidade religiosa. Mesmo tendo sido publicada na década passada, a obra permanece atual e provocadora. Revela-se particularmente importante para os leitores brasileiros que se deparam com um campo religioso que se mostra cada vez mais diversificado, como indicam os dados do último Censo Demográfico do IBGE (2000).

---

14. Ibid., p. 260.

Introdução
Uma parábola da modernidade religiosa

Um curso de verão organizado numa universidade de Andorra há alguns anos deu-me a oportunidade de descobrir o charme e os contrastes de Principauté, um pequenino Estado situado no coração dos Pireneus. Os vales de Andorra, que se deve percorrer a pé, deixando para trás as estradas tomadas pelo fluxo ininterrupto de turistas, abrigam vilarejos alojados em seus montes, agora praticamente desertos, mas que eram, no século passado, densamente povoados. Não é preciso ter muita imaginação para se construir uma representação de como devia ser a vida de seus habitantes nessas condições de isolamento, sobretudo durante os meses de um interminável inverno nas montanhas. Ora, cada um desses vilarejos é palco de uma maravilhosa igreja, desse romance lombardo tão característico da região. No centro desse universo, que permaneceu inalterado durante séculos, a igreja era o ponto de referência, o lugar em que se concentrava toda a vida da comunidade. Aí se reuniam as pessoas para rezar, e também para discutir as questões relacionadas à comunidade. A religião estava no centro da sua existência cotidiana. Os sinos ditavam o ritmo do tempo. As festas religiosas regulavam os ciclos da vida dos indivíduos e da coletividade. Hoje, ninguém mais frequenta essas igrejas, senão para admirar as características culturais de um mundo que desapareceu. Celebra-se, ainda, a missa aqui e ali, mas cada vez com menor frequência. A animação episódica de determinados lugares de culto, mais do que sua reativação, confirma o enfraquecimento da vida religiosa local no Tempo Comum. Até a festa da Virgem de Meritxell que, até os anos 1960, reunia toda a população de Andorra no fim do verão, perdeu sua capacidade de mobilização. O evento ainda é marcado com solenidade, como deve ser, já que se trata de um lugar de grande memória para a população andorrena, mas as famílias já não consideram esse dia a comemoração que constituía para as gerações precedentes um acontecimento social de primeira importância. Obviamente, esse local atrai os amantes do turismo verde, os viajantes sem destino ou um novo tipo de peregrinos, em busca dos elevados lugares espirituais dos pireneus. Nada a ver, no entanto, com o antigo fervor das multidões, dirigidas com firmeza pelo clero, do qual um pequeno museu, instalado no espaço do santuário, conserva a imagem. Hoje, a verdadeira vida está, evidentemente, em outro lugar, perto, sem dúvida, das ruas poluídas pelo fluxo dos automóveis e carros que atravessam o pequeno centro de Andorra-la-Vela. A mudança da decoração, nesse fundo de vale pireneu, é completa: as pequenas lojas que não pagam taxas de imposto tomaram conta dos espaços, engolindo as antigas construções, inclusive das igrejas. Os turistas, interessados principalmente em fazer bons negócios, se espalham sobre as calçadas trazendo sacos de pacotes de cigarro junto com perfumes ou bebidas contrabandeadas. Os sentimentos religiosos parecem totalmente ausentes desse alvoroçado universo de consumo e de transações de mercadorias. E, no entanto... tem-se a surpresa de descobrir uma catedral de cristal, de um feitio arquitetônico levemente futurista, que aponta, desde algum tempo, uma flecha de vidro sobre essa intensa atividade comercial. No átrio do edifício, que impressiona por suas dimensões, comprime-se uma numerosa multidão: famílias, crianças, jovens, idosos. É a religião que os reúne? Não se pode duvidar que uma forma particular de devoção esteja envolvida aí, alimentada por crenças, e capaz de suscitar práticas rituais, esforços ascéticos e até experiências inéditas de êxtases. O centro "termolúdico" que abriga, na verdade, a "catedral" de aço e de cristal, com suas piscinas quentes e frias, seus "banhos egípcios", suas banheiras borbulhantes, suas saunas e suas salas de musculação, é com certeza, em certo sentido, um lugar de culto: o culto do corpo, da forma física, da juventude permanentemente preservada, da saúde e da satisfação pessoal, em que se exprime um pouco das expectativas e esperanças de nossos contemporâneos. É alguma coisa a que o mundo tradicional da religião parece bem estranho, e que, portanto, não tem relação com ele.

Muitos outros exemplos poderiam ser citados para evocar essas impressões contrastantes: lembranças de um mundo religioso desaparecido, presença intensa da secularização, novas formas de culto. O caso de Andorra oferece, simplesmente – num lenço de bolso, podemos dizer – a matéria de uma parábola da modernidade religiosa. Nesta podem inscrever-se, de maneira exemplar, os questionamentos e as dúvidas da sociologia contemporânea dos fatos religiosos. Essas interrogações podem ser resumidas da seguinte forma: quando a presença social da "religião no pleno sentido do termo" impõe-se de modo evidente ao observador, ela está em vias de desaparecimento, ou já desapareceu e não subsiste mais, exceto como traços do passado; por outro lado, quando as crenças e práticas rituais que caracterizam a modernidade mais avançada se manifestam de modo particularmente claro, ninguém sabe dizer se ainda se pode falar legitimamente de "religião" em relação e elas. Este paradoxo vem marcando a história do desenvolvimento da reflexão sobre os fatos religiosos há uns quinze anos. Durante muito tempo sem ter clareza a respeito desse objeto do qual ela constatava e acompanhava o aniquilamento social, ao mesmo tempo em que se impunha a todos os frontes uma modernidade definitivamente a-religiosa, a sociologia das religiões viu-se totalmente sacudida ao descobrir, na virada dos anos 1970, que esta modernidade secular, supostamente governada pela razão científica e técnica, era, também ela, uma nuvem de crenças. Como identificar o que está ligado propriamente à "religião" nas sociedades modernas? E qual é o lugar desta realidade "religiosa" na vida das sociedades que reivindicam, sob formas diversas, serem sociedades leigas nas quais a adesão de fé tornou-se um assunto individual e privado? Estas questões têm um alcance que ultrapassa amplamente o domínio dos especialistas que se dedicam em tempo integral a tentar encontrar uma resposta para elas. Quando as opiniões se alarmam com o crescimento do islã em seus subúrbios, quando os intelectuais se enfrentam publicamente para saber se o véu das jovens muçulmanas é ou não um "símbolo religioso ostentatório" que deve ou não ser proibido dentro dos muros das escolas públicas, quando os juízes se arriscam a determinar se esse ou aquele grupo, cujas práticas eles precisam avaliar com base na lei, pode ou não ser considerado como um grupo "religioso", quando as controvérsias se multiplicam sobre a questão de saber se é oportuno que os funerais solenes de um chefe de Estado socialista e notoriamente agnóstico sejam celebrados pela Igreja Católica, então são exatamente essas mesmas questões relacionadas à definição da religião, sua regulação social, sua relação com a modernidade política que estão no centro do debate público. O objetivo deste livro não é trazer respostas definitivas a essas questões, mas apresentar alguns pontos que permitam iluminar as condições nas quais elas surgem. Se as discussões que dizem respeito à religião assumem atualmente um viés ideológico e passional, se os *media* consideram como fenômenos religiosos apenas os seus aspectos mais espetaculares e mais superficiais, é porque faltam instrumentos para avaliar as transformações que afetaram a paisagem religiosa contemporânea. Elas ocorreram em tal velocidade que a reflexão não as acompanhou. Ocupados durante anos em analisar o fim de um mundo religioso herdado do passado, os especialistas da sociologia religiosa se encontram, hoje, diante de novas interrogações.

A religião exilada

Inaugurado pelo decano Gabriel Le Bras em 1931 que fizera um apelo "por um exame detalhado e uma explicação histórica da situação do catolicismo na França", o interesse sociológico pela religião veio a expandir-se, imediatamente após a Segunda Guerra

Mundial, num conjunto de estudos que se propunham observar e mensurar a vida religiosa das 40.000 paróquias da França. O estudo das formas geográfica e socialmente diferenciadas de observância, ou ainda das formas de relação entre a prática (ou a não prática) católica e as preferências políticas dos eleitores forneceram resultados de grande valor. Tais pesquisas ainda são, sob muitos aspectos, a base metodológica sobre a qual se apoiam pesquisas mais recentes a respeito da situação religiosa na França. Esse primeiro desenvolvimento aconteceu exatamente no momento em que o catolicismo francês, com um enraizamento histórico secular, mas sacudido pelos ataques que marcaram a entrada da França na Modernidade, passava, não sem problemas, pelo desmoronamento da civilização paroquial. A sociologia religiosa francesa constituiu-se como sociologia do catolicismo no momento exato em que se desfazia definitivamente o sonho de uma sociedade católica territorial unificada em torno dos sinos e do clero.

Provavelmente não é apenas porque a França era, então, um país majoritariamente católico que a sociologia do catolicismo, ocupada acima de tudo com a análise detalhada da prática cultual, obteve aí um reconhecimento tal a ponto de impor suas problemáticas, às vezes de forma intempestiva aos sociólogos e historiadores que se interessavam pelas minorias protestante e judaica. O catolicismo tornou-se, desse modo, o principal objeto também pelo fato de que os sociólogos podiam mostrar até que ponto ele estava submetido à inevitável corrosão de um ambiente definitivamente secularizado. Foi, com efeito, dedicando suas investigações empíricas essencialmente à mensuração do enfraquecimento do catolicismo em uma sociedade em plena modernização que os especialistas franceses em religião chegaram a impor, no âmbito sociológico de então, a legitimidade do estudo científico da religião. É preciso lembrar-se que, na época, dificilmente se imaginaria fazer uma sociologia religiosa de outra maneira que não através do empenho em "reduzir" a religiosidade ao conjunto de determinações sociais da religião. Este objetivo correspondia a orientações herdadas de uma sociologia clássica dos fenômenos religiosos, situada no dúplice apadrinhamento de Marx e de Durkheim. Também estava sintonizada com o postulado que dominava, à época, a paisagem da sociologia, segundo o qual a sociedade pode ser tratada como um corpo organizado a partir de um centro e cujas diferentes funções se ajustam entre si. Em boa parte, a atividade sociológica determinou-se a observar os avanços e os retrocessos da integração desse "sistema social", voltado a uma racionalização sempre mais forte. Esse movimento implicava a reabsorção das dissonâncias "irracionais" presentes no seio da vida social e, obviamente, a religião era identificada como a primeira delas. Para muitos pesquisadores, a análise da racionalização do social passava, portanto, antes de tudo pela elucidação das modalidades com que a religião foi expulsa das sociedades modernas. Assim fazendo, eles inseriam seu próprio trabalho na coerência de um movimento de secularização, envolvido na história da modernização. A mensuração do desmoronamento das práticas religiosas, oportunamente, vinha confirmar e reforçar a problemática da "redução" da sociologia da religião que se lhes impunha como a única abordagem científica possível. O estudo dos fatos religiosos se autenticava sociologicamente declinando de forma empírica, a partir de um catolicismo considerado a religião por excelência, o aniquilamento religioso da sociedade moderna. Para atestar a legitimidade científica de seu interesse pela religião, os pesquisadores eram obrigados, de certo modo, a confirmar seu desaparecimento.

Da "religião perdida" à "religiosidade em toda parte"

O final dos anos 1960 e o começo dos anos 1970 marcaram, em relação ao período precedente, uma virada decisiva. Todos os pesquisadores dedicados a investigar os fatos religiosos começaram, a partir desse momento, a reavaliar e a reformular o modelo da incompatibilidade e da exclusão mútua que governava até então a análise das relações entre religião e modernidade. Esse deslocamento teórico correspondia a uma revisão intelectual que afetava não apenas a sociologia religiosa. A sociologia em seu conjunto estava, então, engajada num reposicionamento da problemática da racionalidade do social, implicado no modelo funcionalista dominante. A sociologia religiosa entrou nesse debate através da reavaliação teórica que o avanço das pesquisas empíricas sobre a modernidade religiosa lhe impunha. Dos debates sobre a religião dita "popular", ocorridos desde o começo dos anos 1970 até as pesquisas recentes sobre as crenças contemporâneas, a sociologia das religiões veio, progressivamente, abordando em termos novos a questão das relações entre as experiências religiosas dos indivíduos, as instituições sociais da religião e a Modernidade. O intenso retorno da religião ao cenário público, no coração das sociedades ocidentais, lá onde a privatização da religião era considerada a mais avançada; a evidenciação, através da efervescente irrupção dos novos movimentos sociais, do engajamento dos crentes ligados à mobilização política e cultural; a dispersão das crenças expressa pelo aumento de religiosidades paralelas e novos movimentos religiosos: todos esses fenômenos davam um peso irrefutável à ideia de uma modernidade "racionalmente desencantada", definitivamente alheia à religião. No momento preciso em que a Modernidade, sacudida pelas consequências do primeiro choque petrolífero, via-se obrigada a revisar sua secular escatologia do progresso e do crescimento, a tônica passou a ser colocada na proliferação das crenças em sociedades que, devido ao fato da velocidade das mudanças em todos os aspectos, são também sociedades submetidas à tensão de uma permanente incerteza. Ao mesmo tempo em que emergia um vivo interesse pelas formas de religiosidade associadas ao individualismo moderno, abria-se o caminho para uma nova leitura das relações entre religião e política e entre as instituições religiosas e o Estado.

    Ao passar a um novo questionamento, simultaneamente teórico e empírico, do modelo linear da secularização, entendida conjuntamente como processo de redução racional do espaço social da religião e como processo de redução individualista das opções religiosas, a sociologia das religiões foi levada a reconsiderar mais amplamente sua visão da relação entre a Modernidade e religião. Ela passou a ver essa relação sob os dois aspectos da dispersão das crenças e das condutas, por um lado, e da desregulação institucional da religiosidade, por outro. Ao mesmo tempo em que se deixa de pensar a religião pelo prisma exclusivamente do desencantamento racional, passa a se ter um interesse maior pelo processo de decomposição e de recomposição das crenças que não se relacionam com o âmbito da verificação e da experimentação, mas encontram sua razão de ser no fato de darem um sentido à experiência subjetiva dos indivíduos. Redescobre-se que tais crenças pertencem a práticas, linguagens, gestos, automatismos espontâneos que constituem o "crer" contemporâneo[1]. Permanece-se, então, na singularidade das construções de crenças individuais, em seu caráter maleável, fluido e disperso e, ao mesmo tempo, na lógica dos empréstimos e reutilizações de que as grandes tradições religiosas históricas são objeto. Através da temática da "bricolagem", da "braconagem"* e outras "colagens", avança-se progressivamente rumo a uma descrição extensiva da paisagem moderna das crenças.

Uma questão decisiva colocou-se, então, e que ainda hoje está longe de ter uma resposta: é possível reconhecer a pluralidade e a singularidade dos arranjos do crer na Modernidade sem abrir mão, todavia, de tornar inteligível o fato religioso como tal? Todas as respostas a esta questão incidem, de formas diferentes, sobre o problema da "definição" de religião. Mas trata-se de uma questão à qual é impossível fornecer uma resposta definitiva. O sociólogo não busca isolar definitivamente a essência da religião. Ele retoma continuamente o trabalho de identificação e de construção de seu objeto a partir da diversidade inesgotável dos fatos que observa. Ora, se assumirmos a via da exploração das crenças contemporâneas, deveremos admitir rapidamente que o religioso não se define unicamente pelos objetos sociais (as "religiões") nas quais ele se manifesta de maneira compacta e concentrada. O religioso é uma

---

1. Esta abordagem do "crer" é retomada de DE CERTEAU, M. L'Institution du croire – Note de travail. In: *Le Magistère* – Institutions et Fonctionnements. Recherches de Sciences Religieuses, número especial, 1983.

* Fazer algo furtivamente, ou ilicitamente. Apesar de o termo francês não possuir um correspondente exato em português, preferimos manter a semelhança entre eles de acordo com a intenção da autora no original francês [N.T.].

dimensão transversal do fenômeno humano que trabalha, de modo ativo e latente, explícito ou implícito, em toda a extensão da realidade social, cultural e psicológica, segundo modalidades próprias a cada uma das civilizações dentro das quais se tenta identificar sua presença. Um dos traços distintivos das sociedades modernas ocidentais é, precisamente, que esta dimensão religiosa se cristalizou progressivamente, através de um percurso histórico de longa duração, em "instituições religiosas" específicas, diferenciadas, nitidamente separadas de outras instituições políticas, familiares, sociais, culturais, etc. A sociologia analisa as lógicas e as modalidades desta "condensação" do religioso no seio de "religiões" institucionalizadas, ao mesmo tempo em que estuda os processos do progressivo refluxo da atividade das instituições religiosas nas sociedades modernas laicizadas/secularizadas. O aparato conceitual da sociologia das religiões foi elaborado antes de tudo para permitir o inventário e a análise do funcionamento desta "esfera religiosa" especializada. Esta configuração particular do religioso, identificada espontaneamente como "a religião no sentido próprio do termo", remete as outras configurações atestadas no tempo e no espaço, seja (para trás) à infância da humanidade, seja (para adiante) a um processo de degenerescência inelutável do religioso. Do lado das sociedades tradicionais cuja indiferenciação institucional opõe tipicamente às sociedades modernas, a religião se confunde, através de sua diluição nelas, com a cultura. Do lado das sociedades da Alta Modernidade, uma religiosidade flutuante difunde-se através das "ersatz" (substituições, deslocamentos) de religiões[2], cópias ofuscadas das grandiosas construções simbólicas oferecidas pelos sistemas religiosos dignos desse nome. Em um caso como em outro, os sociólogos não sabem, por dizer assim, de que ponta pegar a religião. Se quisermos formular as coisas de maneira menos cavalheiresca, pode-se dizer que, operando a partir dessa configuração particular do religioso, que é a das "grandes religiões", a sociologia das religiões supervaloriza o fruto de um proces-

---

2. BERGER, P.L. *Affrontés à la modernité*. Paris: Le Centurion, 1980, p. 198.

so histórico eminentemente localizado no tempo e no espaço. Por isso, ela resvala para além de seu campo de apreensão de grandes áreas de uma realidade religiosa que, na verdade, se torna ininteligível a ela.

Há muito tempo os antropólogos, ou os especialistas das religiões antigas, insistiram nesse ponto. Eles fizeram isso acentuando fortemente que, lá onde atuam, o religioso é "totalmente outra coisa" em relação à "religião" de que tratam os sociólogos. Nessas sociedades, "a religião está em toda parte": ela não está separada do conjunto de relações sociais e das práticas sociais. Os instrumentos de identificação da especificidade dos fenômenos religiosos, elaborados a partir do modelo da religião institucionalizada que nos é familiar, são desde então inadequados. Assim, no universo grego antigo, a noção de Deus não remete a nenhum dos atributos aos quais se refere o universo das religiões diferenciadas, no qual "está associado a uma série de outras noções que lhe são próximas, o sagrado, o sobrenatural, a fé, a Igreja e o clero". Como dito muitas vezes por J.-P. Vernant, os múltiplos deuses do politeísmo grego não possuem as características que definem comumente o divino. "Eles não são eternos, nem perfeitos, nem oniscientes, nem todo-poderosos; eles não criaram o mundo, mas nasceram nele e por ele; surgindo por sucessivas gerações à medida que o universo, a partir de potências primordiais como Caos, Sopro e Gaia, Terra, se diferenciava e se organizava; eles residem dentro dele. Sua transcendência é totalmente relativa, só vale em relação à esfera humana. Como os homens, mas acima deles, os deuses são parte integrante do cosmos"[3]. Com esses deuses, os homens não mantêm nenhuma relação pessoal, ou algum tipo de experiência de comunicação sobrenatural: "Entra-se em contato com o divino enquanto chefe de uma casa, enquanto membro de um demo*, ou de uma cidade, enquanto magistrado, etc. É

---

3. VERNANT, J.-P. *Entre mythe et politique*. Paris: Le Seuil, 1996, p. 205-206.
* Do grego *dêmos* (povo): divisão territorial e unidade administrativa da Grécia Antiga [N.T.].

sempre através de uma função social que se estabelece a relação com o divino. A religião não está nem dentro do homem, nem em uma esfera de vida interior particular, nem além do universo [...]. As fronteiras da religião não podem, assim, ser fixadas com precisão em relação à vida sociopolítica"[4].

Se tais considerações dos antropólogos ou dos historiadores das religiões se revestem de uma importância particular para os sociólogos da modernidade religiosa, é porque eles mesmos são confrontados com a desregulação institucional da religiosidade nas sociedades modernas. A "secularização" dessas sociedades não se resume unicamente, já sabemos disso, ao encolhimento de uma esfera religiosa diferenciada. Ela se faz notar, igualmente, na disseminação dos fenômenos de crença, que confere uma pertinência imprevista à fórmula aplicada classicamente às sociedades não modernas: "a religiosidade está em toda parte". Religiões "à la carte"[5], religiosidade "flutuante", crenças "relativas", novas elaborações sincréticas: a religiosidade "vagante", de que falava um dia J. Séguy[6], já está situada, em sua indeterminação específica, no centro de toda reflexão sobre a religião nas sociedades modernas. O novo ímpeto dos debates sobre a "definição" sociológica da religião se insere precisamente nesta conjuntura da pesquisa. Como identificar o objeto religioso, além das identificações eruditas ou correntes da religião que se tornaram inoperantes? Esse é o desafio com o qual todos os modernos sociólogos da religião são confrontados. Mas esta questão – que se pode ver, por exemplo, quando se trata de qualificar essas famosas "seitas" que mobilizam tanto a opinião – diz respeito a todo mundo hoje: os juízes, os políticos e cada cidadão.

---

4. VERNANT, J.-P. Op. cit., p. 245.
5. SCHLEGEL, J.-L. *Religions à la carte*. Paris: Hachette, 1995.
6. "Podemos nos perguntar legitimamente se não existe religiosidade vagante, fora das instituições religiosas e, eventualmente, no próprio domínio profano: religiões implícitas, religiões substitutivas, religiões analógicas, religiões seculares" (SÉGUY, J. Religion, modernité, sécularisation. In: *Archives de Sciences Sociales des Religions*, n. 61, abr.-jun./1986).

No coração da "religião": a linhagem dos que creem

Seria bastante presunçoso propor-se aqui a resolver esse dilema enorme colocado hoje à sociedade e à moderna sociologia da religião. O objetivo que podemos, razoavelmente, perseguir, não é dar a palavra final sobre o futuro da religião na Modernidade. É identificar algumas explicações coerentes e parciais a partir de um "fio da meada", que depende inteiramente de um ponto de vista tomado sobre a realidade e que se explicita como tal. Uma opção desse tipo já foi assumida na obra publicada em 1993, sob o título *La religion pour mémoire*[7]. Lá eu propunha tomar como "fio da meada" esse vínculo particular da continuidade que a religião sempre estabelece entre os crentes de sucessivas gerações. Eu escolhi apegar-me, para falar de "religiões", às especificidades do modo de crer, sem prejulgar o conteúdo das crenças que estavam em jogo. Diferentemente do ponto de vista mais corrente, que identifica as crenças religiosas pelo fato de fazerem referência a um poder sobrenatural, a uma transcendência ou a uma experiência que ultrapassa as fronteiras do entendimento humano, essa abordagem "des-substantivada" da religião não privilegia nenhum conteúdo particular do crer. Ao contrário, ela parte da hipótese que, qualquer que seja a crença, ela pode ser objeto de uma formulação religiosa, desde que encontre sua legitimidade na invocação à autoridade de uma tradição. Mais precisamente, é esta formulação do crer que, como tal, constitui propriamente a religião. "Como nossos pais creram, nós também cremos..." Tal fórmula, que pode se exprimir em diferentes versões, dá a chave do ponto de vista que se decide aqui tomar sobre os fatos "religiosos". Se seguirmos este percurso, admitiremos que não é o fato de "crer em Deus" que torna o homem religioso. É perfeitamente possível "crer em Deus" de maneira não religiosa, em nome da iluminação oriunda de uma experiência mística, da certeza nascida de uma contemplação estética ou da convicção surgida de um engajamento ético. A crença se designa como "religiosa" quando o crente coloca diante de si a ló-

---

7. HERVIEU-LÉGER, D. *La religion pour mémoire*. Paris: Le Cerf, 1993.

gica de desenvolvimento que hoje o leva a crer naquilo que crê. Se a invocação formal da continuidade da tradição é essencial a toda "religião" instituída, é porque essa continuidade permite representar e organizar, quando colocada sob o controle de um poder que expressa a verdadeira memória do grupo, a filiação que o crente deseja. Ela o torna membro de uma comunidade espiritual que reúne os crentes do passado, do presente e do futuro. A linhagem dos que creem funciona como referência legitimadora da crença. Ela é, igualmente, um princípio de identificação social: interna, porque incorpora os que creem em uma determinada comunidade; externa, porque ela os separa daqueles que não pertencem a ela. Uma "religião", nesta perspectiva, é um dispositivo ideológico, prático e simbólico pelo qual se constitui, se mantém, se desenvolve e é controlado o sentimento individual e coletivo de pertença a uma linhagem particular de crentes.

Tal opção situa ao centro do estudo do fato religioso a análise das modalidades específicas segundo as quais este institui, organiza, preserva e reproduz a "corrente da memória dos que têm a mesma crença". A hipótese principal que perpassa *La Religion pour mémoire* é que nenhuma sociedade, mesmo se inscrita no imediatismo que caracteriza a mais avançada modernidade, não pode, para existir como tal, renunciar inteiramente a preservar um traço mínimo da continuidade, inscrito de uma maneira ou de outra na referência à "memória autorizada" que é a tradição. Essa hipótese permite superar a oposição clássica entre as sociedades tradicionais, em que "a religião está em toda parte", e as sociedades modernas, onde a religião se concentra em uma esfera especializada voltada pela lógica da racionalização a um enfraquecimento cada vez mais nítido. Ela oferece, sobretudo, a possibilidade de analisar algumas das modalidades de ativação, da reativação, da invenção ou da reinvenção de um imaginário religioso da continuidade, em nossas sociedades chamadas "pós-modernas"[8].

---

8. AUGÉ, M. *Non-lieux* – Introduction à une anthropologie de la surmodernité. Paris: Le Seuil, 1992.

O objetivo deste livro é retomar esta perspectiva para tentar esclarecer o modo como esses fenômenos de recomposição se inserem concretamente no panorama religioso do final do século XX e, mais especificamente, no panorama francês. Este panorama, como em toda parte na Europa Ocidental e na América do Norte, é marcado pela difusão do crer individualista, pela disjunção das crenças e das pertenças confessionais e pela diversificação das trajetórias percorridas por "crentes passeadores"*. Essa pulverização de identidades religiosas individuais não implica, necessariamente, o enfraquecimento ou mesmo o desaparecimento completo de toda forma de vida religiosa comunitária. Muito ao contrário, como o aparato das grandes instituições religiosas se mostra cada vez menos capaz de regular a vida de fiéis que reivindicam sua autonomia de sujeitos que creem, assiste-se a uma efervescência de grupos, redes e comunidades, dentro das quais indivíduos trocam e validam mutuamente suas experiências espirituais. As formas desse desdobramento associativo, que se manifesta tanto no interior quanto no exterior das grandes confissões religiosas, são extremamente variadas. Da rede móvel que não requer de seus membros nenhuma pertença formal e garante, simplesmente, laços mínimos entre eles através de um manual ou de um boletim, até a comunidade intensiva que regula a vida cotidiana dos adeptos até em seus mínimos detalhes: todas as formas de organização existem de maneira mais ou menos estável e permanente. A gestão dessas formas inéditas e renovadas de congregações espirituais coloca problemas temerários às instituições religiosas, ao emergirem de dentro delas. Ela questiona igualmente o poder público, pouco equipado para lidar com esses fenômenos que saem do quadro jurídico habitual das relações entre o Estado e as Igrejas. Se a própria qualificação de bom número desses grupos é incerta (é, mesmo, de "religiões" que se trata?), o controle das práticas alternativas que eles

---

* O termo francês (baladeurs) dá principalmente o sentido de "sair a esmo, sair a passear ou perambular *sem destino* [N.T.].

geram é ainda mais complicado de fazer, pois a liberdade de crença continua a ser um princípio inalienável.

Identidades religiosas "históricas" que deixam de ser reguladas, novos movimentos espirituais que proliferam, incertezas jurídicas e políticas na gestão pública das religiões: todos os países ocidentais precisam encarar hoje esses problemas, mobilizando os recursos jurídicos e culturais que historicamente possuem. Na França, esta redistribuição das cartas na esfera religiosa afeta o país que descobre, não sem inquietação, que se tornou um país multicultural e multirreligioso. As identidades comunitárias que se constituem em nome da democracia no novo contexto cultural e social transformam a própria definição de identidade nacional e, com ela, o conjunto das relações entre a religião, a política e a Modernidade da forma como elas se estabilizaram historicamente nos dois últimos séculos. Para compreender a questão central desta mutação é preciso lembrar que a construção da identidade francesa, desde a Revolução, repousa sobre a ideia de que a cidadania deve transcender as pertenças comunitárias, e definir, para além de todos os particularismos, um "nós" nacional com o qual cada um possa se identificar. Esta construção identitária, hoje, está sujeita a uma transformação que abala todas as suas dimensões: religiosa, cultural, social e política. No terreno religioso, o fato maior é a diversificação do panorama que está em vias de se formar, ao mesmo tempo que continuam a se estender os vínculos sociorreligiosos tecidos durante séculos pelo catolicismo. Claro que as minorias religiosas antigas (judeus e protestantes) sempre exerceram um papel extremamente importante na vida nacional. Mas, evidentemente, é a presença de uma comunidade muçulmana numerosa e que manifesta de maneira cada vez mais clara sua identidade própria, que recoloca em termos completamente novos a questão da relação entre essas diversas comunidades religiosas e a identidade francesa, construída há séculos sob a marca da assimilação das minorias.

Como pensar simultaneamente o movimento de disseminação individualista das crenças e esses processos multiformes de recomposição e de pluralização das identidades religiosas comunitárias que tomam a contrapé a tradição política nacional? Como compreender ao mesmo tempo o processo histórico da secularização das sociedades modernas e o desdobramento de uma religiosidade individual, móvel e moldável que dá lugar a formas inéditas de sociabilidade religiosa? Tais questões estão no horizonte deste livro. Para tentar respondê-las seria necessário mobilizar as diversas pesquisas que tratam de forma aprofundada a pluralização das crenças, as lógicas complexas da formação das identidades sociorreligiosas em situação de desregulação institucional do crer, do problema da transmissão religiosa e o da religião das novas gerações, ou ainda da nova distribuição das cartas nas relações entre o Estado e os grupos religiosos. Por força da situação, eu evoco de maneira bastante rápida esses estudos empíricos que alimentam, positivamente, a reflexão aqui apresentada. Ninguém ficará surpreso com a particular atenção dada ao catolicismo, embora sejam feitos, igualmente, levantamentos dos outros terrenos religiosos. De qualquer forma, o problema não é fornecer uma descrição completa das tendências em andamento no panorama religioso contemporâneo, mesmo que limitado à França. Eu estarei satisfeita, mais modestamente, se puder propor algumas noções que podem ajudar a organizar o estudo desse assunto, marcado pela mudança e pela mobilidade. Este livro não quer ser mais do que uma caixa de ferramentas: utilizados no próprio terreno para a análise das pesquisas concretas, esses instrumentos de trabalho revelarão, pelo uso, se merecem ser conservados, aperfeiçoados, utilizados em outros terrenos ou, ao contrário, descartados.

1 A religião despedaçada
Reflexões prévias sobre a modernidade religiosa

O que é a Modernidade?

Para explicitar a complexidade das relações entre a Modernidade e a religião é indispensável retornar um momento à teoria da "secularização" que, durante muito tempo, dominou a reflexão sobre o futuro religioso das sociedades ocidentais. Quais são os traços específicos da Modernidade que explicam como seu desenvolvimento tem sido constantemente associado ao enfraquecimento social e cultural da religião? Três elementos parecem aqui determinantes.

A primeira característica da Modernidade é colocar à frente, em todos os domínios da ação, a racionalidade, ou seja, o imperativo da adaptação coerente dos meios aos fins que se perseguem. No plano das relações sociais, isto significa que os indivíduos deveriam, em princípio, manter seu *status* social em função apenas de sua própria competência, adquirida pela educação e a formação e não como herança ou por atributos pessoais. No âmbito da explicação do mundo e dos fenômenos naturais, sociais ou psíquicos, a racionalidade moderna exige que todas as afirmações explicativas respondam a critérios precisos do pensamento científico. Evidentemente, as sociedades modernas estão longe de realizar perfeitamente esse ideal. Assim, a ciência, de quem se espera que dissipe a ignorância geradora de crenças e de comportamentos "irracionais", faz com que surjam, ao mesmo tempo, novas interrogações, sempre suscetíveis de constituir novos focos de irracionalidade. Os economistas integraram progressivamente em suas análises a dimensão "irracional" dos comportamentos dos agentes econômicos. Além disso, as sociedades modernas continuam a ser inelutavelmente moldadas por conflitos entre diversos tipos de racionalidade. Sem falar que elas fizeram, todavia, dessa racionalidade altamente problemática, seu emblema e seu horizonte: a ideia segundo a qual o desenvolvimento da ciência e da técnica é uma condição para o progresso e para o desenvolvimento humano global continua sendo aí uma ideia central, mesmo no momento em que se tem a crítica das ilusões do cientificismo e do positivismo. A racionalidade está longe de se impor uniformemente em todos os registros da vida social e nós, sob muitos aspectos, somos mais conscientes disso do que nunca. A racionalidade, no entanto, não deixa de representar a referência que mobiliza as sociedades modernas.

Através desse sonho de um mundo inteiramente racionalizado pela ação humana, exprime-se um tipo particular de relação com o mundo. Este se resume numa afirmação fundamental: a da autonomia do indivíduo-sujeito, capaz de "fazer" o mundo no qual ele vive e construir ele mesmo as significações que dão sentido à sua própria existência. A suposta oposição entre sociedades tradicionais vivendo sob o império das crenças "irracionais" e sociedades modernas racionais revela logo sua inconsistência, assim que se examina um pouco mais de perto a realidade complexa de umas e de outras. Por outro lado, não se pode minimizar o contraste fundamental que existe entre uma sociedade regida pela tradição, na qual se impõe a todos, do exterior, um código geral de sentido, e uma sociedade que coloca no próprio ser humano o poder de fundar a história, a verdade, a lei e o sentido de seus próprios atos. Aí se tem, evidentemente, dois modelos "puros" e, portanto, fictícios, de sociedade. Toda sociedade concreta, sempre associa, em proporções variadas, elementos que dependem de um e de outro. Mas, ao destacar essa oposição, provavelmente se toca com o dedo o traço mais fundamental da Modernidade, que é aquele que marca a cisão com o mundo da tradição: a afirmação segundo a qual o homem é legislador de sua própria vida, capaz igualmente, em cooperação com outros no centro do corpo-cidadão que com eles forma, de determinar as orientações que pretende dar ao mundo que o rodeia[1].

A Modernidade implica, em terceiro lugar, um tipo particular de organização social, caracterizada pela diferenciação das instituições. O processo de racionalização, por mais relativo e contraditório que seja, se manifesta principalmente na especialização dos diferentes domínios de atividade social. Nestas sociedades, o político e o religioso se separam; o aspecto econômico e o doméstico se dissociam; a arte, a ciência, a moral, a cultura constituem igualmente registros distintos nos quais os homens realizam sua capacidade criativa. Cada uma dessas esferas funciona segundo uma regra do jogo que lhe é própria: a lógica do político não se confunde com a da economia ou com a das ciências; o domínio da moral não é regido pelas mesmas regras do da arte. Claro, relações múltiplas e interferências fazem estes domínios interagirem, e a autonomia própria de cada um é apenas relativa. Sabemos bem que o desenvolvimento da ciência depende em parte da economia, e que as orientações da economia estão ligadas à política e vice-versa. No entanto, a distinção destes diferentes registros de atividade constitui um princípio de funcionamento da sociedade no seu conjunto e um elemento da vida de cada um deles. Em sua realização histórica, esta diferenciação das instituições é resultado de uma longa trajetória, marcada por conflitos e retornos, cujas etapas e andamento variam conforme cada país. Mas ela aparece em toda parte inseparável do processo pelo qual a autonomia da ordem temporal constituiu-se progressivamente emancipando-se da tutela da tradição religiosa.

---

1. Marcel Gauchet traçou, a partir da especificidade francesa, a trajetória histórica dessa construção moderna do político, inseparável do "exílio da religião" (*La religion dans la democratie* – Parcours de la laïcité. Paris: Gallimard, 1998 [Le Débat]).

Sociedades "laicizadas"

Para designar esse processo de emancipação, fala-se de "laicização" das sociedades modernas. Dizer que a sociedade inteira se laiciza implica que a vida social não é mais, ou torna-se cada vez menos, submetida a regras ditadas por uma instituição religiosa. A religião deixa de fornecer aos indivíduos e grupos o conjunto de referências, normas, valores e símbolos que lhes permitem dar um sentido à sua vida e a suas experiências. Na Modernidade, a tradição religiosa não constitui mais um código de sentido que se impõe a todos. Isto significaria que as sociedades chamadas tradicionais viviam sob o império absoluto da religião e que as normas religiosas se impunham completamente? Certamente não: os estudos dos antropólogos e dos historiadores mostram, ao contrário, que as sociedades tradicionais ou pré-modernas passam seu tempo interagindo com a lei religiosa que, supostamente, deveria regê-las. Esse "jogo com o código" constitui a dinâmica da tradição e sua capacidade de se transformar no tempo[2]. O que é especificamente "moderno" não é o fato de os homens ora se aterem ora abandonarem a religião, mas é o fato de que a pretensão que a religião tem de reger a sociedade inteira e governar toda a vida de cada indivíduo foi-se tornando ilegítimo, mesmo aos olhos dos crentes mais convictos e mais fiéis. Nas sociedades modernas, a crença e a participação religiosas são "assunto de opção pessoal": são assuntos particulares, que dependem da consciência individual e que nenhuma instituição religiosa ou política podem impor a quem quer que seja. Inversamente, a pertença religiosa de um indivíduo e suas crenças não podem constituir um motivo válido para excluí-lo da vida social, profissional ou política, na medida em que elas não põem em questão as regras de direito que regem o exercício dessas diferentes atividades. Esta distinção dos domínios se insere na separação entre a esfera pública e a esfera privada que é a pedra angular da concepção

---

2. BALANDIER, G. *Le désordre* – Eloge du mouvement. Paris: Fayard, 1998, p. 37-38.

moderna de política. Em sua *Resposta à questão: o que é o Iluminismo?*, Kant estabelecia uma relação direta entre essa separação e o processo pelo qual o homem se afirma como sujeito, e sai de sua minoridade. E ele situava a religião e a doutrinação dos padres do lado da esfera privada. De um lado, há o Estado e conjunto de regras formais que lhe correspondem; do outro, o indivíduo e suas "liberdades". Esta separação do Estado político e a vida privada pertence unicamente aos tempos modernos. Ela remete, obviamente, à separação entre sujeito e objeto, entre a consciência, situada ao centro, e o universo.

Esta longa trajetória do "exílio da religião" significa que, nas sociedades modernas, religião e Modernidade se excluem mutuamente, e não têm, na verdade, nada a ver uma com a outra? As coisas, de fato, são bem mais complicadas. O grande paradoxo das sociedades ocidentais está no fato de que estas extraíram suas representações do mundo e seus princípios de ação, em parte, de seu próprio campo religioso. Esforçando-se para compreender por que foi no Ocidente, e não em outras civilizações pelo menos igualmente ricas e cultas (tais como a Índia, a China ou o mundo árabe), que surgiram alguns fenômenos culturais que se tornaram universais, o sociólogo alemão Max Weber foi levado a elaborar seu quadro das afinidades eletivas que as crenças mantêm com os princípios de ação no mundo e, particularmente, com o *ethos* econômico das diferentes sociedades. Desse quadro, tem-se sobretudo a célebre obra *A ética protestante e o espírito do capitalismo*, na qual Weber coloca a tônica na relação do puritanismo protestante e uma maneira de agir racionalmente no mundo que corresponde ao estilo da atividade econômica capitalista[3]. Assim, a busca sistemática do lucro e a disciplina do trabalho que caracterizam o capitalismo ocidental encontraram um suporte espiritual favorável na inserção da ação no mundo que resulta, ela mesma, de uma concepção teológi-

---

3. WEBER, M. *L'Ethique protestante et l'esprit du capitalisme*. Paris: Plon, 1964 [1905].

ca particular da salvação e da graça. Mas, para além da relação entre o protestantismo e o capitalismo, o que está colocado é o problema mais vasto das relações entre os traços da Modernidade e a tradição religiosa ocidental. Esta questão mobilizou diversas reflexões filosóficas, históricas e sociológicas, que demonstram principalmente a contribuição do judaísmo e do cristianismo para a emergência da noção de autonomia que caracteriza a Modernidade. O judaísmo, ao situar a noção de Aliança (*Berith*, em hebraico) no centro da relação de Deus com seu povo, apresenta o princípio da autonomia da história humana: o povo, conforme é ou não fiel à Aliança, tem em suas mãos a decisão de seu futuro. Toda a história do povo de Israel, tal como representada pela Bíblia, é a história das lutas e das tribulações que acompanhavam a fidelidade ou a rejeição a Deus. A Aliança não teria nenhum sentido se cada um dos parceiros não contasse com a capacidade efetiva de aceitar os termos, ou seja, empenhar-se em um sentido ou em outro. Os profetas estão lá, durante todo o percurso, para lembrar ao povo tentado à infidelidade as implicações de sua escolha, mas suas injunções põem precisamente em evidência a capacidade que o povo tem de conduzir, de maneira autônoma, sua própria história. Associada à representação de um Deus parceiro dos homens na Aliança, esta capacidade prepara de modo decisivo a concepção moderna de autonomia. O cristianismo desdobra todas as suas implicações ao estender a Aliança à humanidade inteira e não mais apenas ao povo eleito: agora a questão da fidelidade ou da rejeição está submetida à consciência de cada indivíduo. Embora a Igreja seja concebida como uma instituição mediadora entre Deus e a humanidade, a salvação pessoal oferecida a cada um depende de sua conversão. O protestantismo, particularmente em sua versão calvinista, levou até seu extremo a lógica da universalização e da individualização da Aliança, reduzindo radicalmente toda intermediação (instituições, ritos, santos intercessores, etc.) que oculta o elemento face a face decisivo entre um homem dotado da capacidade autônoma de escolher e um Deus que lhe propõe decidir-se por ele ou contra ele. Esta concepção religiosa de uma fé pessoal é uma peça-mestra do universo de representações de onde emergiu, progressivamente, a figura moderna do indivíduo, sujeito autônomo que governa sua própria vida.

O paradoxo religioso das sociedades seculares

A ambiguidade das sociedades ocidentais com relação à religião deve-se ao fato de que o movimento de emancipação em relação ao universo religioso tradicional que as constituiu como sociedades "seculares" tem sua origem, em parte apenas – mas uma parte importante –, no contexto religioso judaico e cristão de sua cultura. A "secularização" das sociedades modernas não se resume, portanto, apenas ao processo de evicção social e cultural da religião com o qual ela é confundida, muitas vezes. Ela combina, de maneira complexa, a perda da influência dos grandes sistemas religiosos sobre uma sociedade que reivindica sua plena capacidade de orientar ela mesma seu destino, e a recomposição, sob uma forma nova, das representações religiosas que permitiram a esta sociedade pensar a si mesma como autônoma.

Resumamos esta abordagem formulando quatro proposições:
• Primeira proposição: a modernidade das sociedades ocidentais, e precisamente a das sociedades europeias, construiu-se historicamente sobre os escombros da religião. Proclamando que a história humana e a história dos homens que a fazem, e afirmando que o mundo dos homens é um mundo a ser feito, e feito apenas por eles, a Modernidade rompeu radicalmente com todas as representações de um desígnio divino que se realiza inevitavelmente na história. A afirmação da autonomia do homem e de sua razão tem sido associada, a partir do Iluminismo, com a emancipação da religião. Os países anglo-saxões viveram esta emancipação através da privatização da religião, formalmente separada das questões da vida pública. Na França, onde as marcas do combate da República contra o Antigo Regime foram profundas e permanentes, esta liberação foi, geralmente, compreendida como um processo de

eliminação da religião, associada ao obscurantismo e à rejeição da democracia política.

• Mas – segunda proposição – a maneira que a Modernidade encontrou para pensar a história continuou dentro da visão religiosa da qual ela se afastou para conquistar sua autonomia. Nas sociedades modernas, desde muito tempo se pensa a história "secular" sob o modelo da vinda do Reino: no horizonte de um progresso científico e técnico sempre mais acentuado, foi projetada a recapitulação completa da história humana, no âmbito material, no do conhecimento e até mesmo no âmbito moral. As representações liberais do desenvolvimento econômico ilimitado e a concepção marxista da sociedade comunista do futuro não dão o mesmo conteúdo para a visão de um mundo em que poderia reinar definitivamente a prosperidade econômica e a harmonia social. Mas elas têm em comum o fato de ser orientadas para uma concepção da realização da história que apresenta múltiplas afinidades com as representações judaicas e cristãs do fim dos tempos. A visão religiosa do Reino de Deus por vir (a escatologia) e a moderna, da história, têm relações que marcam tanto a continuidade quanto a ruptura da Modernidade com o universo judaico e cristão do qual ela provém.

• Terceira proposição: se a visão grandiosa da história e do progresso perdeu seu vigor ao longo de um século XX traumatizado pelas guerras, catástrofes econômicas e experiências totalitárias, os valores fundadores da Modernidade – a razão, o conhecimento, o progresso etc. – permanecem. Eles extraem sua capacidade de mobilização do fato de que não se pode, exatamente, atribuir-lhes limites. A realização total precisa ser, do ponto de vista da própria Modernidade, um horizonte que sempre se desloca mais para diante. As sociedades modernas vivem em um estado permanente de antecipação: é verdade, no domínio das ciências, em que cada descoberta nova faz surgir outras tantas questões que demandam um esforço redobrado de conhecimento; é verdade, na economia, onde o aumento de bens produzidos e de meios de produção faz continuamente surgirem novas necessidades, etc. A dinâmica "utópica" da Modernidade situa-se inteiramente nessa valorização da inovação, ela mesma ligada a um estado permanente de insatisfação. M. Gauchet, a propósito disso, fala do "imperativo da mudança (*changement*)"[4] próprio das sociedades modernas. Quanto mais estas se desenvolvem, mais se acentua sua ambição de dominar perfeitamente a natureza e as incertezas inerentes à vida humana. Dessa forma a Modernidade coloca sempre mais à frente a autonomia criativa da humanidade desqualificando uma utopia religiosa que situa a realização de todas as aspirações humanas em um "outro mundo", fora do alcance dos esforços humanos, mesmo se conta com sua colaboração. Mas esta Modernidade se reapropria do sonho de realização antes oferecido pela utopia religiosa, projetando e prometendo, sob formas seculares diversas, um mundo de abundância e de paz, finalmente, realizado.

• Quarta proposição: o paradoxo da Modernidade está nessa aspiração utópica, continuamente reaberta na medida em que os conhecimentos e as técnicas se desenvolvem a um ritmo acelerado[5]. É preciso produzir sempre mais, conhecer sempre mais, comunicar-se sempre mais e sempre mais depressa. Esta lógica de antecipação, criada no âmago de uma cultura moderna dominada pela racionalidade científica e técnica, um espaço sempre renovado para as produções imaginárias que esta racionalidade decompõe permanentemente.

É por meio do imaginário, com efeito, que os homens preenchem o espaço vazio que experimentam entre o mundo cotidiano ordinário, com suas exigências e suas rotinas, e esta aspiração à abolição de todas as obscuridades e de todos os limites, que a Mo-

---

4. GAUCHET, M. *Le désenchantement du monde* – Une histoire politique de la religion. Paris: Gallimard, 1985.
5. ARON, R. *Les désillusions du progrès*. Paris: Calmann-Lévy, 1969.

dernidade não cessa de relançar no mesmo ritmo das conquistas que ela realiza. A oposição entre as contradições do presente e o horizonte do cumprimento do futuro cria, no coração da Modernidade, um espaço de expectativas no qual se desenvolvem, conforme o caso, novas formas de religiosidade que permitem superar essa tensão: novas representações do "sagrado" ou novas apropriações das tradições das religiões históricas. Esta tensão da "crença" numa modernidade, tenazmente suspensa entre a ambição de uma racionalização do mundo tal como é e a aspiração mobilizadora de um futuro sempre novo, pode traduzir-se numa linguagem secular de progresso e desenvolvimento. É assim no caso dos períodos de expansão e de crescimento que são, também, períodos da emergência daquilo que, algumas vezes, tem sido chamado de "religiões seculares": religiões políticas, religiões da ciência e da técnica, religião da produção, etc. Foi o caso no século XIX, na febre da Revolução Industrial, ou durante os *Golden Sixties*, aqueles anos 1960 em que a expansão econômica do Ocidente parecia que iria desenvolver-se infinitamente. Mas, segregando sua própria utopia motriz, a Modernidade produziu também um universo de incertezas. A dinâmica de seu avanço implica que ela suscite continuamente sua própria crise, esse efeito de vazio social e cultural produzido pela mudança e sentido como uma ameaça pelos indivíduos e pelos grupos. Em certos períodos de profundas mutações, com o que experimentamos atualmente, pode ocorrer uma inadequação permanente entre a utopia moderna e tal espaço esvaziado pelo processo da mudança. Esta crise cultural costuma acompanhar a desequilíbrios econômicos, sociais, políticos mais ou menos profundos, mais ou menos estruturais. Ela pode, também, antecipá-los: foi esse o caso, na França, em maio de 1968, quando a prosperidade construída nos anos 1960 ainda não era questionada pela crise econômica inaugurada, no começo dos anos 1970, pelo primeiro choque do petróleo. Em tais períodos turbulentos, os sistemas religiosos tradicionais, reservatórios formidáveis do protesto simbólico contra o não-senso, readquirem, em formas novas, um grande poder de atração sobre os indivíduos e sobre a sociedade.

Falou-se, muito equivocadamente, de "retorno do religioso" ou de "revanche divina", para designar, desordenadamente, o atual desenvolvimento dos novos movimentos espirituais, o aumento das correntes carismáticas, o retorno das peregrinações ou mesmo o sucesso da literatura de inspiração esotérica. Longe de se ligar ao universo religioso das sociedades do passado, esses fenômenos, pelo contrário, trazem à luz o caráter paradoxal da Modernidade do ponto de vista da crença. De um lado, são desqualificadas as grandes explicações religiosas do mundo pelas quais as pessoas do passado encontravam um sentido global. As instituições religiosas continuam a perder sua capacidade social e cultural de impor e regular as crenças e as práticas. O número de seus fiéis diminui e os fiéis "vêm e vão", não apenas em matéria de prescrições morais, mas igualmente em matéria de crenças oficiais. De outro lado, esta mesma modernidade secularizada oferece, geradora que é, a um tempo, de utopia e de opacidade, as condições mais favoráveis à expansão da crença. Mais a incerteza do porvir é grande, mais a pressão da mudança se intensifica e mais as crenças proliferam, diversificando-se e disseminando-se ao infinito. O principal problema, para uma sociologia da modernidade religiosa, é, portanto, tentar compreender conjuntamente o movimento pelo qual a Modernidade continua a minar a credibilidade de todos os sistemas religiosos e o movimento pelo qual, ao mesmo tempo, ela faz surgirem novas formas de crença. Para responder a esse problema, é necessário ter entendido que a secularização não é, acima de tudo, a perda da religião no mundo moderno. É o conjunto dos processos de reconfiguração das crenças que se produzem em uma sociedade onde o motor é a não satisfação das expectativas que ela suscita, e onde a condição cotidiana é a incerteza ligada à busca interminável de meios de satisfazê-las.

A "bricolagem" das crenças

Diferentemente daquilo que nos dizem, não é a indiferença com relação à crença que caracteriza nossas sociedades. É o fato de que a crença escapa totalmente ao controle das grandes igrejas e das instituições religiosas. Obviamente, com mais frequência, é através do levantamento da proliferação incontrolada das crenças que se apresenta a descrição do panorama da religiosidade atual. Em que creem, portanto, nossos contemporâneos? A quais valores estas crenças estão associadas? Para responder a tais questões, os sociólogos não estão de mãos vazias. Grandes pesquisas realizadas em escala europeia deram lugar, nas últimas décadas, a uma vasta literatura. O tratamento por países dos dados recolhidos abre caminho a comparações que confirmam a existência de "tendências sérias" em escala continental. Esses resultados convergem com os das pesquisas do mesmo gênero efetuadas nos Estados Unidos e no Canadá. Apesar das diferenças culturais, das raízes históricas e da distribuição confessional nos diferentes países, o panorama religioso ocidental oferece traços suficientemente homogêneos para que a noção de "modernidade religiosa" tenha, realmente, um sentido.

A descrição desta modernidade religiosa se organiza a partir de uma característica maior, que é a tendência geral à individualização e à subjetividade das crenças religiosas. Todas as pesquisas confirmam que esse duplo movimento afeta, ao mesmo tempo, as formas da experiência, da expressão e da sociabilidade religiosas. Esta tendência aparece, há muito tempo, na distorção entre as crenças divulgadas e as práticas obrigatórias que, em princípio, estão associadas a elas. Existem, em todas as religiões, os "crentes não praticantes". Estes, inclusive, constituem, na Europa, a maior parte da população que se declara "católica", ou "protestante". A ruptura entre a crença e a prática constitui o primeiro índice do enfraquecimento do papel das instituições, guardiãs das regras da fé. Mas o aspecto mais decisivo desta "perda de regulamentação" aparece principalmente na liberdade com que os indivíduos "constroem" seu próprio sistema de fé, fora de qualquer referência a um corpo de crenças institucionalmente validado. Esse duplo fenômeno revela-se de maneira particularmente visível nos países que são considerados os mais secularizados na Europa, a saber, os países escandinavos. Na Suécia, por exemplo, onde a prática religiosa efetiva é inferior a 5%, 9% dos indivíduos se declaram "cristãos praticantes" e 26% se definem como "não cristãos". Mas 63% se designam, eles mesmos, como "cristãos à sua maneira". A crença autodefinida desses fiéis de um novo gênero se distancia, na verdade, substancialmente, da crença luterana oficial. A maior parte do tempo, eles falam de Deus como uma "força superior" e "impessoal", e formulam sua adesão ao cristianismo essencialmente como a aceitação de um conjunto de valores morais[6]. Na Bélgica, país em que a instituição eclesiástica – sempre presente em inúmeros setores da vida social profana (escolas, universidades, instituições de lazer, hospitais, etc.) – durante muito tempo contou com uma grande visibilidade, nota-se, igualmente, os múltiplos sinais da passagem de uma "religião instituída" a uma "religião recomposta". Os indivíduos fazem valer sua liberdade de escolha, "cada qual retendo para si as práticas e as crenças que lhe convém"[7]. O significado atribuído a essas crenças e a essas práticas pelos interessados se afasta, geralmente, de sua definição doutrinal. Elas são triadas, remanejadas e, geralmente, livremente combinadas a temas emprestados de outras religiões ou de correntes de pensamento de caráter místico ou esotérico. É assim, por exemplo, de acordo com dados fornecidos em 1990 pela pesquisa europeia sobre valores, que um belga em cada oito declaram crer na reencarnação. Bricolagens como essas desfazem a fronteira entre católicos e não católi-

---

6. HAMBERG, E. Religion, secularization and value change in the welfare state. *Communication à la I European Conference for Sociology*. Viena, ago./1992. Esta situação é substituída no contexto de uma evolução histórica e cultural relacionada a todos os países escandinavos por GUSTAFFSON, G. Religious change in the five scandinavian countries, 1930-1980. *Comparative Social Research*, vol. 10, 1987, p. 145-181.
7. DOBBELAERE, K. & VOYÉ, L. D'une religion instituée à une religiosité recomposée. In: VOYÉ; BAWIN; KERKHOFS; DOBBELAERE. *Belges, heureux et satisfaits* – Les valeurs des Belges dans les années 90. Bruxelas: De Boeck/FRB, 1992, p. 159-238.

cos e, mais que isso, entre aqueles que se declaram religiosos e os que não o são. Uma pesquisa conduzida na Suíça confirma essa tendência, mostrando, ao mesmo tempo, que a diversificação dos sistemas individuais de significação não significa sua pura e simples pulverização, em razão da forte presença de uma dupla cultura cristã protestante e católica na sociedade helvética[8]. Quaisquer nuanças que se queira aportar à idéia, que se tornou bastante corrente, de uma completa aniquilação dos sistemas de sentido produzidos pelos indivíduos, esta ruptura das crenças ortodoxas que acompanha a dissolução do laço estável e controlado entre crenças e práticas obrigatórias é uma tendência típica do panorama religioso contemporâneo. A crença não desaparece, ela se desdobra e se diversifica, ao mesmo tempo em que rompem, com maior ou menor profundidade, de acordo com cada país, os dispositivos de seu enquadramento institucional.

A paisagem religiosa francesa também está em profunda evolução, marcada de maneira crescente pela individualização, a relativização e o pragmatismo. A questão do outro mundo perde sua importância diante de uma crescente preocupação com o futuro de cada um no mundo como ele é. As crenças se expressam de um modo probabilístico ("Pode bem ser, mas não estou certo disso") e cada vez menos conforme os dogmas das grandes religiões[9]. Parece que vai se instalando uma espécie de tolerância tranquila em relação às crenças dos outros. De acordo com a pesquisa sobre os valores dos europeus, realizada em 1981, apenas 14% de todos os franceses consideravam que existe uma só religião verdadeira, ao passo que trinta anos antes, segundo uma sondagem do Ifop de 1952, 51% dos batizados na religião católica consideravam que "a reli-

---

8. CAMPICHE, R.; DUBACH, A.; BOVAY, C.; KRÜGGELER, M.; VOLL, P. *Croire en Suisse(s)*. Genebra: Lausanne, 1992.
9. Estas notas e os dados que seguem são retomados de LAMBERT, Y. Un paysage religieux en profonde évolution. In: RIFFAULT, H. (éd.). *Les valeurs des français*. Paris: PUF, 1994, p. 123-162.

gião católica é a única verdadeira"[10]. Em 1990, a flexibilidade das crenças torna-se mais acentuada. Prova disso são as respostas à pergunta: "Qual dessas opiniões está mais próxima do que você acredita? / Existe um Deus pessoal? (20%) / Existe uma espécie de esperança ou de força vital (32%) / Não sei muito bem o que pensar (25%) / Eu não acho que exista alguma coisa como um espírito, um Deus ou uma força vital (16%) / Sem respostas (7%). Enquanto a crença na alma continua alta (50%), a crença no pecado (40%) revela-se claramente dissociada da noção de uma condenação futura. A crença de que o inferno existe caiu aos 16% em 1990, enquanto aquela, mais gratificante, de que o paraíso exista, mantém-se afirmada por 30% das respostas. A crença na ressurreição dos mortos fixou-se em 27%, ao passo que 24% das pessoas interrogadas declaram crer na reencarnação. Não deixa de ser interessante notar que 34% dos católicos que declaram crer em um Deus pessoal dizem acreditar também na reencarnação, 62% professando sua crença na ressurreição dos mortos[11].

Por mais detalhadas que sejam, essas sondagens dedicam a maior parte do tempo a interrogar os indivíduos sobre a sua crença e não sobre as afirmações doutrinais das grandes religiões ou, mais especificamente, os elementos do credo cristão. Elas fornecem, desse modo, sobretudo quando se repetem de diversas formas, indicações preciosas sobre a diminuição da conformidade institucional das crenças. Mas é preciso ir mais longe para medir a extensão da bricolagem realizada a partir dos elementos tomados do dogma oficial das grandes religiões. A observação da imbricação das crenças vindas de outros lugares e do substrato cristão abre, na verdade, uma nova questão, que é a da natureza desta "confusão". Quando se fala de "reencarnação", trata-se da substituição de um termo por outro, sob o pano de fundo do esboroamento de uma cultura

---

[10]. Ou seja, 46% dos franceses, supondo que todos os demais tenham respondido "não".

[11]. LAMBERT, Y. Op. cit.

cristã elementar que afeta os próprios crentes católicos? O estudante que desejava discutir sobre a "reencarnação cristã" durante a Jornada Mundial da Juventude, em Paris, com o papa no verão de 1997 era, sem dúvida, um desses casos... A referência à reencarnação permite reformular, de um modo realista, a noção obscura de "ressurreição", ao representar a vida após a morte como uma "revitalização", um retorno à vida de antes? Ou então, ela serve para reinterpretar esse conceito conferindo-lhe um certo grau de plausibilidade "experimental" atestado pelos relatos daqueles que voltaram das fronteiras da morte e, portanto, torná-lo mais aceitável em um ambiente cultural marcado pela ciência? A reencarnação é entendida como uma devolução da vida tomada anteriormente ou é uma "nova chance" dada neste mundo a um indivíduo que teria falhado em suas escolhas em sua vida anterior? Ou ainda, estaríamos diante da presença de manifestações de uma reencarnação cristã teologicamente construída? Entrevistas com pessoas católicas que declaravam acreditar na reencarnação revelam que todas essas possibilidades são possíveis. Elas mostram ainda toda a distância que existe entre essa crença e a problemática da reencarnação (provação, mais que "nova chance") no hinduísmo e no budismo. Entendamos bem que essas múltiplas reinterpretações que o Ocidente cria da sucessão de existências (samsâra), que são, segundo a tradição hinduísta e budista, um mal doloroso no qual se insere o aprisionamento humano, não são, em si, novidades. No século XVIII, Lessing já havia elaborado uma concepção positiva da reencarnação, um meio para o homem aumentar infinitamente seu saber e suas experiências. As correntes esotéricas, espíritas, teosóficas e antroposóficas que mais contribuíram para a popularização desta crença no Ocidente também desenvolveram delas abordagens definitivamente otimistas, que poderiam tornar a ideia da reencarnação compatível com uma visão da história orientada para a realização humana. A novidade reside não apenas na difusão massiva da crença na reencarnação que, até então, só atingia uma faixa intelectual, mas sobretudo na diversidade das combinações de crenças nas quais, atualmente, ela tem possibilidades de entrar.

Diferentes "aptidões para a bricolagem"

O interesse em uma identificação refinada dessas formulações não está apenas em revelar sua variedade. Está também em observar que existem "aptidões para a bricolagem", socialmente diferenciadas. Nem todos os indivíduos dispõem dos mesmos meios e dos mesmos recursos culturais para produzir seu próprio rol de crenças. A bricolagem se diferencia de acordo com as classes, os ambientes sociais, o sexo, as gerações. Observa-se, por um lado, uma tendência à metaforização e à intelectualização das crenças tradicionais, da qual participam os teólogos das grandes igrejas a fim de restaurar a credibilidade cultural de sua mensagem em um ambiente secular. Tende-se, de fato, muitas vezes, mesmo na pregação e na catequese cristãs, a uma leitura mais em sentido simbólico do relato da criação, da queda e da redenção, a descrição do julgamento ou a evocação do mundo além. Por outro lado, observa-se uma tendência inversa à dessimbologização das crenças, principalmente, mas não exclusivamente, entre os indivíduos oriundos das camadas sociais mais desprovidas econômica e culturalmente, confrontados com o aspecto sombrio do mundo e com a imprevisibilidade e o risco de seu próprio futuro.

Desta diversificação social das bricolagens de fé, um exemplo particularmente claro é o crescimento da crença no diabo, na França atual, para além dos fatos terríveis e às vezes sangrentos que revelam a existência, aqui e ali, de práticas satânicas, e mesmo de grupos satânicos organizados. O fato de a Igreja Católica resistir à des-magificação típica das sociedades modernas racionais é muito surpreendente já que ela, mesmo tendo afirmado durante séculos sua gestão nesse assunto, dedicou-se a repelir as representações realistas da presença personalizada de uma força maléfica que agisse sobre o mundo. O diabo com chifres e com um tridente, que povoou os tímpanos das catedrais, já não tem mais espaço há muito tempo na catequese e na pregação. Mas o trabalho de metaforização do maligno vai mais longe. O ritual do sacramento dos enfermos de 1972, que substituiu o antigo ritual dos moribundos ou a extrema-unção, oferece um exemplo particularmente claro disso. A representação do combate entre Jesus e Satanás no pé do leito do moribundo foi substituída pela imagem da comunidade suplicante reunida com Jesus em volta de um de seus membros que sofre. F.A. Isambert mostrou muito claramente a ambiguidade do novo ritual, oscilando constantemente entre literalidade e alegoria[12]. Compreende-se, dessa forma, que o aumento de pedidos de exorcismos dirigidos há uns dez anos à Igreja Católica a tenha tomado desprevenida. Algumas dioceses, até recentemente, nem contavam com um exorcista oficialmente designado, e muitos dos que foram nomeados entendem exercer (se forem solicitados a fazê-lo) mais um papel de apoio espiritual e escuta psicológica, ou mesmo de orientação psiquiátrica, do que uma função propriamente ritual. Mas o crescimento da demanda indica que não é mais possível responder a cada vez às solicitações individuais feitas por pessoas frágeis ou perturbadas. Em 1997, a Conferência Episcopal Francesa, confrontada com essa embaraçosa expectativa, reuniu todos os exorcistas das dioceses com as equipes de leigos que realizam a acolhida das pessoas que procuram esse serviço para refletir sobre o significado social e as implicações pastorais do fenômeno. O principal objetivo ficou sendo o de fornecer àqueles que se dizem "possuídos" mostras de compaixão e, se necessário, os conselhos práticos que lhes permitam encontrar junto a um médico ou um psicólogo um acompanhamento terapêutico indispensável. Mas isso, dificilmente é o que os requerentes esperam: eles procuram o exorcista como alguém investido de um poder, ao mesmo tempo que uma competência técnica, pelos quais tem condições de dominar as forças sobrenaturais. O que eles querem é que ele faça uso desse poder para dar-lhe benefício imediato. Falta compreender o que significa, em um mundo governado, em princípio, pela racionalidade, o aumento de uma crença que a pregação da Igreja deixou quase completamente de alimentar. Os registros dos pedidos

---

12. ISAMBERT, F.A. *Rite et efficacité symbolique*. Paris: Le Cerf, 1979.

de exorcismo mostram que a crença contemporânea no diabo não faz referência, senão excepcionalmente, ao que a Igreja diz ou dizia do tentador. Remete, sim, à experiência cotidiana que os indivíduos fazem da complexidade de um mundo em que eles não encontram mais suas referências, em que experimentam o sentimento de ser tomados por forças que os transcendem e sobre as quais não têm qualquer influência. Uma experiência mais traumatizante ainda porque eles vivem em uma sociedade que alimenta ao mesmo tempo os mitos mediatizados do acesso de todos ao consumo, à saúde, ao bem-estar, à autorrealização, à eterna juventude, à segurança. A crise econômica, a desqualificação da política e a ausência de perspectivas exasperam as frustrações psicológicas e sociais geradas por esse conflito. Acreditar no diabo é uma maneira de exteriorizar esse sentimento de impotência identificando, para além do mal-estar pessoal, a ação de um poder maléfico que manipula e "possui". A grande maioria dos que procuram o exorcismo são pessoas em situação de vulnerabilidade psicológica, mas igualmente de extrema precariedade social, desprovidos, geralmente, dos meios econômicos e culturais para enfrentar uma condição que os esmaga. Os imigrantes, sobretudo os provindos de universos culturais – África, as Antilhas – em que a familiaridade com os espíritos se estabeleceu em conhecidas práticas de possessão e de adivinhação, são uma grande parte dessa população. De maneira geral, eles se dirigem ao exorcista católico como último recurso, após um percurso onde todos os especialistas considerados capazes de manipular as forças sobrenaturais, desde o hipnotizador ao marabu africano, foram consultados em vão. Mas, nota-se que esta crença está menos distante do universo moderno do que pode parecer: o "diabo" em questão sempre é apreendido em termos físicos de uma "força negativa", que se experimenta e sobre a qual é possível agir lançando mão de técnicas apropriadas que os especialistas sabem utilizar. Esta afinidade paradoxal das crenças flutuantes contemporâneas de caráter mágico com o mito moderno do poder das técnicas é digno de atenção: ela pode explicar como indivíduos providos de uma cultura moderna, às vezes sancionada por diplomas, podem, contra qualquer expectativa, aderir a elas[13]. Existem, também – por exemplo, através da temática das "vibrações" ou das "ondas" positivas ou negativas em ação em um mundo, ele mesmo concebido como uma rede de forças contraditórias – formas de continuidade e de passagem entre a crença no diabo, dos que pedem exorcismo, e as crenças presentes em correntes relacionadas à "nebulosa mística-esotérica"[14]. O grau e as modalidades de mobilização dessas referências "científicas" constituem, nesse *continuum*, um possível indicador das diferenciações sociais da crença no paranormal. Enfim, é importante notar as correlações existentes entre essa "volta do diabo" e as diversas modalidades de demonização do outro (o estrangeiro, o árabe ou o judeu, e também os tecnocratas ou os políticos) através das quais se expressa em outras formas, não mais racionais, mas, socialmente, mais perigosas, o sentimento de não ter nenhuma responsabilidade pessoal no mundo como é, nem nenhuma capacidade de agir sobre seu futuro.

Ruína da crença e desregulação da religião

As crenças se disseminam. Conformam-se cada vez menos aos modelos estabelecidos. Comandam cada vez menos as práticas controladas pelas instituições. Tais tendências são os maiores sintomas do processo de "desregulação" que caracteriza o campo religioso institucional no final do século XX. Se a crença e a pertença não "mantêm" mais, ou mantêm cada vez menos unidos, é porque nenhuma instituição pode, de forma permanente em um universo moderno caracterizado tanto pela aceleração da mudança social e cultural como pela afirmação da autonomia do sujeito, prescrever aos indivíduos e à sociedade um código unificado de sentidos e, menos

---

13. BOY, D. & MICHELAT, G. Croyances aux para-sciences: dimensions sociales et culturelles. *Revue Française de Sociologie*, n. 27, 1986, p. 175-204.
14. CHAMPION, F. La nébuleuse mystique-ésotérique – Orientations psycho-religieuses des courants mystiques et ésotériques contemporains. In: CHAMPION, F. & HERVIEU-LÉGER, D. (org.). *De l'émotion en religion*. Paris: Centurion, 1990, p. 17-69.

ainda, impor-lhes a autoridade de normas que dele decorrem. Porque nenhuma delas escapa do confronto com o individualismo; não há nação no Ocidente que esteja isenta dos efeitos da contradição crescente entre afirmação do direito individual à subjetividade e os sistemas tradicionais de regulamentação da crença religiosa. Segundo a excelente fórmula empregada pela socióloga britânica G. Davie para caracterizar a atitude pós-religiosa em vias de tornar-se dominante na Grã-Bretanha tornou-se efetivamente possível e corriqueiro, em todas as sociedades avançadas, crer sem aderir a uma Igreja ou a uma instituição; *believing, without belonging*[15].

Esta constatação não implica – e retornaremos a isso – que essa privatização da crença desfaça a necessidade de expressar a crença em um grupo no seio do qual o indivíduo encontra a confirmação de suas crenças pessoais. Em matéria religiosa, como em tudo o mais na vida social, o desenvolvimento do processo de pulverização individualista produz paradoxalmente a multiplicação de pequenas comunidades fundadas nas afinidades sociais, culturais e espirituais de seus membros. Tais comunidades substituem, no campo da afetividade e da comunicação, aquelas "comunidades naturais" nas quais se tinha, outrora, um imaginário em comum. Na medida em que a representação da continuidade e da solidariedade do grupo não é mais vivida no dia a dia na família, no trabalho, na comunidade da vizinhança, no grupo confessional, ela surge, necessariamente, do interesse voluntário e pessoal dos indivíduos.

Isto não significa tampouco que esse duplo processo de individualização da crença e da autonomização comunitária faça desaparecer pura e simplesmente a realidade das identificações confessionais. Seria um erro considerável deduzir disso que as instituições religiosas tenham perdido, ou estejam em vias de perder, toda capacidade de contribuir na formação de identidades sociais. De fato, a disseminação das crenças coexiste com a preservação dessas

---

15. DAVIE, G. *La religion des britanniques:* de 1945 à nos jours, Genebra: Labor et Fides, 1996.

identidades, ao menos até um certo ponto. Parece até que a expansão do pluralismo e do relativismo produza, em sentido inverso, o reforço das aspirações comunitárias, ao mesmo tempo que uma certa reativação das identidades confessionais. Mas estas não coincidem mais necessariamente com identificações religiosas claramente assumidas pelos indivíduos. Isto não quer dizer que não exista mais nenhum tipo de vínculo, por exemplo, entre a crença cristã e a pertença institucional, as práticas rituais, os estilos de vida familiar, a lógica da aliança matrimonial, comportamentos sexuais, opções políticas, etc. Mas observa-se que a dimensão identitária da referência confessional nem sempre é colocada em relação com o conteúdo da fé que, supostamente, deveria fundamentá-lo oficialmente. Na Suíça, por exemplo, a identificação confessional (católica ou protestante) continua sendo uma dimensão importante na identificação social individual e coletiva: as pessoas continuam a se casar entre católicos ou entre protestantes (e inclusive entre os "sem-religião"); os amigos são, as mais das vezes, pessoas do mesmo lado; cultiva-se, na verdade, e mesmo no ambiente de trabalho, um certo grau de interação confessional. Mas essa clivagem confessional só excepcionalmente se fundamenta em distinções teológicas reconhecidas como tais. Apenas 2,9% das pessoas interrogadas consideram que "embora todas as religiões cristãs mereçam respeito, apenas a delas é a verdadeira". Os demais, mesmo mencionando, de maneira geralmente muito flexível, as razões de sua "preferência pessoal", formam o grande grupo dos que reconhecem às diferentes religiões cristãs uma igual dignidade e até um mesmo *status* do ponto de vista da verdade. As pertenças confessionais continuam, assim, determinando redes diferenciadas de sociabilidade, mesmo quando a fundamentação propriamente religiosa dessas diferenças não cessa de perder sua consistência[16].

---

16. CAMPICHE, R. Dilution et recomposition confessionelle en Suisse. In: DAVIE, G. & HERVIEU-LÉGER, D. (orgs.). *Identités religieuses en Europe*. Paris: La Découverte, 1996, p. 89-109.

Evidentemente, é nos países em que a capacidade reguladora das instituições religiosas é mais fraca que essa ruptura entre a dimensão da fé e a dimensão identitária das referências religiosas é mais nítida. Se o crente inglês se sente cada vez menos induzido a se comportar como "fiel" de uma igreja, a pertença à Igreja da Inglaterra, que não implica, na maioria absoluta dos casos, nem conformidade de crença nem regularidade de observância, continua a ser um elemento essencial na formação de sua identidade. Uma das maneiras mais fortes de exemplificar isso é o retorno à Igreja Anglicana para ser enterrado nela. Esta função identitária da Igreja estabelecida é reforçada pelo processo de pluralização cultural que caracteriza a Grã-Bretanha. A Igreja tem oficialmente a responsabilidade de representar a identidade coletiva de uma nação plural. Ninguém contestou, por exemplo, que ela expressasse, no campo propriamente ritual, as imensas manifestações espontâneas de luto que a morte acidental da princesa Diana provocou. Contudo, a multidão apinhada que prestou homenagem à "princesa do povo" estava longe de identificar-se inteiramente com as pompas litúrgicas organizadas em Westminster. Quanto à própria princesa Diana, cujo divórcio dispensava, em princípio, os rituais devidos aos membros da família real, sabe-se que ela se interessava por questões espirituais bem distantes da tradição anglicana. No entanto, coube à Igreja oficial expressar solenemente uma emoção coletiva da qual a família real, por sua vez, muito desajeitadamente, havia deixado, ao menos em um primeiro momento, de antecipar o acontecimento.

O desencaixamento da crença, da pertença e da referência identitária é ainda mais nítido nos países escandinavos, onde a crescente propensão a "crer sem pertencer" se desdobra na tendência igualmente crescente de "pertencer sem crer" (*belonging without believing*). De que forma poderá manter-se a pertença confessional quando a participação na Igreja atinge um nível tão frágil e se percebe uma reticência generalizada em aceitar suas doutrinas? Por que – pergunta-se o sociólogo O. Riis a respeito do caso dinamarquês – tão poucos indivíduos resolvem apresentar sua retirada e informar às autoridades em questão que eles não pretendem mais ser contados no número dos fiéis? A explicação de uma manutenção "por inércia" da pertença, em um país em que o desligamento requer um percurso administrativo ativo, evidentemente, é um pouco insatisfatória. Para justificar o fato de continuar a ser membro da Igreja Luterana, apenas um terço dos dinamarqueses fazem referência à fé cristã. 7% escolhem – negativamente – permanecer na Igreja para evitar que se propague a influência de outros grupos religiosos. 35% mencionam os ofícios, as cerimônias que marcam as grandes passagens da vida e que eles querem preservar. Muitos apontam os benefícios da tradição para a vida nacional (38%) e seu desejo de que o patrimônio monumental do país seja convenientemente mantido (37%). Um quarto das pessoas interrogadas consideram que a Igreja é portadora de valores populares, e um oitavo, que ela ajuda a integração da nação. Um terço, enfim, declaram que seria simplesmente algo ruim abandoná-la[17].

Ecumenismo de valores e reafirmação da identidade

Colocando em evidência a distância crescente entre a identidade das crenças e a identidade das confissões, estamos tocando no centro de uma contradição maior da modernidade religiosa. Por um lado, o panorama ocidental aparece marcado por um processo de homogeneização espiritual e ética. Este se inscreve em toda parte no enfraquecimento da referência a um Deus pessoal, na subjetivação das crenças e na metaforização dos objetos da crença religiosa tradicional. Um "ecumenismo de valores" no qual o ideal de fraternidade universal absorve e dilui toda referência a uma transcendência parece estar em vias de se impor através de uma moral, amplamente aceita, dos direitos humanos. Poderíamos imaginar que esse processo de homogeneização ética das tradições religiosas históricas realizasse o objetivo universalista de que tais tradições são portadoras e que ele tornasse esse objetivo menos susceptível à instrumentaliza-

---

17. RIIS, O. Religion et identité nationale au Danemark. In: DAVIE, G. & HERVIEU-LÉGER, D. (orgs.). Op. cit., 1996, p. 113-130.

ção identitária de que elas foram objeto no passado. Contudo, paralelamente, tende a manifestar-se uma tendência exatamente contrária ao aumento das demandas comunitárias. As causas do fenômeno são facilmente identificáveis. A crise econômica, a extensão do desemprego engendraram, ao mesmo tempo que a precarização de inúmeras situações individuais, o esboroamento das certezas trazidas pelas ideologias modernistas do desenvolvimento ilimitado. Simultaneamente, a implosão do bloco soviético rompeu a estabilidade das referências simbólicas e políticas em relação às quais as sociedades do Oriente construíram, desde o final da Segunda Guerra Mundial, sua autoimagem. Desse modo, se pode considerar que elas sejam todas, hoje, sociedades pós-comunistas[18]. Mas essas reviravoltas históricas que sacodem as estruturas mentais dos indivíduos, ao mesmo tempo que as estruturas das sociedades nas quais eles vivem, funcionam também como reveladores das contradições da Modernidade. Elas põem em claro, particularmente, a antinomia que existe e se acentua entre o individualismo, entendido e vivido como "a independência de cada um em sua vida privada"[19], e o desenvolvimento de um sentido coletivo de interdependência entre os membros da sociedade, indispensável à regulamentação das sociedades pluralistas. O recurso a emblemas identitários que permitem salvar a ficção da pertença comunitária é um dos meios pelos quais os indivíduos tentam evitar os efeitos da desestabilização psicológica e do aniquilamento dos vínculos sociais que dela decorrem. Precisamente porque elas foram transformadas, dentro da cultura moderna do indivíduo, em um reservatório de sinais e valores que não estão mais presentes em uma pertença definida nem em comportamentos regulados pelas instituições, as religiões tendem a apresentar-se como uma matéria-prima simbólica, eminentemente maleável, que pode servir para diversos desdobramentos, de acordo com o interesse dos grupos que

---

18. MICHEL, P. *Politique et religion:* la grande mutation. Paris: Albin Michel, 1994.
19. Segundo a fórmula de Benjamin Constant. *De la liberté chez les modernes* – Écrits politiques. Textos escolhidos e apresentados por GAUCHET, M. Paris: Poche/Pluriel, 1980.

delas se nutrem. Esta matéria-prima é suscetível de ser incorporada a outras construções simbólicas, particularmente àquelas presentes na elaboração das identidades étnicas e nacionais. Assim, o patrimônio simbólico das religiões históricas não apenas se colocou totalmente à disposição dos indivíduos que "bricolam", segundo a expressão já consagrada, os universos de significações capazes de dar um sentido à sua existência. Colocou-se, também, à disposição para reutilizações coletivas as mais diversas, sendo que no primeiro plano delas encontramos a mobilização identitária dos símbolos confessionais.

Os capítulos que seguem irão procurar tornar precisa essa primeira abordagem descritiva do panorama religioso da Modernidade. Desde já é visível que a crise que atinge todas as grandes igrejas não está, inicialmente, relacionada à perda da plausibilidade do conteúdo das crenças que elas difundem. Esta observação, obviamente, não coloca em questão a ideia segundo a qual as sociedades modernas garantiram sua autonomia política e intelectual desarraigando-se da influência dos grandes sistemas religiosos que forneciam às sociedades, no passado, explicações heterônomas do mundo e da vida humana. Mas a desqualificação não decorre, primeiramente, da suposta "irracionalidade" dessas explicações. Se existe uma expulsão da religião, trata-se, bem por outro lado, do processo de *destotalização* da experiência humana resultante da diferenciação das instituições. A vida doméstica, profissional ou política, a experiência afetiva, estética ou espiritual de cada um estão ligadas, agora, a campos de atividade segmentados. Envolvido nessas experiências desconexas umas das outras, é difícil para o indivíduo reconstruir a unidade de sua vida pessoal. Os sistemas religiosos, que se apresentam como códigos globais de sentido no interior dos quais se supõe que toda experiência humana individual e coletiva encontra sua coerência, perdem, dentro desse processo, sua credibilidade. O desenvolvimento em proliferação das crenças, a que assistimos hoje, responde, em larga medida, à necessidade de recompor, a partir do indivíduo e de seus problemas, alguma coisa desses universos de sentido perdidos.

2 | O fim das identidades religiosas herdadas

Como se garante, nesse contexto de disseminação das crenças, a transmissão das identidades religiosas de uma geração a outra? Essa questão interessa não apenas aos pais, preocupados com a educação religiosa de sua prole, ou às instituições que tentam renovar sua pedagogia em direção às jovens gerações cujos comportamentos e expectativas as derrotam. Ela mobiliza também os pesquisadores porque condensa, de certa maneira, todos os aspectos do futuro das religiões históricas na Modernidade

A "crise" da transmissão

De modo geral, a transmissão regular das instituições e dos valores de uma geração a outra é, para toda sociedade, a condição de sua sobrevivência no tempo. Nas sociedades tradicionais, rituais de iniciação marcam solenemente a entrada dos jovens na comunidade dos adultos. Ao mesmo tempo em que esses ritos efetuam e significam a incorporação social e simbólica dos novos iniciados no grupo, eles conferem aos jovens a responsabilidade de assegurar por sua vez essa continuidade, de geração em geração. Entendamos bem, todavia, que "continuidade" não significa "imutabilidade". Em todas as sociedades, a continuidade é garantida sempre na e pela mudança. E essa mudança coloca inevitavelmente as novas gerações em oposição às antigas. Na Antiguidade, em que a socialização das novas gerações às normas e costumes garantidos pela autoridade dos mais velhos era objeto de uma atenção minuciosa, guardaram-se os traços, nos escritos dos filósofos e dos Padres da Igreja, sobretudo, do frequente lamento das gerações antigas diante do relaxamento dos costumes e da piedade nos mais novos... Se o ideal da transmissão pretende que os filhos sejam a imagem perfeita dos pais, é claro que nenhuma sociedade jamais o atingiu, simplesmente porque a mudança cultural não cessa de agir, inclusive nas sociedades regidas pela tradição. Não há, nesse sentido, transmissão sem que haja, ao mesmo tempo, uma "crise da transmissão".

Todavia, em nossas sociedades, esta crise da transmissão mudou profundamente de natureza. As lacunas que se observam entre o universo cultural das diferentes gerações não correspondem mais apenas aos ajustamentos que a inovação e a adaptação aos novos dados da vida social tornam necessários. Elas representam verdadeiras rupturas culturais que atingem profundamente a identidade social, a relação com o mundo e as capacidades de comunicação dos indivíduos. Elas correspondem a um remanejamento global das referências coletivas, a rupturas da memória, a uma reorganização dos valores que questionam os próprios fundamentos dos laços sociais. Não é útil insistir no fato de que todas as instituições nas quais se dava a continuidade das gerações perdem hoje sua importância em benefício de uma sociabilidade da experiência partilhada, da comunicação direta, do engajamento pontual. A escola, a universidade, os partidos políticos, os sindicatos, as igrejas, todos também são atingidos. Mas, evidentemente, é a mutação da família, instituição de socialização por excelência, que revela mais diretamente a extensão das implicações sociais como também psicológicas. Os sociólogos da família se interessam menos pela análise dos mecanismos da reprodução dos papéis institucionais familiares e das relações entre os gêneros do que pela análise das relações entre os indivíduos no seio da família[1]. Eles evidenciaram, igualmente, os aspectos social, cultural e

---

1. Cf. ROUSSEL, L. *La famille incertaine*. Paris: Odile Jacob, 1989. • DE SINGLY, F. *La famille:* l'état des savoirs. Paris: La Découverte, 1991. • DE SINGLY, F. *Sociologie de la famille contemporaine*. Paris: Nathan, 1993. • DE SINGLY, F. *La famille en question:* etat de la recherche. Paris: Syros, 1996.

simbólico da disjunção que se estabeleceu de maneira muito mais nítida, hoje, entre os dispositivos da aliança e os da filiação que se considera que o casamento clássico reúna. A organização e a representação da continuidade das gerações revelam-se radicalmente transformadas[2]. Por sua parte, os sociólogos da educação, há muito tempo mobilizados, na França, pela análise da reprodução escolar das desigualdades sociais[3], deslocaram progressivamente seus interesses para o estudo da construção das identidades dos jovens, tomados em universos sociais e culturais diferentes[4]. Nestes distintos domínios – familiar, educacional, etc. – insiste-se cada vez mais no caráter evolutivo das identidades, mais do que nas lógicas fortemente determinadas da reprodução social. O acento é colocado no caráter dinâmico de sua formação, em função das relações concretas nas quais os indivíduos estão inseridos.

Para compreender a maneira com que se constituem, hoje, as identidades religiosas, é igualmente indispensável voltar às abordagens clássicas da transmissão religiosa. Essas servem principalmente para avaliar a eficácia da transmissão em função do grau de conformidade entre crença e práticas dos filhos em relação aos pais: os filhos de pais praticantes são também praticantes? Os filhos de pais não praticantes continuam com alguma crença? etc. As pesquisas dedicadas a mensurar mais precisamente essas quebras entre pais e filhos fazem referência, ao menos de maneira implícita, a um modelo de socialização que localiza um transmissor ativo, detentor de um patrimônio de saberes e de referências religiosas, diante de um destinatário passivo, ou semipassivo, da transmissão. O primeiro se esforça, com maior ou menor sucesso, para

---

2. Cf. THÉRY, I. *Le démariage*. Paris: Odile Jacob, 1993.
3. Cf. BOURDIEU, P. & PASSERRON, J.C. *Les héritiers* – Les étudiants et leurs études. Paris: Minuit, 1964. • BOURDIEU, P. & PASSERRON, J.C. *La reproduction*. Paris: Minuit, 1965. • BOURDIEU, P. *La noblesse d'etat* – Grandes écoles et esprit de corps. Paris: Minuit, 1989. Cf. igualmente BOUDON, R. *L'Inégalité des chances* – La mobilité sociale dans les sociétés industrielles. Paris: A. Colin, 1973.
4. DUBET, F. *La galère*: jeunes en survie. Paris: Fayard, 1987. • DUBET, F. *Les lycéens*. Paris: Le Seuil, 1991.

transmitir ao segundo o todo ou parte da herança. Os dados recolhidos revelam claramente as dificuldades da operação, num universo cultural onde toda proposição religiosa é confrontada a uma multiplicidade de ofertas simbólicas variadas. Para enfrentar essa concorrência e evitar o afastamento das gerações jovens, as instituições religiosas se empenham em utilizar métodos mais eficazes de comunicação de sua mensagem. Seu êxito é, no mínimo, dúbio: pois o desinteresse dos jovens se associa, parcialmente, ao menos, à dúvida manifestada pela geração adulta quanto aos fundamentos da transmissão religiosa em um universo cultural em que as opções religiosas e espirituais são vistas cada vez mais como escolhas privadas, que dizem respeito ao indivíduo e somente a ele. Na França, 4% apenas dos pais conservam a fé religiosa entre as qualidades importantes a serem encorajadas nos filhos[5]. Isto não quer dizer que os pais em questão sejam pessoalmente distantes de qualquer crença ou, pelo menos, a todo questionamento espiritual ou metafísico. Mas a crença pessoal, vivida como afazer de cada um, não é necessariamente associada à fervorosa obrigação de transmitir. O tema da "escolha deixada aos filhos" permite, em certo número de casos, justificar a rejeição, explícita ou implícita, dos pais em transmitir, eles mesmos, uma fé religiosa. Este tema faz eco ao desejo dos jovens de poder escolher sua religião (desde que eles julguem necessário ter uma) em função da afinidade que sentem pessoalmente com essa ou aquela tradição e dos benefícios pessoais (principalmente psicológicos) que podem esperar delas. Essa questão de uma "religião à escolha", que pressupõe a experiência pessoal e a autenticidade de um percurso de conhecimento, ao invés da cuidadosa conformação às verdades religiosas asseguradas por uma instituição, é coerente com o advento de uma modernidade psicológica que exige, de certa maneira, que o homem se pense a si

---

5. Cf. LAMBERT, Y. Un paysage religieux en profonde évolution. In: RIFFAULT, H. (org.). *Les valeurs des français*. Paris: PUF, 1994, p. 123-162.

mesmo como individualidade e trabalhe para conquistar sua identidade pessoal, além de toda identidade herdada ou prescrita.

A construção individual da continuidade da crença

Embora todas as instituições de socialização dificilmente enfrentem as implicações desta mutação cultural, o abalo que resulta dela é ainda maior, no caso das instituições religiosas, porque a transmissão envolve aquilo que está na própria gênese de sua existência, a saber, a continuidade da memória que os funda. Toda religião implica, com efeito, uma mobilização específica da memória coletiva. Nas sociedades tradicionais, cujo universo simbólico-religioso está inteiramente estruturado por um conjunto de mitos, que explicam a um tempo a origem do mundo e a do grupo, a memória coletiva é dada. Ela está inteiramente contida nas estruturas, na organização, na linguagem, nas práticas cotidianas de sociedades regidas pela tradição. No caso de sociedades diferenciadas, em que prevalecem religiões fundadas, que fazem emergir comunidades de fé, a memória religiosa coletiva se torna questão de uma reelaboração permanente, de tal sorte que o passado inaugurado pelo acontecimento histórico da fundação possa ser identificado a todo o momento como uma totalidade significativa. Na medida em que se entende que toda a significação da experiência do presente está contida (ao menos potencialmente) no acontecimento fundador, o passado se constitui simbolicamente como uma referência imutável. Em constante relação com esse passado, os crentes se constituem em um grupo "religioso", suscitando e mantendo a crença na continuidade da linhagem de fé, ao preço de um trabalho de rememorização que também é uma reinterpretação permanente da tradição em função das questões do presente[6]. Essa contínua reelaboração da identidade religiosa coletiva se realiza, por excelência, nas atividades rituais que consistem em fazer me-

---

[6]. A sociologia da memória, de Maurice Halbwachs, constitui, nesse campo, a referência mais preciosa para uma sociologia dos fenômenos religiosos.

mória (*anamnese*) daquele passado que dá um sentido ao presente e contém o futuro. Nesta perspectiva, a transmissão não consiste apenas na garantia da passagem de um determinado conteúdo de crenças de uma geração a outra, colocando os recém-chegados em conformidade com as normas e valores da comunidade. Na medida em que a transmissão se confunde com o processo de elaboração dessa "corrente da memória" a partir da qual um grupo crente se realiza como grupo religioso, a transmissão é o próprio movimento pelo qual a religião se constitui como religião através do tempo: é a fundação continuada da própria instituição religiosa.

Se evocarmos a construção simbólica e prática de uma "linhagem dos que creem", fica clara a relação decisiva existente entre religião e memória. É exatamente nesse ponto que podemos situar – se quisermos retomar esse termo – o nó da "crise da transmissão" mencionada em todas as observações que tratam da relação dos jovens com a religião. Pois as sociedades modernas são cada vez menos sociedades de memória. Ao contrário, são governadas, de um modo mais ou menos imperioso, pelo paradigma da imediatez. Além do mais, é porque chegaram a romper o elo da memória obrigatória da tradição que se tornaram sociedades de mudança, erigindo a inovação como regra de conduta. Hoje levado ao limite, esse processo de libertação produziu a desestruturação e o aniquilamento da memória coletiva, a ponto de as sociedades modernas aparecerem cada vez mais incapazes de pensar sua própria continuidade e, assim, consequentemente, de se representar seu porvir. As grandes escansões temporais que ritmavam a vida das sociedades pré-modernas se desfizeram sob a pressão de um presente sempre mais presente. Ao mesmo tempo em que o evento da comunicação planetária dissolve a densidade histórica dos acontecimentos que ela faz desfilarem em um fluxo ininterrupto e homogêneo, o fenômeno de decomposição das estruturas imaginárias da continuidade se agrava por um sentimento amplamente partilhado de complexidade no mundo presente. Este, tanto quanto a perda da memória, representa um obstáculo à mobilização imaginária do passado rumo à construção do futuro, pelo método da repetição tradicional e pelo da utopia. Em todos esses domínios, a previsibilidade das evoluções diminui, paradoxalmente, à medida que aumenta a capacidade cognitiva e técnica de agir sobre elas. Esse contexto de espairecimento da presença do passado e de correspondente opacidade do futuro esclarece a "estranheza" de nossas sociedades, não tanto com relação à crença "nos deuses e profetas"[7], mas sim com a maneira propriamente religiosa de crer neles, consistindo essa no reforço à crença na autoridade legitimadora de uma tradição. Não é por serem idealmente sociedades racionais que as sociedades modernas são tão a-religiosas: é porque são sociedades *amnésicas*, nas quais a crescente impotência para manter viva a memória coletiva portadora de sentido para o presente e orientações para o futuro representa uma fundamental carência.

O que acontece, então, com a problemática religiosa da continuidade da crença? Como os crentes "bricoladores", isto é, aqueles que se apropriam de elementos religiosos daqui e dali, criando, a partir de suas experiências e expectativas pessoais, pequenos sistemas de significação que dão um sentido à sua existência, como podem eles ser levados a reivindicar sua inserção na continuidade de uma linhagem de pertença a uma crença? É imaginável, dizendo de outro modo, que essas crenças dispersas se organizem de um modo religioso e, se sim, de que maneira? A resposta a essas perguntas estará, provavelmente, lá onde se explora a experiência dos indivíduos que formam sua identidade religiosa em função dos interesses, das disposições e aspirações que eles manifestam nas situações concretas[8]. No âmbito da religião, como nos demais, a capacidade do indivíduo para elaborar seu próprio universo de normas e de valores a partir de sua experiência singular, tende a impor-se, como vimos, vencendo os esforços reguladores das instituições. Os

---

7. WEBER, M. *Le savant et le politique*, 10/18, p. 92.
8. Proposição que se une, segundo alguns, à perspectiva de DUBET, F. *Sociologie de l'expérience*. Paris: Le Seuil, 1994.

crentes modernos reivindicam seu "direito de bricolar", e, ao mesmo tempo, o de "escolher suas crenças". Mesmo os mais convictos e os mais integrados a uma determinada confissão fazem valer seus direitos à busca pessoal pela verdade. Todos são conduzidos a produzir por si mesmos a relação com a linhagem da crença na qual eles se reconhecem.

Se nos colocarmos nesta perspectiva, compreenderemos que, para apreender o sucesso ou o fracasso da transmissão religiosa, não podemos mais nos contentar em medir os desvios e as distorções que aqueles que são seu objeto causam à herança que lhes é transmitida. Pois, precisamente, as identidades religiosas não podem mais ser consideradas como identidades herdadas, mesmo se admitirmos que a herança é sempre remanejada. Os indivíduos constroem sua própria identidade sociorreligiosa a partir dos diversos recursos simbólicos colocados à sua disposição e/ou aos quais eles podem ter acesso em função das diferentes experiências em que estão implicados. A identidade é analisada como o resultado, sempre precário e suscetível de ser questionado, de uma *trajetória de identificação* que se realiza ao longo do tempo. Essas trajetórias de identificação não são apenas percursos de crença. Envolvem, também, tudo aquilo que constitui a substância do crer: práticas, pertenças anteriores, maneiras de conceber o mundo e de inserir-se ativamente nas diferentes esferas de ação que compõem o mundo, etc. Sua orientação cristaliza, por um lado, as disposições, interesses e aspirações dos indivíduos. Mas ela depende igualmente das condições objetivas – institucionais, sociais, econômicas, políticas, culturais – dentro das quais esse percurso acontece. Trazer à luz os diferentes encadeamentos através dos quais se estabelece, se reelabora e se estabiliza eventualmente a relação dos indivíduos com uma linhagem de crença particular, requer, portanto, que aprofundemos o estudo das relações entre a dinâmica interna do crer (aquela que corresponde ao desenvolvimento da experiência individual e/ou coletiva), o papel das interferências externas (aquelas, primeiramente, das instituições de socialização que desenvolvem e adaptam as estratégias de transmissão), e os fatores ligados ao ambiente móvel no qual o processo se dá. Mas a análise parte, assim, do indivíduo, e não da instituição. Como a representação coletiva da continuidade da linhagem e sua realização social podem, então, continuar sendo garantidas através da subjetivação dos percursos de crença e da pluralização dos processos de construção das identidades religiosas que daí decorrem? Esta interrogação não designa apenas o possível eixo central de uma sociologia da transmissão religiosa: pode constituir o grande programa de uma sociologia da modernidade religiosa como tal.

As dimensões da identificação

Para o desenvolvimento desta abordagem é preciso dotar-se de recursos que permitam colocar ordem na diversidade dos percursos de identificação encontrados na observação empírica do cenário religioso. Seria inútil imaginar que esta ordenação possa surgir completamente estruturada com o inventário das situações singulares. Tal inventário, ademais, nunca teria fim, devido ao próprio ritmo com que as crenças se disseminam. Os elementos a seguir devem ser considerados como uma espécie de quadro, elaborado a partir das observações feitas em diferentes campos, principalmente franceses e católicos, durante os últimos anos, e que se relacionam sobretudo com as práticas catequéticas, os grupos carismáticos e as "novas comunidades", as grandes concentrações de jovens, movimentos de renovação espiritual e manifestações neotradicionalistas, os fenômenos de conversão, etc. Não pretendemos aqui utilizar resultados de extensas pesquisas realizadas em cada um desses relatórios. Antes, preferimos agir, nesse assunto, como os prospectores de petróleo que realizam uma "perfuração", e analisam minuciosamente as situações observadas "anteriormente" e tratadas como amostras significativas que permitem estabelecer hipóteses para trabalhos mais aprofundados. Retornaremos de maneira mais precisa, nos demais capítulos da obra, a alguns desses trabalhos: ocupemo-nos, aqui, apenas com o eixo estrutural, que também é detalhado e afinado em empreitadas coletivas dedicadas às identidades religiosas na Europa[9] e à religiosidade dos jovens europeus[10], como também por outras pesquisas realizadas com métodos diversos[11]. Ao final desta primeira exploração, podemos formular a hipótese de que os processos de identificação religiosa nas sociedades modernas passam pela combinação livre de quatro dimensões típicas da identificação, que a regulamentação institucional não articula mais entre elas, ou articula cada vez menos.

A primeira dessas dimensões é a *dimensão comunitária*. Ela representa o conjunto das marcas sociais e simbólicas que definem as fronteiras do grupo religioso e permite distinguir "aqueles que são do grupo" daqueles que não são. Esta dimensão comunitária remete à definição formal e prática das pertenças: o fato, por exemplo, de ser circunciso, ou de ser batizado, de praticar fielmente os cinco pilares do islã, de ter-se refugiado no budismo, ou ainda ter aceito as obrigações impostas para ser reconhecido como adepto nesse ou naquele movimento religioso. Essas definições comunitárias podem, em si, ser mais ou menos extensas ou mais ou menos intensas, segundo, por exemplo, estivermos diante de um grupo do tipo "igreja", que fixa obrigações mínimas a seus fiéis, ou do tipo "seita", que impõe ao novo ingressante uma mudança radical de sua própria vida. De qualquer forma, aceitar ou não aceitar submeter-se a tais obrigações constitui um traço discriminante da identificação.

Uma segunda dimensão é a da aceitação por parte do indivíduo dos valores ligados à mensagem religiosa trazida pela tradição particular (quer seja a "tradição longa" das grandes religiões históricas, ou a "tradição curta" dos novos grupos ou movimentos, ela

---

9. DAVIE, G. & HERVIEU-LÉGER, D. (orgs.). *Identités religieuses en Europe*. Paris: La Découverte, 1996.

10. CAMPICHE, R. (org.). *Cultures jeunes et religions en Europe*. Paris: Le Cerf, 1997. As considerações sobre Taizé (apresentadas no capítulo seguinte) foram desenvolvidas no quadro do programa coletivo do qual essa obra se originou.

11. LAMBERT, Y. & MICHELAT, G. (orgs.). *Crépuscule des religions chez les jeunes?* – Jeunes et religions en France. Paris: L'Harmattan, 1992.

própria, muitas vezes, legitimada pelo recurso imaginário a um vínculo mais longínquo). Esta *dimensão ética* da identificação, na verdade, parece estar cada vez mais frequentemente dissociada da precedente. Os valores da mensagem, inseparáveis do alcance universal que, ao mesmo tempo, lhe é atribuído, podem ser apropriados sem implicar, necessariamente, a pertença a uma comunidade de fiéis claramente identificados. É possível, dessa forma, reconhecer nos evangelhos a expressão mais elevada de uma ética do amor à qual se pode aderir sem reivindicar, ou mesmo recusando a pertença a uma igreja cristã qualquer.

Uma terceira dimensão da identificação é a *dimensão cultural*. Esta reúne o conjunto dos elementos cognitivos, simbólicos e práticos que constituem o patrimônio de uma tradição particular: a doutrina, os livros, os conhecimentos e suas interpretações, as práticas e os códigos rituais, a história – científica e lendária – do grupo, as representações e modos de pensar sedimentados nas práticas da comunidade, os costumes alimentares, sexuais... vestuários, terapêuticas, etc. associadas ao sistema de crenças, a arte, as produções estéticas, os conhecimentos científicos desenvolvidos em relação às crenças, etc. Esta dimensão cultural cuja riqueza e variedade marcam a profundidade de uma tradição de longa duração pode igualmente ser hoje apropriada como "bem comum cultural" sem implicar, ou cada vez menos, a adesão pessoal ao sistema de crenças que produziu este patrimônio de conhecimentos e símbolos. Pode-se reivindicar "raízes judaicas", ou "raízes cristãs", sem se definir como fiel de uma comunidade particular, nem como crente de uma fé qualquer. A referência a esse patrimônio cultural constitui um marcador de identidade que já não incorpora mais diretamente o interessado a um grupo religioso identificável e não lhe impõe mais escolhas e comportamentos éticos específicos.

Uma quarta dimensão da identificação é a dimensão emocional, que diz respeito à experiência afetiva associada à identificação: o sentimento de "fusão das consciências" ou "emoção das profundezas", que Durkheim tomou, em *As formas elementares da vida religio-*

sa, como recurso básico e fundador da experiência religiosa[12]. O fato novo, nas sociedades modernas, é que esta experiência ardente que produz o sentimento coletivo do "nós" resulta cada vez menos da pertença comunitária que garante, através do ciclo das festas, sua reativação regular. Ela é, cada vez com maior frequência – especialmente entre os jovens –, o momento em que se estabelece uma experiência elementar de comunhão coletiva, eventualmente suscetível de se estabilizar na forma de uma identificação comunitária. As grandes concentrações que reúnem milhares de jovens cristãos (católicos ou protestantes), o sucesso considerável dos encontros organizados pela comunidade de Taizé são bons exemplos desta prioridade que reaparece ligada à identificação emocional na formação das identidades sociorreligiosas entre os jovens.

Estas identidades se constroem como identidades confessionais, pois a identificação com uma tradição religiosa particular implica a aceitação das condições de identidade (comunitárias, éticas, culturais e emocionais) fixadas – ou ao menos delimitadas – pela instituição que se apresenta como sua garantia. Neste caso – tradicionalmente o mais comum – a articulação destas quatro dimensões é controlada pela própria instituição. É ela, particularmente, que garante, ao menos no ideal, a manutenção de um equilíbrio entre as lógicas contraditórias que colocam essas dimensões em tensão entre si.

A primeira tensão é a que se estabelece entre as dimensões comunitária e ética. A referência à dialética da universalidade e da singularidade presente nas grandes religiões universais permitirá ilustrar esse ponto. Por um lado, as grandes religiões universais se valem da detenção de uma mensagem cujo alcance ético diz respeito, ao menos potencialmente, à humanidade inteira e a cada pessoa em particular. Mas, por outro lado, elas congregam seus fiéis em comunidades que fazem da posse presente da mensagem o sinal de

---

12. DURKHEIM, E. *Les formes élémentaires de la vie religieuse*. Paris: PUF, 1968 [1912].

uma eleição e, ao mesmo tempo, o princípio de uma separação. No judaísmo, a tensão se situa entre, por um lado, o horizonte escatológico que verá a realização universal da Torá e, por outro, o fato de que, no tempo histórico, a Torá é dirigida exclusivamente ao povo mediador que é o povo judeu (enquanto a lei de Noé se impõe, desde então, a todos os homens). Esta dimensão está evidentemente presente nos debates que tratam da articulação entre a nação judaica e o povo eleito. A dialética cristã do "já presente" e do "ainda não" que garante ao mesmo tempo a articulação das relações entre a Igreja (a atualidade da comunidade dos que creem) e o Reino (a realização última e universal da mensagem[13]), e das relações entre a Igreja e o mundo, rearticula no campo da história – mas nos novos termos da conversão oferecida a todo homem – a tensão irredutível entre a universalidade escatológica da mensagem e a afirmação terrena da comunidade de fé. No islã, o Alcorão insiste de maneira repetitiva no fato de que o livro foi dado em língua árabe "clara", "sem complicação". Mas todos os livros revelados anteriores (a Torá, os Salmos, o Evangelho), como também o próprio Alcorão, que é o Livro por excelência, estão inscritos numa "tábua fiel" (ou, "bem protegida")[14]: a exegese vê nessa tábua a matriz das palavras divinas, de onde "desceram" os livros atribuídos aos diferentes profetas encarregados da conversão dos povos e que se dirigem a eles na sua língua. A correspondência entre o livro "do alto" e os livros "de baixo" constitui, no contexto muçulmano, uma articulação essencial das relações entre a universalidade da mensagem e a singularidade das comunidades de fé.

Se esta tensão entre a universalidade ética da mensagem e a singularidade identitária da comunidade é levada ao seu limite, dito de outra maneira, se cada pólo se autonomiza em relação ao

---

13. Antecipada simbolicamente pelo milagre de Pentecostes, em que cada um, oriundo das extremidades da terra, ouve a pregação *em sua própria língua* (cf. At 2,1-13).
14. *Alcorão*. Surata 85: 22.

outro, a referência exclusiva a um dos termos faz com que a construção identitária perca suas propriedades propriamente religiosas de identificação com uma linhagem de fé. Assim, o olhar sobre si mesmo que pode gerar uma supervalorização da singularidade comunitária tende a esvaziar de seu conteúdo a representação da presença da linhagem através do tempo e do espaço. Mas, em sentido inverso, a diluição das crenças próprias do grupo em um sistema de valores universalmente partilhado não determina outra identidade comunitária além da que decorre da pertença à espécie humana e ela pode fundar, a esse título, a pertença a uma linhagem de fé notável. O papel da regulamentação institucional é precisamente o de manter o equilíbrio entre as duas linhas de fuga que correspondem a dois modos de "saída da religião": por encerramento comunitário, por um lado, e por universalização ética, por outro[15].

Mas esta primeira tensão se cruza com outra, que a regulamentação institucional é, igualmente, levada a assumir: a que se estabelece entre a dimensão emocional – que corresponde à experiência imediata, sensível e afetiva da identificação – e a dimensão cultural, que permite a esta experiência instantânea ancorar-se na continuidade legitimadora de uma memória autorizada, ou seja, em uma tradição. A função do rito religioso é ligar a emoção coletiva que provoca a congregação comunitária à evocação controlada da cadeia da memória que justifica a própria existência da comunidade. A dissociação dos dois pólos, emocional e cultural, entre os quais se estabelece esta tensão, abole a especificidade propriamente religiosa da associação entre o sentimento afetivo do *nós* (o que, em termos durkheimianos, se poderia descrever como a "experiên-

---

15. Marcel Gauchet fala de "saída da religião" (ao invés de "secularização" ou "laicização") para designar o processo histórico pelo qual a religião perdeu, nas sociedades ocidentais, sua capacidade de estruturar a sociedade e, particularmente, a forma política desta sociedade. A noção de "saída da religião" diz respeito, aqui, aos processos pelos quais se dissolve, nas sociedades modernas, a referência individual e coletiva da continuidade de uma tradição legitimadora, referência que caracteriza propriamente a crença religiosa. Os dois movimentos não deixam, evidentemente, de ter vínculos.

cia do sagrado") e a inserção em uma memória coletiva que transforma esta experiência "ardente" em *anamnese* do tempo fundador da linhagem. Do lado emocional, resta a possibilidade que se expresse uma crença sem tradição, vivida no imediatismo da fusão comunitária; do lado cultural, a memória coletiva perde seu caráter ativo e se constitui como patrimônio de lembranças que já não mobiliza mais uma crença comum: ela é apenas uma tradição sem fé. Nos dois casos, existe igualmente "saída da religião".

Para uma cartografia das trajetórias de identificação

A instituição garante em princípio a regulamentação dessas tensões, colocando-as sob o controle de um poder, legitimado de maneiras diversas, segundo as diferentes tradições religiosas. Mas o que acontece quando a capacidade reguladora das instituições é questionada pela capacidade de autonomia dos indivíduos que podem rejeitar as identidades "pré-fabricadas", para construir eles mesmos, a partir da diversidade de suas experiências, seu próprio caminho de identificação? A primeira observação que se impõe é a da facilidade com que se tornou possível, hoje, "sair da religião". A religião que não define mais as formas de vínculo social e de organização política das sociedades laicizadas também não determina mais identidades sociais inalienáveis aos indivíduos. Estes abandonam normalmente a identidade religiosa que lhe foi dada como herança, seja para adotar uma outra que eles mesmos venham a escolher, seja para juntar-se à crescente população daqueles que se definem "sem religião". A primeira utilização possível desse recurso analítico está em ajudar a perceber a diversidade das modalidades de "saídas", conforme os diferentes cenários da decomposição (no sentido utilizado, na física, para falar da "composição" das forças) das identidades religiosas. A estetização da referência à tradição religiosa, sua absorção em um humanismo secular que abre mão de toda invocação a alguma fonte de valores religiosos quaisquer, a instrumentalização étnica ou política dos símbolos da identidade comunitária, a pura pesquisa dos estados alterados de consciência associados à intensificação da experiência espiritual, etc. constituem outras tantas maneiras de abandonar a linhagem da fé.

Mas as coisas não param aí: recomposições mais ou menos completas de identidade também podem acontecer, por um lado, porque os indivíduos preservam, muitas vezes preservam um pouco – mesmo que muito pouco – das identidades que abandonaram ou das quais, na verdade, eles nunca se apoderaram, e, por outro lado, porque sua "saída religiosa" se revela incompleta ou porque ela pode, depois de um corte, ser novamente questionada. O afastamento religioso mais explícito pode coexistir, em um mesmo indivíduo, com a preservação, mais ou menos consciente, das adesões (comunitárias, culturais, éticas, afetivas), que servem de suporte a reorganizações identitárias precárias, transformáveis ou transportáveis para outros registros da fé. Tal fato foi abundantemente apontado a propósito dos "militantes" que passaram da mais intensa convicção confessional ao mais ativo engajamento político. Mas podemos ampliar estas observações a todos os percursos de indivíduos crentes "liberados" das exigências da pertença a uma instituição. É possível, então, adiantar a hipótese de que cada uma das dimensões da identificação pode, na medida em que se tornou relativamente autônoma em relação a todas as demais, tornar-se ela mesma o eixo de uma possível construção ou reconstrução da identidade religiosa. A experiência emocional, a necessidade de integração comunitária, o cuidado com a preservação dos tesouros de uma cultura religiosa, a mobilização ética: as experiências que operam em cada um desses registros podem constituir o ponto de partida de uma elaboração identitária singular, que elas "colorem" de maneira única. Os relatos de conversões às diferentes grandes religiões oferecem uma matéria particularmente rica para avaliar a diversidade dessas construções que os interesses trazem à tona cada vez mais, a partir de uma experiência privilegiada que catalisa, em função de sua própria dinâmica, a organização ou a combinação das demais dimensões da identidade religiosa. Para um, a participação fortuita em uma concentração de jovens particularmente entusiastas é o ponto de partida da integração em um grupo, dentro do qual ele adquire progressivamente uma cultura religiosa; para outro, é a descoberta dos gestos de solidariedade vividos no engajamento humanitário que inicia um percurso espiritual e conduz à afiliação comunitária; para um terceiro, uma experiência estética associada à descoberta cultural de uma determinada tradição religiosa inaugura um engajamento comunitário, etc. Em cada um dos casos, a representação da linhagem de fé invocada varia conforme as experiências que balizaram a trajetória da identificação. Aquela que se realiza a partir do pólo comunitário – ligada, por exemplo, à vontade de manifestar, em um contexto de pluralização religiosa e cultural, a "autenticidade" de uma tradição religiosa nacional – implica uma maneira totalmente diferente de mobilizar a dimensão cultural da identidade do que aquela que procede da reivindicação de uma identidade ética universal. O indivíduo que afirma uma identidade francesa e católica para caracterizar sua rejeição à presença do islã na França não está invocando o mesmo patrimônio do cristianismo que o militante dos direitos humanos que quer dar testemunho da origem cristã desses direitos. Compreende-se, assim, que a trajetória individual não se diversifica ao infinito, mas pertence a lógicas que correspondem a diferentes combinações possíveis das dimensões da identidade religiosa, combinações que traçam, no próprio seio de cada tradição, uma constelação de identidades religiosas possíveis. Dentro de uma mesma tradição, essa diversidade pode dar lugar a muitos conflitos, inclusive, a partir do momento em que as instituições foram dispensadas de seu papel de definidoras exclusivas do perfil identitário oficial no qual os fiéis supostamente deveriam reconhecer-se.

De algumas modalidades de identificação ao cristianismo entre os jovens

Pode-se ir mais longe e traçar, já, a partir desses elementos, uma primeira cartografia das possíveis trajetórias da identificação? Para fazê-lo com seriedade seria preciso mobilizar uma quantidade considerável de pesquisas sobre todo o conjunto das tradições e dos universos religiosos. A única coisa que se pode propor, aqui, é a ilustração de alguns tipos de problema religiosos, que se pode visualizar.

Esses tipos se delineiam quando duas das dimensões se articulam para formar um eixo de identificação privilegiado, fazendo com que as demais dimensões da identidade religiosa girem ao seu redor, quais "satélites", digamos. Pesquisas de campo realizadas junto a diferentes populações de jovens permitiram perceber vários percursos típicos de identificação como cristianismo. Estes – seis ao todo – não convergem automaticamente, bem longe disso, para a afirmação de uma identidade harmonizada com os critérios exigidos pela instituição eclesiástica, nem para uma integração comunitária suscetível de garantir a estabilização definitiva das referências religiosas às quais os interessados recorreram. É por esta razão que é preferível falar de "identificação com o cristianismo", em vez de "identificação com o catolicismo", embora os jovens em questão sejam, em sua maioria, oriundos de um ambiente católico. A fórmula é flexível: permite preservar a fluidez das trajetórias e das afiliações que estas, eventualmente, determinam. Em todo estado de coisas, os "modelos" apresentados aqui não são a fotografia dos percursos individuais diretamente observados: eles constituem elementos entre os quais se desdobram através de combinações e complexificações, os percursos efetivamente assumidos pelos indivíduos.

O primeiro desses modelos pode ser ilustrado a partir de um estudo realizado com jovens peregrinos que retornavam de Czestochowa, na Polônia, onde aconteceram, em agosto de 1991, as jornadas mundiais da juventude, que reuniam a cada dois anos, em volta do papa, centenas de milhares de jovens vindos do mundo inteiro[16]. Entre esses jovens, que convergem a um só lugar, a pé, de carro ou de trem, e se reúnem em condições, muitas vezes, bastante espartanas (mas experimentadas por eles como muito excitantes) para participar de um acontecimento considerado excepcional, nenhum deles – mesmo recrutados pelas paróquias e movimentos de juventude – apresenta o perfil dos jovens católicos identificados claramente como tais. Entre aqueles que reivindicam uma identidade confessional incontestável e aqueles que se juntam à festa pelo prazer de compartilhar com os outros um momento de intensidade, encontra-se um vasto desnível de referências cristãs mais ou menos interrogativas e buscas espirituais mais ou menos explicitadas como tais. O entusiasmo e a exaltação coletiva produzidos

---

16. A primeira aconteceu em Roma, em 1985. A concentração de Compostella em 1989 reuniu 600.000 jovens peregrinos; a de Czestochowa, na Polônia, em 1991, foi a mais numerosa com 1,5 milhão de participantes; depois de Denver (Colorado) (1993) e Manila (1995), assistiu-se em Paris em agosto de 1997 ao agrupamento de 850.000 peregrinos.

pela própria grandiosidade do evento em si são, para alguns dos menos determinados, a principal causa para uma identificação religiosa "precipitada" (no sentido químico do termo) pelo evento: "Lá, sim, eu me senti um católico". Conversas mais aprofundadas realizadas com uns 12 jovens peregrinos a algumas semanas de distância do evento revelaram quanto esta identificação podia ser volátil, independentemente dos esforços que tinham sido empreendidos pelo regime eclesiástico para transformar esta gigantesca peregrinação da juventude em um programa relâmpago de socialização ao catolicismo[17]. Mas, na maioria dos casos acompanhados, o resultado da experiência foi a produção de manifestações mais ou menos duradouras de um *cristianismo afetivo* que se constitui, se ativa ou se reativa pela intensificação emocional do sentimento de pertença comunitária. A repetição dessas experiências, tornada possível nas sucessivas JMJ (Jornadas Mundiais da Juventude), ou relançadas em outros tipos de concentrações, pode contribuir para uma estabilização desses percursos[18].

Um segundo tipo de identificação se estabelece sobre o eixo que liga as dimensões cultural e comunitária da identificação. Ele se cristaliza, em sua forma mais extrema, em um *cristianismo patrimonial* que conjuga a consciência da pertença comunitária e a da possessão de uma herança cultural que estabelece uma separação radical entre o grupo dos "herdeiros" e "os outros". As correntes neotradicionalistas que prepararam ativamente a comemoração do batismo de Clóvis em setembro de 1996 reivindicavam a coincidência entre uma definição culturalmente limitada da identidade católica e uma definição religiosamente restrita da identidade francesa. Numa França que se tornou multicultural e multirreli-

---

[17]. HERVIEU-LÉGER, D. Religion, Memory and Catholic Identity: young People in France and the "New Evangelization of Europe". In: FULTON, J. & GEE, P. *Religion in contemporary Europe*. Londres: The Edwin Mellen Press, 1994.

[18]. Em 1997, a Igreja Católica estimava em 208.000 o número desses jovens que entram em contato ao menos uma vez por ano com ela, por ocasião de um evento nacional ou diocesano, de um acampamento de verão etc. *La Croix*, 27-28/07/1997.

giosa, eles forneceram um exemplo particularmente sustentado por lógicas ideológicas capazes de se desenvolver sobre a base desta supervalorização da dimensão cultural e nacional da pertença religiosa. Voltaremos posteriormente à significação social e política desses fenômenos, e, ao mesmo tempo, sobre as dificuldades do episcopado para enfrentar ou, ao menos, para controlar essas manifestações. O ponto interessante é a capacidade de cristalização identitária que manifestações da visibilidade católica (reguladas ou não pela instituição) podem assumir, sobretudo, entre os jovens de orientação mais conservadora. Estes repugnam, geralmente, um engajamento político explícito, mas encontram nessas manifestações a linguagem simbólica de sua relação com o mundo. O caso dos jovens provindos de famílias católicas tradicionais, que de bom grado se declaram desligados dessa herança familiar e distanciados de qualquer prática, e que, no entanto, se engajaram ativamente na preparação de uma viagem do papa ou na ocasião de um evento devocional excepcional (peregrinação mariana, celebração de um santuário religioso, etc.), permitiu explorarmos esta configuração. Aprofundando, junto a alguns interessados, as razões de um engajamento, na verdade, inesperado, ficou claro que a identidade católica assim reivindicada não correspondia nem a um engajamento ético particular, nem mesmo a uma convicção de fé realmente constituída, mas que exprimia, antes de tudo, a busca por uma interação social e cultural que eles desejam preservar e que consideram portadora de valores aos quais se declaram ligados.

Um terceiro tipo de identificação religiosa emerge no encontro das dimensões emocional e ética, estas se conjugando na expressão de um *cristianismo humanitário*, sensível principalmente à injustiça de um mundo que multiplica os excluídos e convida, em resposta, a caridade ativa das pessoas. Jovens que se mobilizam dentro de associações humanitárias questionam, na sua própria ação, sua identificação religiosa pessoal. Eles representam uma tendência, fortemente presente em toda a juventude, a privilegiar as ações concretas mais do que o engajamento militante. Sua sensibilidade, geralmente, é apolítica, ou mesmo antipolítica. Sua palavra de ordem é "agir onde for possível", motivados sobremaneira por sentimentos de compaixão e de solidariedade individual. Pouco importa, a seus olhos, que a organização à qual eles decidem consagrar parte de seu tempo e de sua energia tenha uma referência confessional (como o *Secours catholique* ou o *Armée du Salut*) ou não (como os *Restos du coeur*). A identificação religiosa age no terreno da ficção, onde valores reconhecidos como religiosos podem ser concretamente colocados em ação. As iniciativas de cooperação com países em vias de desenvolvimento, através das microrrealizações de campo que mobilizam, com a ajuda dos distribuidores de esmola dos colégios e universidades, grupos de jovens cuja identidade confessional, muitas vezes, é bastante incerta, constituem, igualmente, um bom campo de observação desta forma ético-emocional, de identificação religiosa.

Pode-se distinguir esta última forma da modalidade da identificação religiosa que acontece no eixo comunitário-ético, embora elas, às vezes, se conjuguem e evoluam uma em direção à outra. Esta implica a concepção de uma intervenção ativa da comunidade como tal no cenário público, em vista da defesa, da promoção e da realização de valores com os quais ela se identifica. Este *cristianismo político* é atestado, por exemplo, nas fileiras da Juventude Estudantil Católica, da Missão Estudantil, da Juventude Operária Católica ou do Movimento Rural da Juventude Cristã, que herdam uma concepção militante da missão da Igreja no mundo que, no entanto, não coincide e até entra em contradição com uma identidade católica reivindicada como tal.

Um quinto tipo de construção identitária se encontra na conjugação da dimensão cultural e da dimensão ética da identificação. Particularmente representativa entre os intelectuais, ela permite uma identificação fortemente individualizada com a tradição cristã que pode distanciar-se totalmente da mediação de uma determinada comunidade. É o reconhecimento de um enraizamento cultural combinado com a aceitação de um conjunto de valores universais que dá fundamento à identidade. A questão da Igreja, e mesmo – de maneira mais geral – a questão da aceitação das crenças cristãs (em Deus, no pecado, na salvação, na divindade de Jesus, etc.) podem, inclusive, nessa perspectiva, ser colocadas em segundo plano, ou mesmo completamente ignoradas. A referência ao "ateu fiel", que o filósofo André Comte-Sponville faz em relação ao mesmo, situa bastante bem a maneira com que esse *cristianismo humanista* também pode se cristalizar na forma maleável de um *humanismo de substrato cristão*, no qual a dimensão religiosa da identificação pode tornar-se extremamente eufemística. Entrevistas realizadas com estudantes e alunos de classes preparatórias detentores de um capital cultural e social elevado permitiram verificar a sedução deste tipo de autodefinição religiosa que não prevê nenhuma pertença comunitária concreta além da adesão a uma família humana que assume a significação universal da moral evangélica.

Uma última modalidade da identificação realiza-se, enfim, na combinação privilegiada das dimensões cultural e emocional. Ela se inscreve, por exemplo, na atração pelos principais lugares da história espiritual da Europa, lugares em que se encontram os traços de um universo cultural e simbólico ao qual se pode aceder pela contemplação das produções artísticas e arquitetônicas que esse universo nos legou. O crescente número de jovens que se dedicam a percorrer o caminho de Compostella, os circuitos dos mosteiros europeus, ou que, em algumas ocasiões festivas (Páscoa, Pentecostes) dirigem-se a Rocamadour, a Vézelay ou ao Mont-Saint-Michel, merece ser analisado dentro da perspectiva da emergência de um *cristianismo estético*, cujo vínculo com uma adesão de fé e/ou com uma inserção comunitária existe, muitas vezes, mas é, em todo caso, muito pouco explicitado, e do qual é necessário, mesmo assim, considerar a importância.

Estes exemplos não visam, evidentemente, fornecer um quadro geral da religião entre os jovens[19]. Eles apoiam-se – repitamo-lo – nos "levantamentos" efetuados no campo a fim de testar

---

19. Para uma síntese sobre as identidades religiosas e de fé dos jovens europeus, cf. CAMPICHE, R. (org.). Op. cit., cap. II e III.

um instrumento de reflexão: eles não sintetizam resultados de pesquisas. O ponto essencial, nesse percurso, e lembrar que, uma vez que se trabalha com *trajetórias*, nunca se está lidando com identidades substantivadas e estabilizadas: o problema está, precisamente, em munir-se de um instrumental suficientemente flexível para balizar as etapas de um processo que, por definição, não poderia ser enquadrado dentro de uma descrição definitiva. A religiosidade das sociedades modernas está *em movimento*: é este movimento que se precisa conseguir identificar.

3 | Figuras do religioso em movimento
O peregrino

O praticante e o peregrino

Distinguir o religioso a partir do movimento, a partir da dispersão das crenças, da mobilidade de pertenças, da fluidez das identificações e da instabilidade dos agrupamentos é tarefa difícil. Difícil, porque a figura por excelência do homem religioso, sobretudo no contexto cristão, continua a ser a figura estável e claramente identificável do "praticante", e é em referência a ele que se elabora mais frequentemente a descrição da paisagem religiosa. É em relação a esse modelo de fiel que se continua a perceber praticantes episódicos ou ocasionais, praticantes "festivos" e "não praticantes", etc. Esta escala de práticas não serve para medir a intensidade da crença: sabe-se muito bem que existem crentes não praticantes. Mas ela continua a servir para mensurar as formas de pertença. O "praticante regular" – o fiel observante que conforma o ritmo de sua vida às obrigações culturais fixadas pela Igreja – permanece sendo a figura típica do mundo religioso que se inseriu na civilização paroquial: um mundo estável, em que a vida religiosa organizada em torno do toque do sino regulava os espaços e os tempos, em que o padre, inteiramente consagrado à gestão das coisas sagradas, exercia sozinho sua autoridade sobre fiéis cuja submissão à instituição era medida de seu envolvimento espiritual. A figura do praticante regular corresponde a um período típico do catolicismo, marcado pela extrema centralidade do poder clerical e pela forte territorialidade das pertenças comunitárias. Ela também remete àquilo que foi, durante muito tempo, o horizonte sonhado de uma estratégia pastoral que visava à realização de um "mundo praticante", perfeitamente integrado sob o cajado da Igreja. Este modelo, que se impôs formalmente na Igreja Romana com o Concílio de Trento, sempre alcançou apenas realizações históricas aproximativas: para além da visão de um povo católico reunido dentro das igrejas e enquadrado pelos padres, foi a diversidade das "civilizações de praticantes" que sempre se impôs em um país como a França[1]. Mesmo nas regiões onde estruturou mais profundamente a vida local, esse modelo da civilização paroquial evoluiu no tempo até as rupturas maiores que surgiram a partir da guerra de 1914-1918[2]. De fato, a figura emblemática do "praticante regular" só se autodefiniu dentro de uma dupla tensão: tensão intraconfessional, por um lado, com a figura do praticante irregular (ou sazonal) ou do "não praticante"; tensão extraconfessional, por outro lado, com as figuras do "sem-religião" ou do praticante de uma outra confissão. O modelo do praticante revela, assim, claramente, a realidade de um mundo diferenciado onde a capacidade de influência da Igreja sobre a sociedade, bem como sobre seus próprios membros, já é questionada. Neste sentido, o "praticante regular" não é apenas a figura emblemática de um mundo essencialmente rural em que a evidência social da religião estava concretamente inscrita nas práticas, nos lugares e no calendário considerados algo de óbvio. É também a referência utópica de um mundo religioso "completo": um mundo a ser defendido contra a concorrência das outras religiões, mas sobretudo a ser conquistado ou reconquistado ante as ondas de poder da secularização que minam a autoridade social da instituição religiosa.

---

1. LE BRAS, G. *Introduction à l'histoire de la pratique religieuse en France*. Vol. 2. Paris: PUF, 1945.
2. LAMBERT, Y. *Dieu change en Bretagne* – La religion à Limerzel de 1900 à nos jours. Paris: Le Cerf, 1985.

"Faremos com que nossos irmãos sejam cristãos novamente": o famoso canto da Ação Católica podia significar ainda, na virada dos anos de 1930, "Faremos com que nossos irmãos sejam novamente praticantes". A figura do "militante" que trabalhava para que a Igreja reconquistasse seu lugar em um universo cada vez mais distante da religião definiu-se, inicialmente, em referência a essa utopia de uma sociedade inteiramente "paroquializada". O fracasso rapidamente constatado desse projeto de uma reconquista cristã da sociedade obrigou os movimentos a buscarem outros objetivos: o da difusão dos valores cristãos em ambientes totalmente diferentes através do testemunho da evangelização dos militantes; ou, então, um objetivo mais diretamente político, da construção de uma nova sociedade inseparável de uma nova Igreja[3]. Ao longo de um percurso agitado por repetidas disputas de braço com a hierarquia eclesiástica se revelavam ao mesmo tempo o desgaste de um modelo centralizado de autoridade religiosa e a desqualificação cultural de uma visão da "missão" que tinha ainda suas raízes mergulhadas no sonho de uma civilização paroquial estendida às extremidades da terra. A diminuição da prática religiosa – que continua a ser o indício mais patente e mais confiável da perda de influência do catolicismo na sociedade – não apenas testemunha a crise da observância controlada institucionalmente em uma sociedade de indivíduos, mas também demonstra um esgotamento da utopia religiosa que cristalizava a figura do "praticante regular".

Esse processo atinge particularmente o catolicismo e o modelo da civilização paroquial que ele elaborou em resposta às contestações da Reforma e aos avanços da Modernidade. A Igreja Católica encontra-se ainda mais desprovida de meios para fazer frente a essa situação pelo fato de a crise questionar radicalmente a estrutura hierárquica e centralizada do poder sobre a qual ela repousa. Mas pode-se pensar que a crise da figura do praticante afeta, de diferentes maneiras, o conjunto das confissões religiosas. Além do

---

3. HERVIEU-LÉGER, D. *De la mission à la protestation*. Paris: Le Cerf, 1973.

catolicismo, a figura do praticante está, na verdade, associada à existência de identidades religiosas fortemente constituídas, que definem grupos de crentes socialmente identificados como "comunidades". Cada tradição constrói a figura do "praticante" que lhe é própria e que a identifica em relação às outras religiões: esta articula uma crença e uma pertença comunitária inserida em um ritual e em práticas particulares; este, evidentemente, é o caso do judaísmo e do islã, religiões para as quais, além da participação na sinagoga e na mesquita, a prática dos mandamentos religiosos (orações, celebrações festivas, exigências alimentares, etc.) é a modalidade por excelência da expressão cotidiana da fé. A própria prática comporta diversos graus de observância: ela permite diferenciar os fiéis em função do número e da frequência dos atos religiosos que eles realizam e distinguir os crentes envolvidos com sua vida religiosa daqueles que se afastaram ou cuja pertença é apenas nominal. No caso do protestantismo, em que a afirmação de uma fé pessoal e interior, em princípio, faz parte apenas secundariamente da observância cultual, a figura do praticante fica ofuscada, parcialmente, por detrás da do "protestante engajado", que frequenta as associações e sustenta as obras. Por outro lado, na medida em que a participação comunitária continua a ser a marca social explícita e pública da pertença religiosa, a frequentação regular do templo faz emergir socialmente um núcleo visível de protestantes "praticantes" que encarnam, exteriormente e para o conjunto da população protestante, um ideal de pertença. Esse fato é extremamente sensível no contexto de pluralismo religioso, como os Estados Unidos, por exemplo, onde a reunião dominical de cada comunidade tem como função maior tornar "visíveis" as diferentes igrejas, dentro e fora da esfera protestante. No contexto francês de um protestantismo minoritário com forte homogeneidade confessional, esse núcleo faz a relação entre o que J. Baubérot designa como a realidade "tribal" do protestantismo (a existência de fato de uma rede de famílias protestantes) e a "herança espiritual" de um protestantismo aculturado (e, quem sabe, dissolvido nela) à modernidade democrática e laica[4], mas cujo capital de simpatia na opinião pública ultrapassa o número restrito daqueles que nasceram dentro do protestantismo[5]. Em todo caso, a figura emblemática do "praticante" é a que manifesta no dia a dia o vínculo existente entre a crença e a pertença. Está associada à estabilidade das identidades religiosas e à permanência das comunidades no seio das quais essas identidades se transmitem e se exprimem. É este ideal da participação religiosa que, hoje, se confronta com a mobilidade das pertenças, com a desterritorialização das comunidades, com a desregulação dos procedimentos da transmissão religiosa e com a individualização das formas de identificação.

Contudo, essa "figura do praticante" ainda é para muitos – apesar da dissociação amplamente constatada entre crença e pertença – a figura modelo da participação religiosa. Ela ainda é, para as próprias instituições, o prisma através do qual estas identificam da maneira mais espontânea o núcleo duro de seus fiéis. No que diz respeito ao catolicismo, a tendência a tomar por referência de um mundo religioso que se desfaz o grupo seleto de praticantes continua sendo muito interessante (até mesmo para sociólogos da religião ou especialistas da sociologia eleitoral), já que a prática regular revela, com efeito, uma população bastante homogênea, não apenas do ponto de vista das crenças religiosas mas igualmente do ponto de vista das orientações éticas e políticas[6]. Essa abordagem, no entanto, rapidamente encontra seus limites, na medida em que o retraimento constante dessa população tende, apesar de tudo, a

---

4. BAUBÉROT, J. *Le protestantisme doit-il mourir?* Paris: Le Seuil, 1988.
5. Se, por um lado, se contam aproximadamente 700.000 protestantes na França, por outro, uma pesquisa mostrou que 1,7 milhão de pessoas se declaram "próximas do protestantismo" e, entre elas, uma elevada proporção de católicos que não pretendem, no entanto, abandonar sua confissão de origem, mas que se reconhecem espiritualmente no protestantismo (Pesquisa, *CSA, La Vie, ARM, Réforme, Christianisme au XX siècle*, 1995).
6. MICHELAT, G. & SIMON, M. *Classe, religion et comportement politique.* Paris: FNSP/Editions Ouvrières, 1977.

desvalorizar a função básica da "figura do praticante". Em um país em que 64% dos indivíduos se declaram ainda católicos, mas onde menos de 10% deles ainda vão à missa aos domingos (e não mais de 2,5% destes têm idade entre 18 e 25 anos), a referência à "normalidade" religiosa encarnada pelo praticante regular perde em boa parte sua pertinência. De maneira ainda mais interessante, descobre-se que a própria figura do praticante tende a mudar de sentido: ao mesmo tempo em que ela toma distância em relação à noção de "obrigação", fixada pela instituição, ela se organiza em termos de "imperativo interior", de "necessidade" e de "escolha pessoal". Particularmente sensível entre os jovens católicos praticantes, esta valorização da autonomia da escolha da prática em relação à imposição institucional também é o que permite que os interessados, em alguns casos, "brinquem com a norma". "Eu sou católica, vou à missa aos domingos. Bom, nem sempre: tem vezes em que estou sem vontade, não vejo muito sentido". Essa declaração de uma estudante, suficientemente envolvida na Igreja a ponto de participar como voluntária nas Jornadas Mundiais da Juventude em agosto de 1997, é muito instrutiva. Para esta moça, essas faltas ocasionais não chegam a constituir uma desobediência aos seus "deveres" religiosos. Se ela espera superar essas ausências episódicas de apetite cultual, é simplesmente porque a plena autenticidade de sua fidelidade católica suporia, aos seus próprios olhos, que ela sempre tivesse "vontade" de participar[7] da missa. A fonte da obrigação – mas o próprio termo é recusado – é, antes de mais nada, pessoal e "interior". A comunidade é importante para "dar apoio" ao indivíduo e "incitá-lo à fidelidade"; mas nem a comunidade, como também a instituição, que lhe permite "situar-se", não podem, no fim das contas, prescrever nada ao fiel. Foi assim que um estudante resumiu esse sentimento de maneira lapidar: "A gente está lá, mas não é obrigado a nada. Fazemos porque queremos fazer". Essa re-

---

7. Evidentemente a questão é "participar", e não "assistir" à missa: esta expressão, habitual por tanto tempo, praticamente caiu em desuso.

organização interna da figura do praticante atinge, portanto, a própria concepção da pertença. De qualquer forma, ela obriga a reconsiderar a centralidade da prática para medir o grau de influência da instituição sobre seus próprios fiéis.

Se levarmos em consideração, mais amplamente, além do caso católico, a diversificação das crenças, sua crescente autonomia em relação ao corpo doutrinal gerido pelas instituições e o fosso que se estende entre crença e pertença, a desqualificação da figura do "praticante regular" como modelo por excelência do fiel religioso torna-se ainda mais evidente. Sua clássica função de referencial para uma descrição sociológica da paisagem religiosa contemporânea encontra-se igualmente afetada. A questão que se coloca, então, é de saber se emergirão outros tipos capazes de substituí-lo e permitir que se organize a leitura do panorama religioso contemporâneo a partir daquilo que o caracteriza verdadeiramente, ou seja, o movimento.

A figura que parece melhor cristalizar a mobilidade, característica de uma modernidade religiosa construída a partir de experiências pessoais, é – juntamente com a do "convertido" de que falaremos no capítulo seguinte – a do "peregrino". Associar modernidade com peregrinação pode parecer surpreendente; o peregrino, na história religiosa, aparece, de fato, bem antes do praticante regular. Ele perpassa a história de todas as grandes religiões. A peregrinação não apenas não é uma característica específica do cristianismo, como também sua prática é atestada desde os primórdios. À primeira vista, portanto, o peregrino encarna uma forma extremamente antiga e perene da religião e da sociabilidade religiosa. E se nos ativermos apenas ao âmbito cristão, é fácil vermos que através de sucessivas ondas de peregrinação, conhecidas desde os primeiros anos da Igreja, esta figura do peregrino, transformando-se, marcou as principais questões de todas as grandes sequências da história cristã. Além do mais – sem deixar de mencionar, por exemplo, o número efetivamente impressionante de jovens "peregrinos" que compõe a cada dois anos as Jornadas Mundiais da Juventude em redor do papa – a extensão do fenômeno histórico das peregrinações e, sobretudo, seu caráter de "fato social total" de múltiplas dimensões religiosas, mas também sociais, políticas, culturais e econômicas, revela-se algo extraordinário e com a importância social dos fenômenos peregrinos contemporâneos. Os trabalhos dos historiadores evidenciaram amplamente todas essas múltiplas significações das peregrinações[8], da grande corrente ligada à caça às relíquias a partir do século VIII até o desenvolvimento das peregrinações medievais nos séculos XI, XII e XIII, relacionado à expansão política e econômica do Ocidente em confronto com o islã. Após um movimento de contestação que culmina com a Reforma, uma renovação se esboça com a Contra-Reforma: se procura espiritualizar o processo de peregrinações e, ao mesmo tempo, direcioná-lo para os grandes santuários marianos. Em resposta à conflagração revolucionária, o século XIX dá lugar a uma nova vivificação espetacular do fenômeno; os movimentos peregrinos da virada do século XIX e do começo do XX, cristalizam, na França, o processo de construção simbólica de uma identidade nacional católica, contraposta à identidade republicana. A simples lembrança dessas grandes ondas de peregrinação, inseparáveis das frequentes contestações de que elas foram objeto dentro e fora da Igreja, basta para perceber a diferença das que conhecemos atualmente, e cujo alcance revela-se nitidamente mais limitado. Mas o problema, aqui, não está em comparar o presente com o passado, mas de traçar a "figura do peregrino" de hoje, que permita a leitura, como uma síntese, da especificidade da modernidade religiosa, tanto quanto a figura do "praticante regular" definia os traços típicos de uma sociedade religiosa paroquial que serviu durante muito tempo de referência para a descrição da paisagem religiosa.

---

8. A obra de A. Dupront constitui, neste vasto conjunto de trabalhos, uma referência principal.

Religiosidade peregrina: uma metáfora do religioso em movimento

O peregrino emerge como uma figura típica do religioso em movimento, em duplo sentido. Inicialmente ele remete, de maneira metafórica, à fluência dos percursos espirituais individuais, percursos que podem, em certas condições, organizar-se como trajetórias de identificação religiosa. Em seguida, corresponde a uma forma de sociabilidade religiosa em plena expansão que se estabelece, ela mesma, sob o signo da mobilidade e da associação temporária. A condição moderna se caracteriza, como já dissemos, pelo imperativo que se impõe ao indivíduo de produzir ele mesmo as significações de sua própria existência através da diversidade das situações que experimenta, em função de seus próprios recursos e disposições. Por isso, ele deve interpretar essa sucessão de experiências contraditórias como um caminho que tem um sentido. Isto implica particularmente que ele consiga reconstituir sua própria trajetória pela meditação de um relato. Ora, a "condição de peregrino" se define essencialmente a partir desse trabalho de construção biográfica – mais ou menos elaborada, mais ou menos sistematizada – efetuado pelo próprio indivíduo. Esta construção narrativa de si mesmo é a trama das trajetórias de identificação percorridas pelos indivíduos. Existe formação de uma identidade religiosa quando a construção biográfica subjetiva se encontra com a objetividade de uma linhagem de crença, encarnada em uma comunidade na qual o indivíduo se reconhece. Esclareçamos, imediatamente, que essa referência nem sempre implica a adesão completa a uma doutrina religiosa, tampouco a incorporação definitiva em uma comunidade, sob o controle de uma instituição que fixa as condições da pertença. Muito mais frequentemente, ela se insere nas operações de bricolagem que permitem ao indivíduo ajustar suas crenças aos dados de sua própria experiência. Cada um assume a responsabilidade pessoal de dar forma à referência à linhagem com a qual se identifica. Essa "religiosidade peregrina" individual, portanto, se caracteriza, antes de tudo, pela fluidez dos conteúdos de crença que elabora, ao mesmo tempo que pela incerteza das pertenças comunitárias às quais pode dar lugar.

Uma sociabilidade peregrina: o laboratório taizeano

Das pesquisas quantitativas sobre as crenças contemporâneas aos trabalhos que exploram em profundidade percursos individuais pelo viés de entrevistas ou de relatos de vida, dispomos, hoje, de uma quantidade de informações que permite ilustrar os traços desta religiosidade peregrina. A questão que se coloca, agora, é de saber se, para além de uma fórmula que a represente, esta religiosidade peregrina também pode ser identificada como um fenômeno social, através de práticas específicas, acessíveis à observação. Ou, dito de outra forma, se ela se realiza concretamente em um tipo particular de comportamento que corresponda, por sua vez, a uma forma específica de sociabilidade religiosa. Foi observando há uns quinze anos o sucesso crescente dos congressos de jovens cristãos que eu me empenhei, por minha parte, em juntar os elementos de uma identificação desta prática peregrina.

O trabalho de observação começou no início dos anos 1970, no momento em que a comunidade ecumênica de Taizé, criada pelo pastor Roger Schutz em 1940, orientava todas as suas atividades para a acolhida dos jovens. A partir dos anos 1960, esta pequena empresa comunitária tornou-se um local de atração para os jovens oriundos de toda a Europa e do mundo inteiro. Desde essa época, Taizé acolhe nos meses de verão vários milhares de jovens (até 6.000) que vêm fixar suas tendas sobre a Colina de Borgonha. Entre esses "peregrinos", nem todos ostentam motivações religiosas explícitas para empreender a viagem. Experiência contracultural para alguns, etapa turística no caminho das férias para outros, uma nova forma de participação em uma igreja metaconfessional para muitos, o lugar adquiriu, de uma forma ou de outra, um caráter mítico para o grande número de jovens, sobretudo no Leste Europeu. Taizé significa, dizem todos aqueles que frequentam esse lugar sagrado, a possibilidade de se reunir livremente, de se expressar, de cantar, discutir, refletir e rezar, se se desejar fazê-lo[9]. Essa abertura e o acento colocado sobre a liberdade de os jovens se auto-organizarem em um espaço destinado a eles têm ainda mais importância a seus olhos pelo fato de eles encontrarem, ao mesmo tempo, no local, um enquadramento, referências religiosas perfeitamente explícitas e, mais amplamente, uma "regra do jogo", assegurada pela comunidade dos religiosos. Esta dupla face de Taizé – espaço livre e, ao mesmo tempo, estruturado – é, para muitos, parte da atração do lugar e o contrapõe imediatamente, no espírito dos jovens, às formas ordinárias da sociabilidade religiosa, principalmente nas paróquias onde eles se sentem ao mesmo tempo obrigados e "esquecidos". "Nós nos situamos no coração da Igreja, mas colocamos em questão o aspecto institucional da Igreja", confessa um dos religiosos; "eles vêm aqui porque não se sentem à vontade em outros lugares, por exemplo, em suas paróquias: já não se ouve mais o que diz o Espírito através das jovens gerações".

Desde 1977, Taizé não se limita mais apenas ao seu pequeno espaço na Borgonha onde se originou: os "Encontros Europeus Anuais" que acontecem no final de dezembro em alguma grande cidade europeia[10] desenham uma progressiva cartografia de peregrinação na Europa. Eles contribuíram para tornar o tema do "encontro com os jovens que vêm do mundo inteiro" um dos grandes elementos que compõem o imaginário do jovem fiel de Taizé.

Taizé, com efeito, constitui não apenas um importante traço de união entre diferentes juventudes europeias, mas também uma rede de contatos planetários e um fórum de encontros intercon-

---

9. Cf., a título de documento, *Taizé et les jeunes* – Que se lève une confiance sur la terre (Paris: Centurion, 1987), que apresenta o "Programa" de Taizé relacionado aos jovens.
10. Assim: Colônia, 1984; Barcelona, 1985; Roma, 1986 e, após a queda do Muro de Berlim: Wroclaw, 1989; Praga, 1990; Budapeste, 1991; Viena, 1992; Munique, 1993. Esses encontros reúnem – "fora dos muros" – de 20.000 jovens (nos primeiros encontros) até 120.000 (nos mais recentes). Foram 100.000 em Paris em 1994, 80.000 em Viena em 1997, 100.000 em Milão, em 1998.

tinentais, que dispõe, atualmente, de secretariados em Bombay, Kinshasa,Varsóvia, Caracas, Nova Iorque e Melbourne. Esta dimensão planetária, valorizada nos escritos do fundador bem como na *Carta de Taizé*[11], é enaltecida nas celebrações litúrgicas, expressada nas canções, formalizada no tema da "Peregrinação de confiança pela terra" que serve de fio condutor de diferentes iniciativas da comunidade e de Frère Roger. Esta insistência na universalidade de uma comunhão concretamente inserida na diversidade étnica, de nacionalidades, linguística, espiritual do congresso está presente na primeira linha das "razões para vir a Taizé", manifestadas pelos jovens. ("Taizé é uma verdadeira Torre de Babel, com pessoas de todos os lugares com as quais se discute e se aprende sempre muitas coisas". O mais importante é "o contato com milhares de jovens de diferentes culturas". É isso que permite "colocar em perspectiva sua própria vida e sua experiência individual".) O próprio princípio dos encontros de Taizé é permitir a experiência da extrema personalização ("Em Taizé, sabe-se que a vida de cada um é levada a sério". "Pode-se falar de sua experiência e ser respeitado") e de extrema planetarização: forma eficaz de uma pedagogia do universal a partir da individualização que se ajusta com muita exatidão às expectativas dos jovens. Pois, dentro desse contexto a diversidade singular das experiências individuais pode se revelar sem ser imediatamente confrontada por um dispositivo normativo da fé, nem mesmo por um discurso pré-constituído do sentido da fé. Cada um pode fazer valer sua individualidade no próprio movimento pelo qual a experiência fortemente emocional do congraçamento no qual "a terra inteira está presente" permite chegar, de maneira sensível, à convicção de "pertencer à comunidade humana". A liberdade deixada ao fórum individual é constantemente salvaguardada: "Em Taizé não lhes damos uma resposta antes que vocês tenham colocado a questão e, sobretudo, cada um deve encontrar

---

11. Boletim mensal que mantém o vínculo entre aqueles que já subiram a Colina de Borgonha ou que participaram dos encontros anuais.

sua resposta". Há pessoas muito diferentes, crentes e não crentes. Às vezes parece que todos estão à procura de alguma coisa, mas que eles próprios não sabem muito bem o que é". O probabilismo crente[12] – "eu creio em alguma coisa, mas não sei exatamente em quê" – encontra aí uma legitimidade de expressão, no meio e em paridade com outras formas de expressão de fé. É isso que, em todo caso, os jovens que vão para Taizé expressam espontaneamente: "Aqui, cada um se sente um pouco em sua casa, ninguém é rejeitado"; "A gente encontra, às vezes, irlandeses de cabeça raspada e com óculos escuros sentados em redor de canecos de cerveja, cantando de cabeças encostadas umas às outras: Jesus, nós te amamos tanto...". Mas esse sentimento de não cobrança testemunhado pelos jovens é claramente contrabalanceado pela convicção asseguradora, que lembra que "os irmãos estão atentos": "Os irmãos da comunidade sabem sempre evitar os excessos". Um dos meios de exercer esse controle é a obrigação feita a cada jovem vindo a Taizé de que assuma sua parte na organização cotidiana das atividades: segundo um peregrino, "cada jovem que chega para participar de um encontro se encontra ligado à sua organização. Ele mesmo escolhe seu programa. Nada é imposto, cabe a ele escolher. O grupo bíblico reflete junto a partir dos textos da Bíblia. É possível associar-se às equipes de trabalho que organizam e distribuem a refeição. Pode-se também participar dos grupos de meditação e ficar em silêncio. Os irmãos atribuem uma importância especial ao aspecto musical dos encontros: com uma multidão de jovens, eles chegam a realizar um canto a quatro vozes".

Incessantemente retomado, o sentimento de liberdade expresso por todos os jovens se desdobra, de fato, num universo extremamente regulado, em que a dialética da liberdade e da regra reforça eficazmente a da personalização e da planetarização. Tal desregulação do lugar repousa sobre diversos elementos. Um pequeno nú-

---

[12]. Identificado por Y. Lambert através das pesquisas sobre a crença dos franceses, em RIFFAUT, H. Op. cit.

mero de regras que formam um regulamento básico da vida em comum (da qual o respeito ao silêncio em certas horas e em certos locais é uma peça-chave) é fixado de maneira imperativa. Os espaços correspondentes às atividades, organizadas de acordo com uma distribuição regular do tempo, são claramente diferenciados. O revezamento dos momentos de dispersão (nos quais os indivíduos se dispersam pela natureza ou se reúnem em pequenos grupos) e dos momentos de reunião, tempos dedicados à fala e tempos reservados a palestras e à leitura bíblica, é estritamente controlado. No entanto, todos os jovens que frequentam Taizé reivindicam sua capacidade de fazer valer, neste contexto, a liberdade de organizarem, eles mesmos, sua participação. Uma importância maior está relacionada ao fato de que "se pode vir quando se quer e partir quando se quer"; todo mundo é acolhido, ninguém é retido no local por mais tempo do que desejar. Por outro lado, não se espera que ninguém queira residir em Taizé. Para lá se vai e de lá se parte depois de alguns dias. A relativa precariedade da hospedagem (*camping* em pequenas estruturas de madeira) e a improvisação dos espaços destinados às celebrações[13] reforçam, nas práticas e nas posturas exigidas, o caráter transitório de toda permanência no local. Essa valorização da mobilidade expressa-se, no campo propriamente teológico, como uma das principais orientações da comunidade desde sua fundação[14]. Ela também está na origem da recusa formal da co-

---

[13]. Roger Schutz resistiu durante muito tempo à idéia de construir uma igreja "permanente", mais adaptada às necessidades de acolhimento dos jovens do que a pequena igreja romana da velha cidadezinha de Taizé. A Igreja da Reconciliação, terminada em 1962, revelou-se rapidamente muito pequena para o fluxo de peregrinos, mas a comunidade nunca quis considerar uma ampliação. Uma estrutura de lonas, então, foi providenciada para prolongamento da igreja, que, para isso, teve uma parede derrubada. Esta tenda cobre um vasto espaço tapetado, em que os jovens presentes se sentam, como os membros da comunidade, na terra ou sobre os calcanhares.

[14]. Uma obra de R. Schutz intitulada *Dynamique du provisoire* e publicada em 1974 na gráfica de Taizé exerceu um papel importante na formulação teológica do projeto da comunidade.

munidade que Taizé se torne um movimento, com seus adeptos e afiliados ligados por crenças e práticas comuns. Os escritos do fundador, a *Carta de Taizé* publicada duas vezes por trimestre, servem para criar uma espécie de vínculo entre aqueles – indivíduos e grupos – que têm afinidade com o "espírito de Taizé" e se reúnem, principalmente, nos Encontros Europeus da Juventude. Esta formação em rede, que não implica qualquer adesão formal e reduz ao mínimo a dimensão institucional da participação, a enorme tolerância com as diversas formas de expressão dos peregrinos sugere uma proximidade com o "tipo místico" que Ernst Troeltsh formulou no começo do século – ao lado do da igreja e da seita – para caracterizar uma forma de sociedade religiosa ajustada o quanto possível à religiosidade moderna dos indivíduos.

Por definição, essa sociabilidade de rede que associa indivíduos que podem definir pessoalmente a intensidade de sua participação é frágil e precária, constantemente trabalhada pelas tendências à disseminação. A intensidade dos laços espirituais entre aqueles que se reconhecem no projeto de Taizé não pode manter-se senão na medida em que a experiência de liberdade, de convivência e de comunhão pontualmente vivida é formulada para expressar, aos olhos dos interessados, o horizonte de um mundo alternativo possível, na medida em que – dito de outra forma – se torna o vetor de uma utopia partilhada. Esta utopização da experiência peregrina se realiza, em Taizé, de duas maneiras. A primeira está ligada à presença permanente da comunidade dos irmãos que vivem segundo a Regra de Taizé. A comunidade manifesta, na forma da radicalidade monástica extramundana, o horizonte escatológico que se imagina que todo agrupamento cristão almeje (a "reconciliação perfeita ao modelo do Reino"). Mas ela encarna, igualmente, a utopia partilhada por muitos dos jovens peregrinos, de um mundo harmonioso, sem conflitos, onde cada um possa – como no canto a várias vozes conduzido pelos religiosos – achar uma maneira de fazer sua parte pessoal na unidade do todo. A realização da coesão dos peregrinos se dá, de modo central, na atividade litúrgica animada pelos irmãos. É esse o momento altamente ritualizado da reunião da assembleia dispersa e mesclada dos peregrinos com a comunidade que assume a responsabilidade pelo simbolismo da continuidade do "nós" que eles formam. O segundo vetor de utopização é o grande congresso anual fora dos muros que permite experimentar, no modo da fusão emocional das consciências, a unidade da multidão de peregrinos para além da diversidade de suas identidades nacionais, sociais ou culturais[15].

Se a densidade emocional está em relação direta com a "lógica da coalescência" própria do número em si mesmo, se ela também se acha reforçada pelo efeito de visibilidade *vis-à-vis* com o mundo exterior que permite o ajuntamento e sua eventual transformação em um evento midiático, a própria dinâmica da emoção se desdobra no interior do quadro simbólico que lhe confere sua formalização litúrgica. Sobre a Colina de Borgonha, como também nos grandes congressos anuais, a liturgia sempre é o vetor privilegiado da desregulação religiosa da experiência peregrina. O sucesso das formas litúrgicas próprias de Taizé está, precisamente, no fato de que elas permitem ao mesmo tempo transcender emocionalmente a extrema diversidade dos participantes (diversidade cuja manifestação mais imediata é a pluralidade linguística) e enraizar essa diversidade em uma tradição crente comum. Textos bíblicos e textos da mais antiga tradição cristã foram transformados em música, privilegiando as formas do cânon e do ostinato. Esses responsórios, simples o bastante para serem rapidamente memorizados, são amplamente retomados em todas as línguas: "É importante – define-se em uma obra dos irmãos e por um grupo de jovens – que cada um possa entender alguma coisa em sua língua, nem que seja apenas o versículo de um salmo. Ler o Evangelho em uma dúzia de línguas chama a atenção para a diversidade e a profunda unidade no Cristo; toma-se, assim, consciência da universalidade da Igreja"[16]. O

---

15. Cf. SCHUTZ, R. *Unanimité dans le pluralisme*. Presses de Taizé, 1966.
16. *Taizé et les jeunes*. Op. cit., p. 29.

objetivo explícito da comunidade é fomentar nos jovens a aspiração a formar um "nós" – aspiração que está presente em todos congressos da juventude e que não tem, em si mesma, nada de religioso –, o vetor de sua eventual identificação com a linhagem na fé cristã: a escolha dos cantos (textos bíblicos ou extraídos da "antiga tradição cristã"), a prática da oração repetida que corresponde a uma antiga e importante tradição cristã, a referência monástica da comunidade, tornada visível pelo uso do hábito, são maneiras de ancorar os efeitos emocionais imediatos produzidos pelo agrupamento na continuidade de uma longa duração religiosa, da qual os religiosos são testemunhas e garantia. Também por esse viés a aspiração utópica mais ou menos presente nos jovens por um mundo melhor e mais acolhedor ("reconciliado") pode ser reformulada em termos de uma "missão" a realizar no mundo. Cada um é reenviado à sua vida ordinária a partir da experiência forte vivida no local, mas com a nova e importante responsabilidade de agir como "promotor da reconciliação" e "testemunha da confiança". Note-se que tais fórmulas que pertencem propriamente à linguagem de Taizé não fazem referência direta a objetivos religiosos. Assim, em Taizé não se encontra insistência direta no dever de evangelização, tão presente em muitas correntes de renovação cristã contemporâneas. A temática maleável da reconciliação e da confiança permite – embora a *Carta de Taizé* se dedique bastante explicitamente a recuperar a origem bíblica dessas noções – adentrar-se gradualmente no terreno religioso, apropriar-se progressivamente da mensagem cristã propriamente dita. Dessa forma, ela permite a todos os jovens, cuja situação, do ponto de vista da crença religiosa e de adesão confessional, é muito variável, encontrar seu lugar nesse contexto. Portanto, apesar da feição de simplicidade e de espontaneidade claramente assumidas por Taizé, estamos diante de uma ação extremamente elaborada de (re)construção experimental da identidade cristã ao mesmo tempo a partir dos valores partilhados pelos jovens e das experiências coletivas que lhe são mais acessíveis.

Dois modelos opostos de sociabilidade

Essas observações permitem compor uma figura do peregrino que pode cristalizar de maneira ideal-típica alguns traços do religioso em movimento que mencionávamos metaforicamente ao falarmos de "religiosidade peregrina". A comparação das duas figuras, do praticante e do peregrino, revela dois modelos do religioso opostos termo a termo.

A figura do PRATICANTE	*A figura do PEREGRINO*
Prática obrigatória	Prática voluntária
Prática regida pela instituição	Prática autônoma
Prática fixa	Prática variável
Prática comunitária	Prática individual
Prática territorializada (estável)	Prática móvel
Prática repetida (ordinária)	Prática excepcional (extraordinária)

O que distingue de maneira decisiva a figura do praticante e a do peregrino diz respeito ao grau de controle institucional presente em uma e em outra. O praticante se conforma a disposições fixas, que têm, por isso, um caráter de obrigação para todos os fiéis. Mesmo quando a observância é solitária, ela conserva uma dimensão comunitária. A prática peregrina, ao contrário, é uma prática voluntária e pessoal. Ela implica uma opção individual que mantém a primazia mesmo no caso em que a atividade assume uma forma coletiva. O jovem católico que decide participar de uma peregrinação estudantil a Chartres, ou de uma peregrinação diocesana a Lourdes, entra em um grupo e inscreve seus passos no das gerações que o precederam nos mesmos lugares. Trata-se, contudo, de uma prática facultativa que, por isso, depende de sua escolha pessoal. O grau de regulação institucional determina, igualmente, o significado que os próprios interessados atribuem à sua participação. O sentido da observância já é atribuído antes, na própria definição do ritual. Isto não quer dizer que os praticantes regulares a assimilem integralmente e sem reservas. Também não significa que a prática regular não possa ser vivida no "modo menor" de uma participação mais leve, que permite toda espécie de distanciamento em relação aos significados maiores que a instituição determina aos gestos prescritos[17]. Mas são impostos aos observantes significados maiores, confirmados na fidelidade de sua prática. Durante a missa pode-se ficar distraído, esquecer do altar e pensar em outra coisa: é o fato de ir para a igreja todos os domingos de manhã que caracteriza o praticante e o define como tal aos olhos dos outros. Ao contrário, a prática peregrina é variável. Ela permite dedicação subjetiva diferenciada, cujo sentido é, no fim das contas, produzido por aquele que a realiza.

A figura do praticante e a do peregrino se opõem, enfim, na medida em que encarnam dois regimes nitidamente distintos do tempo e do espaço religioso. A primeira é estritamente ligada à estabilidade territorial das comunidades. Se isto é particularmente verdadeiro no contexto cristão e católico de uma civilização paroquial que se caracteriza por um enquadramento religioso do espaço, pode-se observar que a sedentarização das comunidades, em todas as tradições religiosas, é um fator de estabilização e de desenvolvimento da própria prática. Prática móvel, a peregrinação remete a uma outra forma de espacialização do religioso, que é a do percurso que ela traça, dos itinerários que ela baliza e sobre os quais os indivíduos se movimentam. Prática excepcional, a peregrinação define um momento de intensidade religiosa que não se insere nos ritmos da vida ordinária e rompe com o ordenamento regular do tempo e das observâncias práticas. Esse caráter extraordinário está presente mesmo nos casos – procissões, penitências, exposições,

---

17. Cf. PIETTE, A. *Le mode mineur de la réalité*. Lovaina: Peeters, 1992. • PIETTE, A. *Ethnographie de l'action* – L'observation des détails. Paris: Métailié, 1996.

"testemunhos"[18], peregrinações comemorativas diversas – em que a longa frequência histórica do trajeto peregrino os elevou à categoria de manifestações festivas integradas no regime geral das observâncias. A particular mobilização à qual o evento dá lugar, o tempo anterior da preparação que é requerido, às vezes, então, rompem a rotina da prática ordinária. Essas duas figuras do praticante e do peregrino correspondem a dois modelos de sociabilidade religiosa cujas oposições eu quis propositadamente acentuar. Sobre a cena religiosa real, eles implicam jogos complexos de atração, de repulsa e de combinações cujas lógicas é preciso identificar, caso a caso. A hipótese que, no entanto, podemos antecipar – e que, provavelmente, pode ser generalizada para além do catolicismo – é que as instituições religiosas, confrontadas com a expansão de uma religiosidade individual e móvel sobre a qual elas têm pouca influência, procuram canalizar e orientar inventando, por si mesmas, formas de uma "sociabilidade religiosa peregrina", que esperam que se ajustem melhor às necessidades espirituais contemporâneas do que às assembleias clássicas dos praticantes.

A institucionalização da prática peregrina

Se é possível falar de Taizé como de um laboratório, é porque a experiência realizada há vinte anos mostrou, para os jovens, uma fórmula experiente de sociabilidade religiosa que tende a tornar-se familiar hoje, sob formas mais ou menos adaptadas, dentro das grandes igrejas e, particularmente, na instituição católica. É surpreendente observar o quanto a fórmula das Jornadas Mundiais da Juventude alinhou-se (muito mais que apenas pela questão do repertório dos cantos) com a prática de Taizé. Taizé contribuiu para a aclimatação, em contexto católico, de uma forma de mobilização que a tradição protestante evangélica conhece há muito tempo: a

---

18. Pardons en Bretagne, Ostensions en Limousin, "Rapport" en Argonne. Cf. BONNET, S. *Histoire de l'ermitage et du pèlerinage de Saint-Rouin*. Paris: Librairie Saint-Paul, 1956.

das assembleias reunidas pela emoção, na qual a dinâmica coletiva do entusiasmo, ativada pelos testemunhos dos participantes que receberam os "dons do Espírito", coloca-se a serviço da identificação pela crença. Note-se que a Igreja Romana pode igualmente ostentar uma longa experiência histórica de mobilização religiosa de massa através de peregrinações, procissões, missões paroquiais, congressos eucarísticos, celebrações do Ano Santo, etc. Os movimentos de juventude católica sempre trabalharam no sentido de reforçar emocionalmente a adesão de seus membros, suscitando experiências coletivas em que o envolvimento dos corpos promove a comunhão do espírito. O que diferencia a fórmula contemporânea do "grande agrupamento" dos campos de férias, peregrinações e outras *jamborees* é que a participação, por definição temporária e excepcional, não requer – ao menos em princípio – nem uma socialização anterior em um movimento, uma obra de caridade ou uma paróquia, nem uma integração institucional futura. Se a fórmula é atrativa, isso se deve ao fato de ela oferecer a possibilidade de uma participação flexível, cuja intensidade é fixada pelo próprio indivíduo. Ela retoma a alternância entre a peregrinação (individual ou em pequenos grupos) e o agrupamento temporário, que é próprio das peregrinações antigas, adaptando-a às necessidades de expressão da religiosidade peregrina características da Modernidade. Participar da peregrinação de Chartres, para um estudante católico dos anos 50, significava expor publicamente sua identidade de "tala"* e, ao mesmo tempo, reforçar esta identidade. Participar de um encontro de Taizé ou, isoladamente, de uma vigília das JMJ, não significa, hoje, que se procure uma identidade confessional constituída. A esta última observação se pode contra-argumentar que os agrupamentos com maior identidade confessional atraem, contudo, os jovens mais socializados na instituição: a magia do

---

* Antigo termo para designar os alunos "católicos" (e, mais especificamente, católicos militantes) da Escola Normal Superior, segundo o célebre *Dicionário Robert* [N.T.].

agrupamento das JMJ parisienses de agosto de 1997 fez parecer uma multidão infinita, uma população de jovens católicos que são, ao menos na França, uma pequena minoria dentro de sua faixa etária. O fato, contudo, de este agrupamento não ser reservado apenas aos jovens estritamente religiosos, e ser aberto por direito (mas também de fato, se considerarmos a dinâmica da agregação que caracterizou essas jornadas até o ajuntamento de um milhão de pessoas em Longchamp) a participantes com identidade religiosa indefinida, variável ou mesmo inexistente, transforma seu sentido geral. A lógica do voluntariado individual sobressai para todos, do ponto de vista do significado que eles dão à sua presença, em relação à mobilização institucional. "Eu estou fazendo escoteirismo, explica um jovem peregrino. Inscrevi-me com os escoteiros, mas eu vim, primeiramente, por mim mesmo, porque tinha vontade de encontrar-me com outros jovens. Ninguém me obrigou a isso".

É significativa a relação de autonomia que favorece a própria forma do agrupamento "aberto a todos". Esta citação ilustra um fato imprevisto: apesar da presença de grupos organizados de paróquias, de movimentos e de comunidades novas, é a figura do "peregrino móvel", o confessionalmente menos definido, que tende a encontrar no calor do entusiasmo e da convivência o sentido de sua participação, que é simbolicamente a intenção de todos. "Cada um tem seu lugar", "não é um encontro reservado a supercatólicos", "somos todos diferentes": é abrindo mão, sob todas as suas formas, do postulado de um encontro de indivíduos, e elaborando no próprio local e de maneira plural o sentido do evento, que os peregrinos encontram, mesmo dentro de uma lógica altamente regulada pela instituição, a ficção de uma autonomia pura do envolvimento indispensável, a seus olhos, para tornar sua participação legítima. A oficialização dessa forma precária de sociabilidade dentro do catolicismo e as modalidades novas de gestão institucional da participação religiosa que ela implica, oferece, deste ponto de vista, um excelente observatório das transformações da cena religiosa institucional.

Sociabilidade peregrina e gestão institucional do pluralismo: exemplo das JMJ

Um aspecto merece particular atenção: a gestão do pluralismo que permite, num contexto de avançada diminuição da desregulação institucional, a combinação da peregrinação e do agrupamento emocional que caracteriza as peregrinações contemporâneas. Para ilustrar esse ponto, pode-se retomar o caso das Jornadas Mundiais da Juventude, em sua versão parisiense de agosto de 1997. Encontraram-se em Paris, depois de longo trajeto marcado por uma ou diversas etapas nas dioceses do interior da França, várias centenas de milhares de jovens vindos de mais de quarenta países diferentes[19]. Além da diversidade de nacionalidades, de línguas, de condições sociais e culturais presentes, o "Festival da Juventude" que reuniu os peregrinos fora dos grandes momentos do encontro testemunhou igualmente a pluralidade de sensibilidades e de correntes religiosas no interior da esfera católica. Do "vilarejo do desenvolvimento", animado pelos escoteiros, a JOC, a JEC, o CCFD, etc., ao "Pódio de evangelização" das comunidades carismáticas, passando pelos "cafés" da operação Jubilation animada por religiosos das famílias dominicana e franciscana, não era necessário ser um observador tão aguçado do cenário católico para reparar as diferenças, e até os antagonismos abertos. As vigílias propostas cada noite por movimentos diferentes e grupos presentes (escoteiros, comunidades novas, redes inacianas etc.) permitiam, da mesma maneira, avaliar a diversidade da oferta espiritual no interior do próprio catolicismo. A metáfora clássica do "supermercado religioso", onde cada um circula e "abastece seu carrinho" em função de suas necessidades e suas preferências encontrava-se, nessa ocasião, com a realidade totalmente concreta de um "salão do catolicismo", em que cada corrente tinha seu estande. Os peregrinos passeavam,

---

19. 300.000 na missa de abertura, na terça-feira de 19 de agosto; 500.000 na "acolhida do papa", quinta-feira, 21 de agosto; 750.000 na vigília batismal de 23 de agosto, 1 milhão na missa de encerramento em Longchamp, domingo, 24 de agosto.

efetivamente, por toda a cidade, detinham-se aqui e acolá, trocando endereços, num entretenimento espiritual ao qual, ao longo da semana, iam-se unindo jovens e adultos atraídos pelo ambiente, o caráter extraordinário do evento e o calor comunicativo dos grupos. Em contrapartida da fluidez desse "Festival da Juventude", em que cada um podia esperar encontrar de que alimentar sua busca espiritual pessoal, as catequeses dadas em diferentes línguas todas as manhãs por bispos na maioria das igrejas da capital organizavam outros deslocamentos e traçavam um outro cenário religioso da cidade. Já por ocasião da preparação para as JMJ nas dioceses francesas, podia-se perceber como a instituição se empenhava em estruturar a "perambulação" espiritual dos peregrinos reconduzindo-os aos caminhos balizados das grandes peregrinações históricas: Lourdes, Chartes, Lisieux, o Mont-Saint-Michel, Notre-Dame de Liesse, Paray-le-Monial, etc. O enquadramento cultural e confessional encontrou sua expressão mais sistemática na rede de catequeses, completada com vias-sacras "descentralizadas", conduzidas nas ruas, em torno de diferentes igrejas, na sexta-feira à noite. Mas essa formulação católica da peregrinação flexível dos jovens não conseguia, sozinha, transcender a extraordinária diversidade linguística, cultural, social e espiritual da multidão de peregrinos. Mais ainda, bastava acompanhar algumas dessas diferentes catequeses para perceber que, além da diversidade linguística que elas manifestavam, elas contribuíam igualmente para tornar visíveis as diferenças ideológicas e teológicas internas do catolicismo e para assegurar que fossem superadas através de uma doutrina formal comum. A função essencial dos grandes agrupamentos que se sucederam na semana parisiense das JMJ foi promover novamente a comunhão emocional desta dupla diversidade – a dos peregrinos e a do próprio catolicismo – em torno da pessoa do papa. Preparados, com o apoio de profissionais do espetáculo, para produzir emoção, os agrupamentos de massa no Champ-de-mars e em Longchamp, não apenas intensificaram o sentimento afetivo de formar uma "unidade" para uso dos peregrinos. Eles também permitiram – sobretudo através do simbolismo litúrgico particularmente eficaz da vigília batismal em Longchamp – a transmutação dessa "unidade" efetiva para um "nós" comunitário, tão precário e, sem dúvida, tão efêmero quanto o próprio agrupamento, mas de uma nítida eficácia instantânea. Neste mesmo intuito, a presença do papa foi essencial, não apenas porque ela "fixou" (no sentido próprio do termo) o entusiasmo coletivo, mas porque garantiu a utopização do agrupamento tornando-o a antecipação de uma Igreja coextensiva a um mundo fraternal e convivial conforme às aspirações acalentadas pelos jovens. O papa realizou eficazmente essa função de "operador utópico" do agrupamento, sobretudo, ao apresentar-se, ele mesmo, como um "papa peregrino", que percorre o planeta em todas as direções para responder à sua missão evangelizadora[20]. Ele é, ao mesmo tempo, aquele que se desloca ao encontro das multidões, aquele para o qual elas convergem e aquele que reenvia os peregrinos, com uma missão, para o lugar de onde vieram. Essa dinâmica de agregação e de dispersão intensifica uma territorialização simbólica da universalidade católica muito diferente da territorialização estática característica da civilização paroquial. A paróquia envolve formal e simbolicamente a totalidade do espaço, antecipando assim a recuperação da Igreja e da sociedade. A utopia peregrina coloca em evidência a presença transumante do catolicismo em escala planetária: a universalidade está, assim, associada ao movimento.

---

20. Cf. HERVIEU-LÉGER, D. Le pélerinage de l'utopie. In: SÉGUY, J. et al. *Voyage de Jean-Paul II en France*. Paris: Le Cerf, 1998.

4 | Figuras do religioso em movimento
O convertido

Se o peregrino pode servir de emblema de uma modernidade religiosa caracterizada pela mobilidade, a figura do convertido é, sem dúvida, aquela que oferece a melhor perspectiva para identificar os processos da formação das identidades religiosas nesse contexto de mobilidade. De maneira bastante surpreendente, o fim do século XX, marcado pelo enfraquecimento do poder regulador das instituições religiosas, se caracterizou por uma notável retomada das conversões.

O fato só é paradoxal nas aparências, na medida em que essa desregulação da crença, ela mesma inseparável da crise de identidades religiosas herdadas, favorece a circulação dos crentes em busca de uma identidade religiosa que eles achem mais adequada à sua natureza e da qual eles devem, cada vez mais, imbuir-se. O fato de os estudos sociológicos sobre os fenômenos contemporâneos de conversão experimentarem hoje uma nítida reconquista de interesse corresponde a essa retomada objetiva que acompanha, de dentro e de fora das grandes tradições religiosas, os movimentos de renovação espiritual observados em toda parte do mundo. Como era de se esperar, é a questão da entrada nas "novas religiões", "seitas", ou "cultos" que, há uns vinte anos, chama amplamente a atenção. Detendo-se, antes de qualquer coisa, na exploração das motivações dos interessados, múltiplas pesquisas se empenham em evidenciar os fatores sociais e culturais que podem explicar a necessidade crescente de afiliar-se a grupos religiosos intensivos que oferecem a seus adeptos a segurança de códigos de sentido "prontos para levar": anonimato urbano, deslocação das comunidades naturais de pertença, fortalecimento do individualismo nas relações sociais, etc. Estudos tipológicos muito úteis mostram que a conversão, apresentada pelos envolvidos como a experiência mais íntima e a mais privada que seja, é um ato social e socialmente determinado, cuja lógica depende tanto das disposições sociais e culturais dos convertidos quanto de seus interesses e aspirações. Eu não irei propor aqui um inventário do conhecimento adquirido sobre essa sociologia empírica das conversões. Gostaria, ao invés disso, através da tríplice figura do indivíduo que muda de religião, daquele que abraça voluntariamente uma religião ou daquele que (re)descobre sua religião de origem, o fio condutor para uma descrição da paisagem móvel de nossa modernidade religiosa.

A tríplice figura do convertido

A figura do convertido se impõe, antes de tudo, para os historiadores dos fatos religiosos, através de casos individuais e, às vezes, de grupos inteiros que passam, voluntariamente ou por obrigação, de uma religião para outra. Sinais de controvérsias e de conflitos sociais, econômicos, jurídicos e políticos, bem como religiosos, aos quais esses fenômenos deram lugar constituem, em toda parte, um material excepcional de análise das múltiplas questões da pertença religiosa nas sociedades em que a religião organizava identidades sociais, sexuais e culturais ao mesmo tempo em que encerrava interesses diretamente políticos e econômicos e regia situações de direito. As conversões nas sociedades modernas são inseparáveis, a um tempo, da individualização da adesão religiosa e do processo de diferenciação das instituições que faz emergir identidades religiosas distintas das identidades étnicas, nacionais ou sociais. Em uma sociedade em que a religião tornou-se assunto privado e matéria de opção, a conversão assume antes de tudo a dimensão de uma escolha individual, na qual se manifesta, por excelência, a autonomia do sujeito crente. É por isso que a figura do convertido se reveste de um caráter exemplar. Esta figura em si mesma desdobra-se em três modalidades principais.

A primeira é a do indivíduo que "muda de religião", seja porque rejeita expressamente uma identidade religiosa herdada e assumida para adotar uma nova; seja porque abandona uma identidade religiosa imposta, mas à qual nunca havia aderido, para adotar uma nova. Deixemos de lado, embora o número de conversões decorrentes desse caso esteja longe de ser desprezível, as conversões que procedem do casamento com um cônjuge de outra confissão[1]. A passagem de uma religião a outra chama a atenção, sobretudo, porque dá lugar, ao mesmo tempo, à opção de uma nova adesão e à expressão desenvolvida de um refuto – ao menos de uma crítica – de uma experiência anterior. Quando eles contam sua trajetória espiritual, os indivíduos em questão citam, de fato, muitas vezes, as condições nas quais eles se afastaram de sua religião de origem, considerada "decepcionante", por ser alheia aos verdadeiros problemas do indivíduo de hoje, incapaz de oferecer resposta a suas angústias reais e de lhe fornecer o apoio eficaz de uma comunidade. É preciso, claro, desconsiderar a retórica clássica do relato de conversão que justifica a nova afiliação denegrindo o quadro do tempo precedente à ruptura decisiva com a antiga pertença. No entanto, não se deve subestimar o protesto sociorreligioso apresentado pelas conversões, pois eles dizem respeito, como costuma ser o caso, a indivíduos religiosamente socializados, em busca de uma intensidade espiritual e comunitária que as grandes igrejas não

---

1. Apenas seja observado que essas conversões, sempre analisadas com grande circunspeção no judaísmo, foram encorajadas (senão requeridas) e acolhidas longamente com grande favor no catolicismo. O fato de que, hoje, se insiste mais não apenas na importância da autenticidade pessoal de tais conversões, mas eventualmente no significado espiritual da composição assumida do casal é o indício, em certo sentido, de uma reorientação significativa da problemática católica da pertença religiosa. A questão do engajamento pessoal dos indivíduos tende a tomar o pé – nesse assunto, como em outros – sobre o primado ligado à continuidade da identidade católica, em jogo aqui para a descendência vindoura.

oferecem. Entre os convertidos ao budismo encontram-se inúmeros testemunhos de uma decepção em relação a um cristianismo, e particularmente a um catolicismo que não oferece aos indivíduos condições de satisfazerem sua busca espiritual, e tampouco o apoio de uma comunidade que partilhe a mesma necessidade de uma resposta ética pessoal aos problemas e às incertezas de um mundo submetido exclusivamente aos imperativos da tecnologia e da economia[2]. Entre os cristãos franceses convertidos ao islã, o argumento em favor da perfeição do monoteísmo realizado no islã, que sucede as revelações judaicas e cristãs, completa geralmente a evocação das exigências de uma educação católica rejeitada e/ou a da pobreza dos laços comunitários oferecidos pelo catolicismo[3]. Mais uma vez, não é tanto o conteúdo claramente estereotipado dessas críticas que é interessante. É a maneira como aparece, nesta avaliação comparativa das diferentes tradições disponíveis, não somente a forte aspiração a uma integração personalizada em uma comunidade em que se é recebido como um indivíduo, porém, mais amplamente, um "direito à escolha" religiosa que toma o passo acima de todo dever de fidelidade a uma tradição herdada.

A segunda modalidade da conversão é a do indivíduo que, não tendo nunca pertencido a qualquer tradição religiosa, descobre, a partir de um caminho pessoal mais ou menos longo, aquela na qual se reconhece e à qual decide, finalmente, integrar-se. Essas conversões dos "sem-religião" tendem a se multiplicar nas sociedades secularizadas onde a transmissão religiosa familiar é, como vimos, consideravelmente precária. Para um grande número desses novos fiéis, a conversão marca o ingresso em um universo religioso em relação ao qual eles eram, até então, completamente estrangeiros.

---

2. Há 150 mil budistas franceses de origem, sobre 600 mil budistas na França. Cf. ETIENNE, B. & LIOGER, R. *Être bouddhiste en France aujourd'hui*. Paris: Hachette, 1997.

3. Cf. PÉRIGNE, V. *De Jésus à Mohammad*: l'itinéraire des Français convertis à l'islam, 1997 [Tese da École des Hautes Etudes en Sciences Sociales (sob a orientação de E. Terray)].

É o caso praticamente geral dos jovens imigrados da segunda e terceira geração que abraçam o islã. Falar em relação a eles de "reislamização" não tem nenhum sentido, pois eles nunca foram, de fato, introduzidos na religião muçulmana que é, eventualmente, a de seus pais ou de seus avós. E se seus pais preservaram e tentaram transmitir uma identidade comunitária fundada na maioria das vezes sobre laços éticos e geográficos, bem como religiosos, a religião neocomunitária na qual eles entram em virtude de uma escolha voluntária e pessoal recoloca radicalmente em causa a própria existência desses vínculos[4]. Essa exterioridade em relação ao mundo da religião à qual a conversão põe fim depois de um percurso mais ou menos longo e mais ou menos caótico também caracteriza os convertidos ao catolicismo, cujo número cresceu, desde 1933, de 12 a 13% por ano: em 1996, 80% dos adultos batizados eram oriundos dos "sem-religião"[5]. A figura do convertido, na qual se inserem os traços de uma religiosidade em movimento, é, assim, antes de tudo, a do que está em uma "busca espiritual", cujo percurso, muitas vezes longo e sinuoso, se estabiliza, ao menos temporariamente, em uma afiliação comunitária escolhida que traz identificação pessoal, social e também religiosa.

A terceira modalidade da figura do convertido é a do "reafiliado", do "convertido de dentro": aquele que redescobre uma identidade religiosa que permanecera até então formal, ou vivida *a minima*, de maneira puramente conformista. O protestantismo, como o catolicismo dos países ocidentais, oferece, hoje, exemplos múltiplos dessa dinâmica da reafiliação, presente em particular (mas

---

4. F. Khosrokhavar dá uma descrição bastante fina desse processo a partir de pesquisas realizadas em Dreux e nos subúrbios parisienses e estrasburguenses, em *L'Islam des jeunes*. Paris: Flammarion, 1997. Cf. igualmente: SAINT-BLANCAT, C. *L'Islam de la diaspora*. Paris: Bayard, 1997. • BABÈS, L. *L'Islam positif* – La religion des jeunes musulmans en France. Paris: De l'Atelier, 1997. • CESARI. *Musulmans et républicains* – Les jeunes, l'islam et la France. Paris: Complexe, 1998.
5. Estes números são de uma pesquisa realizada pelo Service National du Catéchumenat em 1996.

não exclusivamente) nos movimentos de renovação – do tipo neopentecostal e carismático – que oferecem a seus membros as condições comunitárias de uma experiência religiosa pessoal e fortemente emocional. Em cada caso dessas figuras, a conversão marca a entrada em um "regime forte" de intensidade religiosa. Mas o fenômeno das conversões de dentro não se relaciona apenas – bem longe disso – com o terreno cristão. Constitui igualmente, no judaísmo e no islamismo, uma das modalidades mais significativas da identificação religiosa: as manifestações de um "retorno à tradição" entre os jovens judeus americanos revelam, como no caso dos muitos jovens "reislamizados" na França, que se trata, geralmente, na verdade, de uma primeira apropriação consciente de uma identidade religiosa vivida até então, no melhor dos casos, no plano ético. Essa apropriação equivale, muitas vezes, ao mesmo tempo, a uma "descoberta" de sua própria tradição[6]. Entre os judeus e entre os muçulmanos, a experiência da reafiliação assume inicialmente a forma da descoberta da prática religiosa, cuja exigência concreta, particularmente no judaísmo, pode responder ao desejo de uma vida religiosa integral que se expressa na escolha de retornar à tradição. Mas o convertido raramente separa a observância e a escolha de uma "nova vida": a prática, que marca sua integração na comunidade, manifesta também a reorganização ética e espiritual de sua vida, reorganização na qual se insere a singularidade de seu percurso pessoal.

Acontece muitas vezes que a "demanda de tradição", que implica a identificação com o judaísmo ou o islamismo dos reafiliados mais jovens, tenha consequências sobre o conjunto do grupo familiar. Os interessados têm necessidade, para viver uma vida muçulmana ou judaica, da cooperação dos seus familiares. A da mãe é particularmente indispensável, no que tange à aplicação escrupu-

---

[6]. KHOSROKHAVAR, F. Op. cit. • DANTZGER, H. *Returning to Tradition – The Contemporary Revival of Orthodox Judaism*. New Haven/Londres: Yale University Press, 1989.

losa das prescrições alimentares. A conversão das crianças pode, a partir daí, induzir uma radicalização religiosa dos próprios pais, em um movimento de inversão do sentido da transmissão que foi, muitas vezes, apontado. Mas também acontece muito que a exigência religiosa dos jovens convertidos conduza a sérios conflitos familiares, contestando um modelo diferente de identificação religiosa ao qual os pais são mais apegados do que seu "laxismo" em matéria de observância dava a entender. As entrevistas que S. Nizard realizou com mães judias de Sarcelles, pressionadas pelos seus filhos a adotarem uma prática estrita do *cacherout*, mostra que sua resistência remete, geralmente, a uma concepção específica da identidade judaica que recusa deixar-se avaliar "pelo padrão", pela medida do rigorismo dos jovens convertidos[7]. Observações paralelas podem ser feitas a propósito do questionamento dos "novos muçulmanos" com relação ao islã ético de seus pais, no qual se insere uma memória familiar e cultural que lhes é estranha. De maneira geral, a "conversão de dentro" não significa apenas o reforço ou a intensificação radical de uma identidade religiosa até então "comedida" ou "ocasional": ela é um modo específico de construção da identidade religiosa que implica, de uma forma ou de outra, o questionamento de um "regime frágil" de pertença religiosa.

Reconhecer o caráter exemplar da figura do convertido para evidenciar a dimensão escolhida da identidade religiosa em uma sociedade de indivíduos não significa, evidentemente, que se possa ignorar que esta figura do convertido perpassa a história de todas as tradições religiosas. Em todas as épocas, "grandes convertidos" ilustraram a experiência da reapropriação pessoal intensiva de sua própria tradição religiosa ou da entrada em uma outra tradição, reconhecida, geralmente, como aquela que se havia sempre desejado ter abraçado. O relato de sua conversão, feito por Santo

---

7. NIZARD, S. *L'économie du croire* – Une anthropologie des pratiques alimentaires juives en modernité, 1997 [Tese da École des Hautes Etudes en Sciences Sociales (sob a orientação de D. Hervieu-Léger)].

Agostinho, fornece, no contexto cristão, um modelo narrativo notavelmente significativo desta experiência. É praticamente impossível pretender, aqui, qualquer colocação em perspectiva histórica dos movimentos de conversão. Mas é necessário, se quisermos captar o cerne daquilo que constitui a especificidade do impulso contemporâneo das conversões, ter em mente essa continuidade dos eventos da conversão. Um exemplo, tomado do catolicismo, pode servir para iluminar esse fato. O aumento das conversões no catolicismo constitui, na França atual, um fato estatisticamente mensurável. Tinham-se recenseado 890 catecúmenos em 1976. Esse número era de 2.824 em 1987. O censo do catecumenato efetuado em 1996 era de 11.127 catecúmenos, ou seja, um aumento médio de 12% registrado cada ano desde 1993. Aumento que permanece atualmente no mesmo ritmo, contrastando de maneira surpreendente, embora esteja longe de reverter a tendência ao declínio demográfico do catolicismo, com a queda do número de batismos de crianças durante o mesmo período. Ora, sabemos que o cenário católico do final do século retrasado e do começo do século passado foi igualmente rico em conversões. Essas conversões diziam respeito principalmente a intelectuais e artistas, e os relatos que eles forneceram de sua aventura espiritual marcaram fortemente a espiritualidade contemporânea. Para esses convertidos, muitas vezes ligados entre si por amizades literárias e afinidades estéticas intensas, o catolicismo não era o único meio de expressar sua rejeição ao universo materialista, industrialista e positivista da Modernidade. A atração dos grupos esotéricos, o fascínio pelas religiões orientais (budismo, hinduísmo[8]...) demonstram, ao mesmo tempo, uma busca espiritual multiforme cuja evocação deve relativizar a "novidade" que hoje atribuímos a tais fenômenos. Esta onda de conversões não se resume aos poucos nomes bem conhecidos de Claudel, Charles de Foucault, Huysmans ou Péguy. Um estudo das conver-

---

8. DROIT, R.P. *Le culte du néant* – Les philosophes et le Boudha. Paris: Le Seuil, 1997.

sões de 1885 a 1935 identifica mais de cem nomes. E faz perceber que o movimento da Igreja, em um tempo ou um mundo desencantado, é mais precário. O surgimento das conversões de intelectuais ao catolicismo fazia convergir modos de identificação diferenciados da linha católica, segundo o peso que recebiam o fator estético e emocional ou, então, a dimensão cultural e política da adesão. Ela pende para o momento em que a renovação religiosa dos anos de 1930 favorece a expansão, dentro da Igreja, dos movimentos missionários da Ação Católica[9]. A figura do "militante", ligada à ideia de uma possível reconquista religiosa de um mundo secularizado, se aproxima, assim, da figura do "convertido". Embora não tenha relação com o impulso de conversões do início do século, o fenômeno contemporâneo das conversões ao catolicismo distingue-se claramente pelo fato de não ser mais o fato de um grupo social particular, que assume, sob essa forma, as interrogações da Igreja e da sociedade sobre si mesmas. Sua expansão corresponde à generalização de uma busca espiritual que toca, sob formas diversas, todas as camadas da sociedade. Mas ela é inseparável do enfraquecimento dos dispositivos de socialização religiosa que, em todas as classes sociais, multiplica o número de indivíduos que não tiveram, de fato, nenhum contato com a religião à qual eles se afiliaram de modo puramente formal. Ao invocarem a trajetória de sua conversão, uma importante proporção dos novos batizados, cujos pais também foram batizados, cita o fato de que ninguém, em redor deles, procurou vinculá-los, em momento algum de sua existência, a uma religião definida. Ou então, eles observam, mais prosaicamente, que seus pais simplesmente não "tiveram tempo" de batizá-los. Outros, finalmente, que foram batizados quando crianças, declaram nunca ter ouvido falar do cristianismo em casa. A fronteira se confunde, assim, entre os convertidos de dentro e os

---

9. GUGELOT, F. *Conversions au catholicisme en milieu intellectuel*: 1885-1935. Paris: CNRS, 1998.

do exterior, no contexto de uma perda geral da identidade transmitida de uma geração a outra.

Conversões e construções de si em um mundo de indivíduos

Mas há mais, na emergência da figura contemporânea do convertido, do que o efeito mecânico da desregulação institucional. O convertido manifesta e cumpre esse postulado fundamental da modernidade religiosa segundo o qual uma identidade religiosa "autêntica" tem que ser uma identidade escolhida. O ato de conversão cristaliza o reconhecido valor do engajamento pessoal do indivíduo que expressa, dessa forma, por excelência, sua autonomia enquanto sujeito crente. A conversão religiosa, na medida em que inicia, ao mesmo tempo, uma reorganização global da vida do interessado segundo normas novas e sua incorporação em uma comunidade, também constitui uma modalidade notavelmente eficaz de construção de si em um universo onde se impõe a fluidez de identidades plurais e em que nenhum princípio central organiza mais a experiência individual e social.

Esta ideia fica particularmente clara diante das conversões ao islã de jovens imigrados. Colocados objetivamente numa situação de exclusão econômica e social, esses jovens se percebem subjetivamente como "detestados", por uma sociedade que não lhes dá nenhum espaço. A islamização opera, para eles, antes de tudo uma reorganização do sentido de sua própria vida. Tornar-se muçulmano é conquistar autoestima e, ao mesmo tempo, adquirir uma identidade socialmente reconhecida. Essa integração religiosa de si mesmo se realiza de maneira diversa conforme as situações sociais nas quais os interessados se encontram situados. F. Khosrokhavar distingue o "islã de integração", que permite a jovens de origem árabe das classes médio-inferiores fazerem valer socialmente uma identidade confessional reconhecida, do "islã de exclusão" dos jovens que se encontram em situações situações mais precárias.

Estes transformam sua marginalidade em uma exigência religiosa radical de separação de um mundo mau. Excluídos da sociedade, eles decidem, em nome de sua nova fé, separar-se dela. A necessidade social transforma-se assim numa virtude religiosa. Mas, em todo o caso, o ingresso ao islamismo implica uma mudança global de trajetória. Não apenas a nova coerência oriunda de uma leitura religiosa do mundo contribui para manter a "agitação"[10] à distância, mas ela implica uma reorganização prática da relação dos interessados com o tempo e o espaço, redefine sua relação com o espaço público e regula o comportamento cotidiano[11].

A mesma lógica aparece nas conversões ao catolicismo, sobre as quais existem abordagens biográficas relativamente precisas à disposição. Mas ela atua menos a partir das condições sociais da existência dos interessados do que a partir de situações de desordem individual. Obviamente, estas não são inteiramente separadas das condições sociais dos convertidos, mas elas não se limitam completamente a isso. Isso se revela particularmente no caso das conversões ligadas a um evento trágico da vida pessoal (morte de alguém próximo, destruição, mutilação, estupro, etc.). A análise de quinze relatos de conversões ao catolicismo mostra que nove das trajetórias descritas comportam, diretamente ou numa relação mais distante com a conversão, um episódio desse gênero, explicitamente associado pelos interessados à ulterior reorganização de sua vida espiritual[12]. Mas, quer eles estabeleçam uma relação ou não com essa cristalização dramática da desordem vivida, todos os percursos de convertidos são descritos como um caminho de construção pessoal. Pela forma que assumem, esses relatos ficam pouco distantes de um esquema muito clássico já conhecido, que opõe um "antes" trágico, desesperante ou simplesmente medíocre e um "de-

---

10. DUBET, F. *La galère:* jeunes en survie. Paris: Fayard, 1987.
11. KHOSROKHAVAR, F. Op. cit., p. 67-77.
12. Relatos recolhidos por DE LAGARDE, F. *Convertis et baptisés*. Paris: Nouvelle Cité, 1996.

pois" caracterizado, ao contrário, pela plenitude do sentido. É preciso perceber, assim, que os relatos de experiências de iluminação imediata ocupam pouco espaço nesses percursos: o "caminho de Damasco" ou o "pilar de Notre-Dame" encontram poucos equivalentes. Pelo contrário, encontra-se frequentemente a evocação de um "momento de certeza", posterior, geralmente, à decisão de se converter. Nesse momento, a fé aparece como uma evidência, cuja presença se percebe em sua vida na mesma medida em que acontecia o processo, propriamente dito, da conversão. Esse sentimento da presença longamente oculta da graça ("na verdade, eu percebi que eu sempre tinha acreditado") constitui – da mesma forma que a evocação da desordem interior que antecedeu a descoberta da fé – uma articulação clássica do relato da conversão em terreno cristão. Ela permite creditar a ideia de que a iniciativa da conversão não vem do próprio convertido, mesmo que ele escolha sua fé, mas de Deus. Os relatos de conversões recenseados aqui não se distinguem, portanto, por sua originalidade. Por outro lado, eles revelam, no interior de uma estrutura narrativa comum, uma interessante distribuição das trajetórias individuais em dois conjuntos nitidamente diferenciados. O primeiro é aquele das conversões contadas como a última etapa de um longo caminho errante, de uma experiência desesperadora de "tormento", marcada, muitas vezes, pela exploração de outras vias que acabaram se revelando como impasses: do militarismo revolucionário às drogas, passando pelo caminho ou o envolvimento em alguma "seita". O segundo é aquele dos relatos de descoberta da "verdadeira vida", que, após as "aventuras" decepcionantes de uma vida profissional sobrecarregada ou de uma vida mundana despreocupada, permitiu chegar a um cuidado autêntico de si mesmo. Ora, esses dois conjuntos típicos – sendo um caracterizado mais pela organização de uma vida caótica e outro pelo acesso à realização autêntica de si mesmo – delineiam perfis e trajetórias sociais bem diferentes, de acordo com o nível cultural e social dos interessados. Essas diferenças se inserem igualmente na maneira como estes constroem a relação com a linhagem cristã e católica à qual eles acabam de unir-se. Se retomarmos as quatro dimensões – comunitária, ética, cultural, emocional – da identificação religiosa que descrevemos anteriormente, descobriremos que esses dois tipos de percurso de conversão correspondem a identidades religiosas distintas. A primeira se forma articulando principalmente as dimensões comunitária e emocional da identidade. A conversão se apresenta, então, antes de tudo, como o ingresso em uma "família". Esta entrada encarna, concretamente, com a incorporação em uma comunidade catecumenal cuja qualidade religiosa é medida pela intensidade afetiva dos laços entre seus membros. A segunda associa a dimensão ética do cristianismo (os valores evangélicos) à sua dimensão cultural, a saber, a profundidade histórica e estética da tradição cristã e seu poder de civilização.

Percebe-se, assim, que os convertidos de origem popular e/ou aqueles cujo trajeto pessoal é marcado pela exclusão econômica, a marginalidade social e a privação cultural procuram majoritariamente o tipo "familiar" de agregação à linhagem crente, ao passo que a organização ético-cultural da identificação corresponde, de maneira quase exclusiva, ao caso dos convertidos de origem burguesa, que dispõem de um capital cultural e social particularmente elevado. Nesse último caso, a conversão é um processo essencialmente individual, no qual a relação com a Escritura prevalece, muitas vezes, sobre a importância da integração comunitária. Ou, mais precisamente, é através da referência à Escritura, que une a linhagem crente, que se dá a identificação comunitária "em espírito", prioritária em relação à incorporação a um grupo religioso concreto. Não é raro que a descoberta mais ou menos fortuita da Bíblia seja, então, apresentada como o elemento ativador da conversão. É o caso, por exemplo, do médico psiquiatra de quarenta anos, no auge do sucesso profissional e social. Tendo passado os olhos, quase por acaso, nos livros religiosos para crianças que seu filho lia (de quem ele tolerava a educação religiosa, desejada por sua mãe), ele comprou uma Bíblia e leu-a longamente. Foi descobrindo o texto da ressurreição de Lázaro – conta ele – que repentinamente deu-se conta de que estava entendendo o texto "na fé". Esse acontecimento surpreendente, que ele verificou ao aprofundar sua leitura das Escrituras, o levou a pedir o batismo. Ele descreve retrospectivamente seu desejo do batismo como presente em potência numa insatisfação latente que o mantinha "impermeável à felicidade": "minha vida, embora plena afetiva, material e profissionalmente, sofria cruelmente de uma falta de sentido. Parecia que eu carregava uma beatitude profunda [...]. Eu vivia uma expectativa espiritual, mas isso teria vindo à tona se alguém pudesse ter feito a interpretação"[13]. Essa caminhada de conversão inaugurada pela descoberta da pertinência do texto evangélico, entendido como "escrito para si", é igualmente o que aconteceu com aquele brilhante aluno de uma grande escola de comércio, oriundo de uma família burguesa muito bem instalada e que dela recebeu uma educação, a um tempo, livre e protegida. Precocemente aberto à leitura dos filósofos e profundamente marcado por Nietzsche, ele descobre a Bíblia por ocasião de uma temporada de estudos nos Estados Unidos. Esse primeiro contato com a tradição cristã foi ocasião para um aprofundamento pessoal e autodidata das Escrituras que o conduziria, por fim, a pedir o batismo na Igreja Reformada. Em seguida, a engajar-se ativamente, com sua esposa católica, na ação ecumênica. Também aí, a conversão é apresentada como o ápice de um trabalho consigo mesmo ativado por uma necessidade espiritual mais antiga. Pode-se comparar essas conversões "ético-culturais" com as conversões "estético-culturais", bem representadas sobretudo no meio artístico: estas articulam particularmente as dimensões culturais e emocionais (estéticas) da identidade, mas podem – devido à trajetória social e profissional, por vezes, caóticas dos interessados – combinar-se com o tipo "familiar" da adesão religiosa. Nesse caso, a conversão vale, ao mesmo tempo, para incorporar em

---

13. Artigo escrito pelo interessado na revista do catecumenato: *Croissance de l'Eglise*, n. 106.

um meio afetivo que oferece um apoio comunitário à construção da identidade pessoal.

No caso das conversões "familiares", o encontro de uma testemunha que se torna um guia na fé, por um lado, e o apoio da comunidade, por outro, são elementos decisivos de um processo de integração sociorreligioso que se confunde com o percurso da transformação pessoal. Um exemplo disso é dado pela jovem cabeleireira de origem operária, cuja infância e juventude foram acompanhadas pelo alcoolismo da mãe, e que encontra na patroa do salão em que trabalha, de personalidade calorosa e católica fervorosa, aquela que a introduz em uma "nova família". Aí ela encontra seu lugar, ao mesmo tempo em que entra em uma nova identidade pessoal: "Nas reuniões, a gente se escuta, se ajuda. Isto me fez descobrir que eu devia aprofundar a fé, ir ao encontro de outra coisa [...]. A segunda etapa no caminho de Deus é quando se é abençoado pelo Monsenhor de Chartres. Encontrei outras pessoas que se preparavam para o batismo. Até mesmo uma senhora de sessenta e cinco anos! O bispo nos disse coisas incríveis em poucas palavras. Eu senti que já estava mais equilibrada. Tive o pensamento de que minha mãe é como o fruto de uma árvore que cai quando está maduro, um pensamento que me fez aceitar melhor sua morte". Alguém, alguma coisa entrou em meu coração – ela continua –, eu entendo melhor os outros, estou mais calma e forte para ir adiante e superar essa situação. Inclusive para lidar com problemas como as contas, que antes não me preocupavam muito"[14]. Outro exemplo, o de uma jovem cega, sem trabalho, que vive com seu marido, igualmente com deficiência nas vistas e desempregado também, num bairro operário do norte. O acesso ao batismo marca, para ela, a saída da segregação social, simbolicamente representado na exclusão religiosa. O relato que ela faz de seu percurso catecumenal se mistura com o de sua entrada em uma "comunidade de acompanhamento" (uma religiosa, um padre e um casal de leigos), em que o

---

14. DE LAGARDE, F. Op. cit.

marido, completamente integrado ao grupo, sente-se seguro, por sua vez, com a rejeição religiosa à sua própria exclusão social. Esta "família" religiosa é, inicialmente, na descrição que ela dá a respeito, o lugar em que ela pode ter acesso à palavra: "Não tinha nada a ver com um catolicismo em que se deve apenas escutar sem nada dizer e aprender de cor ou copiar. Era mais um debate, sim, realmente era isso. Discutíamos, podíamos dar nosso próprio ponto de vista. Eu não sabia que no mundo da fé se tem direito de falar. Eu podia falar, de verdade, o que eu pensava sem, por isso, ser afastada". A cerimônia do batismo soleniza o reconhecimento social e, ao mesmo tempo, o reconhecimento de si mesmo: "O batismo aconteceu no dia..., em nossa paróquia. Inicialmente, eu não pretendia ser batizada lá. Ahh, não... eu não queria, principalmente, que soubessem disso. Depois, ao longo do meu caminho, eu mudei de opinião. A irmã, aliás, me alertou. Parece que é um caso frequente as pessoas não quererem ser batizadas em suas paróquias e, depois, aceitarem. Para mim, era um orgulho mostrar o que eu ia fazer, um sinal de que eu também pertencia a essa comunidade. Contudo, aquilo não criou vínculos particulares com a paróquia: eu convidei algumas pessoas da cidade que eu já conhecia, alguns bons vizinhos que nos prestam alguns serviços. Só isso [...]. A cerimônia do batismo, posso dizer realmente que é muito comovente. A gente fica em total introspecção, ouve-se um barulho bem discreto, distante, tem-se a impressão de estar totalmente sozinho. Além disso, tudo se refere à pessoa que é batizada, ela é a mais importante. Você fica com vontade de gritar: ei!, estou aqui, eu existo! Deus, se estás aí, toma-me em teus braços!"[15] A experiência – decisiva, devido ao isolamento social do casal – de uma peregrinação a Lourdes com o "socorro católico", a Escritura, com ajuda do grupo de acompanhamento, de um texto pessoal ("seu Credo") que a interessada leu em público no dia do seu batismo, as canções escolhidas com seu marido ("canções que diziam respeito a nós")

---

15. Ibid.

constituem as grandes balizas da trajetória de personalização na qual se exprime o relato da conversão.

Evidentemente, pode-se identificar, ao lado de trajetórias mais elaboradas, casos de conversões que escapam a essa polaridade e é preciso cuidar, em todos os casos, para não forçar o enquadramento mecânico das conversões atuais. Mas, esses diferentes exemplos de autoconstrução através da conversão marcam precisamente os dois pólos sociais nos quais se desenvolve, da maneira estatisticamente mais significativa, o movimento atual das conversões ao catolicismo: de um lado, os convertidos saídos das camadas sociais mais desfavorecidas; de outro, os convertidos socialmente privilegiados e detentores de uma bagagem cultural elevada; estes últimos tomam suas distâncias em relação aos critérios da situação social que lhes é proposta e que atingiram e eles vivem a conversão como uma nova realização pessoal.

O desenvolvimento de um "budismo francês", ao qual assistimos há uns quinze anos, constitui sem dúvida, o melhor terreno possível para observarmos o laço existente entre o fenômeno das conversões e o desdobramento de uma religiosidade individual que tende à construção ou à reconstrução espiritual de si. Embora continue sendo característico dos ambientes intelectuais e das profissões intermediárias (professores, profissões médicas e paramédicas, comunicadores, servidores sociais, animadores culturais, etc.) que, tendo estado no centro da contestação anticonstitucional e dos novos movimentos sociais dos anos 1970, tornaram-se o ponto nevrálgico do desenvolvimento de todas as correntes da nova cultura espiritual, o budismo atrai hoje um público mais e mais diversificado socialmente. No entanto, B. Etienne, entre aqueles que ele denomina "novos simpatizantes do budismo", observa dois grupos principais: o primeiro é de "homens entre 40 e 50 anos, antigos esquerdistas, ex-católicos, saídos da Igreja, partidários da medicina alternativa. Muitos fizeram outras experiências – franco-maçonaria, Rosa-Cruz... Todos foram tocados em algum momento de sua vida pela tentação do Oriente. Eles leram muito:

Schopenhauer, Nietzsche, Alexandra David-Neel... A segunda dominante é a importância do número de mulheres de profissões médicas ou paramédicas representadas. A explicação que o budismo dá para a dor e o sofrimento lhes parece muito mais coerente do que o que diz o cristianismo". A característica comum nessas correntes é encontrar no budismo "uma revelação interna ao homem e uma técnica de salvação individual"[16]. Como encontrar em si mesmo as forças que permitem encarar o desmantelamento pessoal induzido pelo modo de vida ocidental, com sua insistência sobre a separação funcional das diferentes atividades humanas e o primado exclusivo que ele atribui à eficácia técnica? Esta questão – inseparável de uma crítica radical da Modernidade uniformemente expressa pelos convertidos ao budismo – encontra sua resposta, no caso deles, ao lado de um trabalho consigo mesmo, mantido simultaneamente pela relação privilegiada que se estabelece com um mestre espiritual e pela integração flexível em uma comunidade espiritual. Esta integração é atualizada pela frequência regular dos lugares de culto e centros religiosos. A ausência de referências dogmáticas rígidas, a concepção convivial de uma comunidade que se dá como "um lugar de conforto, de instrução e de elevação", permitindo investimentos individuais variados, o caráter experimental e prático da ascese proposta aos adeptos, a insistência sobre a aplicação do corpo na vida espiritual, a centralidade do tema da cura, a importância dada à compaixão que tem sua fonte no próprio indivíduo e constitui um caminho de sabedoria, a personalização afetiva da relação com o guia espiritual em quem o adepto confia: de múltiplas maneiras, o budismo tem meios de ajustar-se às problemáticas do cuidado de si, característico da modernidade psicológica ocidental. É esta mesma modernidade que lhe permite oferecer um contraponto culturalmente plausível para a contesta-

---

16. Diálogo com Serge Laffitte. *Actualités Religieuses dans le Monde*, n. fora de série: Le défi boudhiuste, out./1997.

ção antimoderna e a aspiração utópica de um mundo totalmente diferente desejado por aqueles que o budismo atrai.

Conversão e utopia

Sob todas as formas que acabamos de evocar, a conversão cristaliza ao mesmo tempo um processo de individualização, que favorece o caráter que se tornou opcional da identificação religiosa nas sociedades modernas, e o desejo de uma vida pessoal reorganizada, em que se exprime, muitas vezes, sob uma forma mais ou menos explícita, um protesto contra a desordem do mundo. Esta dimensão protestante da conversão nutre a aspiração utópica da entrada, simbólica e afetiva, em uma comunidade ideal que pode ser colocada em oposição à sociedade ambiente. Esta expectativa pode se realizar, hoje como em outras épocas, em criações comunitárias. Estas se esforçam por antecipar, na escala reduzida do grupo dos convertidos, um estilo de relações sociais e interpessoais contrastáveis à sociedade ambiente. Os novos grupos religiosos que J. Beckford descreve como "grupos-refúgio"[17], que oferecem a seus membros a proteção de uma comunidade e de um modo inteiramente integrado, são uma ilustração contemporânea desta dinâmica da "utopia praticada". D.E. Van den Zandt deu, a propósito da seita dos "filhos de Deus" na Grã-Bretanha e nos Países Baixos, uma descrição particularmente sugestiva[18]. A comunidade se apresenta, assim, como a prefiguração de uma nova ordem mundial que depende inteiramente da regeneração espiritual de cada indivíduo, garantida, *de facto*, por sua integração iniciática dentro do grupo. Organizações como Isko (Associação Internacional para a consciência de Krishna), a missão para a luz divina do Guru Maharaji (Elan vital), ou os Filhos de Deus (a família do amor), situaram-se ou se

---

17. BECKFORD, J. & LEVASSEUR, M. New Religious Movements in Western Europe. In: BECKFORD, J. *New Religious Movements and Rapid Social Change*. Londres, 1986, p. 29-54.
18. VAN DEN ZANDT, D.E. *Living in the Children of God*. Princeton, N.J.: Princeton University Press, 1991.

situam exatamente nessa lógica. Mas a questão do protesto e da utopia está igualmente presente nos grupos que fazem disso uma versão mais política ao propor trazer uma melhoria radical às estruturas sociais e culturais existentes, seja pelo exemplo, seja pela ação. Entre esses grupos que atraem "convertidos" apregoando- lhes uma reorganização completa de sua própria vida conforme a ordem futura do mundo que eles projetam, pode-se citar, por exemplo, a Igreja da unificação de Sun Myung Moon, Synanon ou ainda a Soka Gakkaï, que se alega pertencente à tradição budista de Nichiren[19].

O movimento de conversão, no entanto, também encontra nas religiões históricas uma tônica utópica inseparável da dinâmica da construção de si evocada acima. O caso dos jovens convertidos ao islamismo representa uma demonstração clara disso. O mito pessoal de uma salvação total pela fé – mito que "se substitui progressivamente, menos na juventude, pelo da integração através do emprego e do reconhecimento de sua cidadania pela nação" – se confunde para os interessados pela expectativa de uma realização social da *umma*, ela mesma antecipada na fraternização das associações islâmicas dentro das quais os convertidos se reúnem. F. Khosrokhavar apresenta uma representação desta utopia cujo cenário, observa ele, é quase sempre idêntico: sem fé, o jovem está sujeito à delinquência, à droga e à marginalidade social. Ao entrar na fé islâmica, tornando-se um ser piedoso, reorganizando sua vida a partir da prática, ele recobra o equilíbrio, torna-se puro e acaba reencontrando a dignidade neste mundo graças ao trabalho. Esta reconciliação com a sociedade acontece, entretanto, no momento em que o convertido se separa culturalmente dela, devido exatamente à sua escolha religiosa. De fato, a visão de uma harmonia universal decorre – não sem revelar o paradoxo conhecido da socialização utópica aos valores dominantes – da reestruturação pessoal e da aceitação de sua condição social que se realizam atra-

---

19. WILSON, B. & DOBBELLAERE, K. *A Time do Chant* – The Soka Gakkaï Buddhistes in Britain. Oxford: Oxford University Press, 1994.

vés da prática integral do islã no seio de uma comunidade de crentes voluntários[20].

Esta dimensão protestante e utópica da conversão está igualmente presente entre os ba'alei t'shuva americanos. O judaísmo ortodoxo emerge, nos anos 1960, ao lado dos movimentos carismáticos cristãos e das novas religiões, como uma das vias religiosas possíveis da procura de uma alternativa contracultural ao *american way of life*. O protesto passa, por um lado, pelo questionamento radical do modo de vida e das práticas dos novos convertidos. A utopia se desdobra progressivamente a partir desta organização integral da vida cotidiana que concretiza a observância das prescrições religiosas. Assumindo uma tradição que eles ignoram totalmente, os novos adeptos devem aprender concretamente as regras práticas da vida judaica em uma família que os recebe e por eles se responsabiliza. Também aí, o enquadramento puritano da vida pessoal, a busca de uma racionalização moral intensiva dos comportamentos no trabalho, em família, nas relações sociais, etc. podem proporcionar a esses voluntários[21] uma adaptação paradoxalmente eficaz (ligada, sobretudo, ao crédito social que lhes advém do rigor pessoal) a um mundo cujas normas eles rejeitam e do qual sua integração comunitária os separa[22].

A dimensão utópica da conversão é, provavelmente, menos imediatamente perceptível no caso dos convertidos ao catolicismo, para quem a reorganização de sua vida pessoal não implica, ou apenas excepcionalmente[23], qualquer separação social. Ela se inse-

---

20. KHOSROKHAVAR, F. Op. cit., p. 196-197.
21. Cuja identificação religiosa se efetua segundo o modelo da "etnicidade eletiva", publicado por AZRIA, R. Les juifs et le judaïsme dans le monde d'aujourd'hui. In: *Religions sans frontières*? Roma: Prezidenza del Consiglio dei Ministri/Dipartimento per l'Informazione e l'Editoria, 1994, p. 50.
22. Segundo uma lógica que corresponde bem precisamente ao esquema weberiano clássico da afinidade entre a ética puritana e o espírito do capitalismo...
23. Como no caso dessa jovem, cuja conversão coincidiu com sua entrada no Carmelo.

re, todavia, de maneira mais ou menos explícita, nas expectativas manifestadas em relação à comunidade catecumenal de acolhimento. Esta encarna, geralmente, aos olhos dos novos fiéis, uma Igreja ideal, ao mesmo tempo em que esta família ideal onde reina um regime de relações humanas fundadas na confiança, na escuta e no reconhecimento mútuo, se difere do regime existente na vida social ordinária. As conversões do tipo "familiar" se caracterizam, via de regra, por um forte investimento utópico da comunidade de acolhida, investimento que torna, às vezes, difícil, a posterior adaptação dos novos batizados à vida religiosa "ordinária" de uma paróquia local. A distância percebida pelos convertidos entre o regime rotineiro das reuniões paroquiais e a intensidade das relações no seio das comunidades catecumenais (nas quais eles estavam no centro) não está inteiramente alheia ao fato de que muitos deles se tornam, ou aspiram tornar-se, por sua vez, formadores catecumenais.

Não é surpreendente que convertidos que acatam uma identidade religiosa com um entusiasmo e uma exigência nutrida pelo forte sentimento de sua dupla condição minoritária (na sociedade, enquanto crentes convictos, e dentro da tradição que eles escolheram, enquanto novos adeptos) tenham a certeza de que a comunidade ideal à qual eles aspiram integrar-se se realizará socialmente. Mas, no universo secularizado das sociedades modernas, a projeção desta alternativa religiosa na realidade do mundo perdeu o essencial de sua plausibilidade. Desde então, é o próprio fato da conversão que recobre, de um modo individualizado e subjetivo, a utopia trazida pela mensagem religiosa. A religião não pode pretender nem mudar o mundo, nem regular a sociedade, mas ela pode transformar os indivíduos. Isto vale, inicialmente, para o próprio convertido: a reorganização de sua vida pessoal antecipa, a seus olhos (e com ainda maior força pelo fato de que sua vida anterior era dissoluta, caótica e desestruturada), a reorganização global de um mundo do qual ele se desapega com sua entrada em uma nova identidade religiosa. Mas esta ruptura, que fez uma reviravolta em sua vida, demonstra conjuntamente o poder divino de transformação e de organização do mundo. "Deus me escolheu", afirmam quase todos os convertidos católicos. Essa questão da ação divina na conversão lhes permite reconhecer retrospectivamente os sinais de um trabalho da graça em sua vida, anterior ao evento da conversão e anterior à consciência que eles tiveram de si mesmos. Em um universo moderno em que a capacidade organizativa e normativa das instituições religiosas está fortemente fragilizada, a conversão, devido à sua imprevisibilidade e sua improbabilidade, credita força à idéia compensadora de uma presença e uma ação invisíveis e silenciosas do divino em um mundo que ignora seu poder. O convertido poderia até ser, nesse sentido, o último refúgio de uma utopia religiosa que não se verifica mais senão na transformação pessoal de indivíduos movidos pela graça.

Essa hipótese torna plausível, ao mesmo tempo, a ideia de um vínculo paradoxal entre o refluxo da influência social das instituições religiosas e o aumento das conversões nas sociedades modernas secularizadas. No começo do século, o fenômeno conheceu sua intensidade maior em um momento em que o retrocesso da Igreja para fora da sociedade e da cultura revelava-se mais acentuado. "A cronologia do movimento parece, em muitos aspectos, inversa à da Igreja católica francesa. É no momento em que esta aparece como uma cidade bem protegida que escritores e artistas se apresentam às suas portas. A conversão revela-se, então, como uma das vias da irrupção do sagrado em um tempo e em um mundo desencantados"[24]. Ao mesmo tempo, ela permite ao catolicismo francês "retomar o pé no mundo das letras e das artes"[25]. Mudança de valores e de vida, a conversão situa o espiritual "no centro da vida do convertido" e a eleição de que este foi objeto recoloca, através dele, o espiritual "no coração do mundo"[26]. Para além das estratégias de distinção social e intelectual que caracterizam propriamente as conversões de intelectuais do começo do século, esta reflexão per-

---

24. GUGELOT, F. Op. cit., p. 550ss.
25. FOUILLOUX, E. La naissance des intellectuels catholiques. In: *Vingtième Siècle*, n. 53, mar./1997, p. 16.
26. GUGELOT, F. Op. cit., p. 549.

mite introduzir a hipótese mais ampla de que a figura do convertido é, nas sociedades modernas secularizadas, o suporte de um processo de individualização e de subjetivação da utopia religiosa. Tal proposição vale, antes de tudo, no caso das conversões ao cristianismo, em campo católico e também protestante. Ela se impõe, talvez, menos claramente, ao tratar-se do judaísmo em que o percurso do convertido é visto mais como a escolha voluntária e racional de um indivíduo que opta por uma pertença comunitária do que como testemunho de uma eleição divina, ou quando se tratar das adesões ao islã, nas quais a regeneração pessoal decorre inteiramente do ingresso em uma comunidade que vive segundo os mandamentos religiosos. Mas, em todos os casos, o avanço da secularização reforça paradoxalmente a significação exemplar da conversão. Se, como dizia Durkheim, "Deus governa o mundo cada vez 'de mais do alto e de sempre mais de longe'"[27], é a metamorfose religiosa do indivíduo que constitui a demonstração última de sua presença no mundo. Quanto mais recua a perspectiva de que a mensagem religiosa se cumpra em campo social, mais o cumprimento histórico da promessa religiosa parece distanciar-se e mais se impõe a figura compensadora do indivíduo regenerado que testemunha pessoalmente o poder de transformação ligado a essa mensagem. A "figura do convertido" condensa, no registro da adesão e da implicação individual, o ideal de uma totalização religiosa da experiência humana que, no plano social, não faz mais nem sentido nem, *a fortiori*, norma. Ela funciona, neste sentido, como uma transposição individualizada de uma utopia religiosa esvaziada de seu potencial de mudança social.

O convertido, figura exemplar do crente

Não é surpreendente, então, que a figura do convertido tenda, do lado das instituições religiosas, a impor-se como a figura-mode-

---

27. DURKHEIM, E. *De la division du travail social*. 4. ed. Paris: Alcan, 1922, p. 143-144.

lo do crente. Na medida em que o contexto da secularização corrói as formas conformistas da participação religiosa, já desqualificadas pela valorização moderna da autonomia individual, a conversão é associada mais estreitamente do que nunca à ideia de uma intensidade de engajamento religioso que confirma a autenticidade da escolha pessoal do indivíduo. Converter-se é, em princípio, abraçar uma identidade religiosa em sua integralidade. Se o desenvolvimento contemporâneo das conversões está em relação direta com o aumento geral de uma religião de voluntários, emancipados das exigências de uma religião de obrigações, ele envolve também esses últimos no caminho de uma radicalidade religiosa que a própria trajetória da conversão supõe implicar. Deste ponto de vista, as instituições religiosas não se contentam, por valorizarem a figura do convertido, em tomar ato do fato de que a pertença religiosa não constitui mais, nas sociedades modernas, uma dimensão "normal" e imperativa da identidade individual. Elas pretendem, ao mesmo tempo, promover o regime intensivo da vida religiosa que aparece como a única maneira que têm de resistir à maré continuamente em ascensão da indiferença religiosa.

Isto não significa que os postulantes à conversão sejam, necessariamente, acolhidos de braços abertos! Esse fato é particularmente claro no judaísmo, onde a relação existente entre a filiação e a pertença religiosa rejeita, em princípio, todo interesse proselitista. Embora as diferentes correntes do judaísmo tenham desenvolvido concepções substancialmente divergentes da pertença judaica e definido, ao mesmo tempo, critérios diferentes de apreciação da legitimidade da demanda de conversão[28], o acesso ao prosélito é, de qualquer forma, minuciosamente codificado. O dispositi-

---

28. TANK, S. *Une double alliance* – Préliminaires à une sociologie de la conversion: le cas du judaïsme, 1997 [Mémoire de DEA de l'École des Hautes Etudes en Sciences Sociales (sob a orientação de D. Hervieu-Léger)]. Cf. ATTIAS, J.C. Le prosélyte: un voyageur sans bagage? In: BENBASSA, E. (org.). *Transmission et passage en monde juif*. Paris: Publisud, 1997. • ATTIAS, J.C. Du prosélyte en monde juif – Une impossible conclusion? *De la conversion*. Paris: Le Cerf, 1997.

vo geral comporta a verificação precedente dos motivos do postulante que não deve desejar a conversão por "motivos duvidosos". Ele é, então, advertido do "peso que o fardo da Torá representa". O ensinamento ao qual ele deverá se submeter é inseparável das práticas previstas na Lei. Se o interessado persevera depois de ter sido, em princípio, repelido três vezes pela autoridade rabínica, então ele é admitido ao ritual propriamente dito que o incorpora ao povo eleito (circuncisão, banho ritual). O processo dura vários meses e, às vezes, até anos. Esse longo caminho marca claramente que o candidato a entrar no povo eleito deve carregar plenamente a responsabilidade de uma integração que ele pede por sua própria conta e que não tem, como tal, valor de testemunho edificante. Se o "convertido do exterior" se torna judeu por sua conta e risco, o "convertido do interior", judeu de nascimento que abraça a integridade da Lei depois de ter-se mantido por muito tempo distante de suas exigências, ao contrário, se investe fortemente, aos olhos da instituição judaica e das próprias comunidades, do ideal de uma vida judaica autêntica. A figura do "ba'al tshuva" é ainda mais valorizada já que esse ideal tende a diluir-se em meio ao avanço da secularização, da assimilação cultural e social das populações judaicas e da multiplicação dos casamentos mistos. Redescoberta a partir de fenômenos de reforço da identidade judaica, esforço esse característico de alguns quarteirões[29], a prevalência da ortodoxia religiosa que acompanha uma construção comunitária da identidade judaica se alimenta simbolicamente da figura do "crente perfeito" que supostamente encarna aquele que retorna à tradição e particularmente ao *kosher**.

Pode-se esperar que o cristianismo, que vê no convertido uma testemunha da ação divina e conta com o apoio de seu testemunho na ação evangelizadora, tenha, com relação aos candidatos à conversão, uma atitude mais acolhedora. As Igrejas deveriam até, logica-

---

29. NIZARD, S. Op. cit.
* O conjunto de normas alimentares judaicas [N.T.].

mente, empenhar-se em provocar conversões para realizar sua missão salvífica, como o fazem, com formidável eficácia, as correntes evangélicas e neopentecostais pelo mundo inteiro[30]. O quadro das conversões contemporâneas ao catolicismo na França oferece, no entanto, observações bem diferentes. Os relatos dos convertidos expressam, geralmente, reticências ou a surpresa que, inicialmente, causou seu pedido nas comunidades de "velhos cristãos" aos quais eles se dirigiram. De fato, com exceção de algumas correntes carismáticas que recorrem a técnicas de proselitismo direto (pregação na rua, testemunhos públicos, etc.), geralmente trazidos da tradição pentecostal, a instituição manifesta, de maneira geral, uma grande discrição em suas práticas de recrutamento fora do canteiro de sua jurisdição "natural". Esta discrição se explica ao mesmo tempo pelo temor, enraizado em sua experiência histórica, de reativar a imagem agressiva de uma instituição católica ocupada em conquistar as consciências e, com essa questão, ela mesma ligada às transformações do regime da verdade em um universo religioso agora tomado pela cultura moderna da autonomia individual, de toda prática pastoral de "captação" de indivíduos. A partir do momento em que a ideia se impõe, inclusive entre os padres e os leigos mais integrados, de que cada um "descobre" seu caminho espiritual e que todos (incluindo o humanismo ateu) possuem sua parte de verdade sem que ninguém possa pretender, hoje, ter a exclusividade do sentido, a conversão dos não católicos ou dos "sem-religião" pode dificilmente constituir um objetivo mobilizador. Mais exatamente, a problemática da "missão" não cessou de se deslocar, desde cerca de meio século, da conquista direta das almas para o testemunho ético supostamente capaz de dar crédito, em um mundo "distante da religião", ao poder da mensagem evangélica. Durante muitíssimos anos, a Igreja empregou-se em justificar teologicamente uma estratégia de "aterramento", fundada na imersão dos cristãos "missionários" em um universo secular

---

30. Cf. *Archives de Sciences Sociales des Religions*: Approches comparées des pentecôtismes, n. 105, mar./1999.

que eles deveriam transformar silenciosamente garantindo a presença dos valores cristãos. A atual renovação de uma política de visibilidade, particularmente sensível nos grandes congressos hoje em voga, corresponde menos a um retorno de fato a práticas proselitistas e mais à necessidade de confortar, *ad intra*, a identidade de uma comunidade que se percebe, ela mesma, como uma minoria. Nesse contexto de fragilidade identitária, onde o aumento da demanda de conversão dos "sem-religião" caminha em sentido inverso ao da tendência pesada de diminuição do número de batismos e de inscrições das crianças ao catecismo, a figura do convertido não permite absolutamente prever o triunfo último da verdade católica sobre a indiferença e o erro. Mas permite construir uma representação renovada de uma Igreja aberta, que se apresenta como "comunidade catecumenal ampliada", não somente para o número – modesto – daqueles que pedem para ser contados entre os fiéis, mas sobretudo para seu público "natural", muito mais numeroso, que não assume sua pertença formal como uma identidade escolhida pessoalmente. É completamente significativo, desse ponto de vista, que as comunidades chamadas "novas" se tenham dedicado ativamente a esse desafio catecumenal definindo-se a si mesmas como locais privilegiados de "retomada do caminho"[31]. Esse posicionamento catecumenal as distingue, claramente, das formas clássicas de reunião paroquial que se dirigem antes de tudo aos católicos de nascimento. Garante-lhes, outrossim, uma independência, ao menos em relação ao quadro territorial do exercício da autoridade episcopal, e lhes permite, ao mesmo tempo, legitimar esta tomada de distância de maneira quase imprevisível invocando o privilégio acordado, pela tradição da Igreja, às ovelhas mais distantes ou as mais desviadas...

---

31. Cf. Entre essas novas comunidades, o movimento denominado Neocatecumenal ou Caminho Neocatecumenal, fundado em 1965 em Madri, é o mais forte dessa tendência. Munido de 10 mil comunidades implantadas em 90 países, ele contava 250 mil membros em 1995. Levou 50 mil jovens peregrinos à Jornada Mundial da Juventude em Paris, em agosto de 1997.

Do ponto de vista sociológico, a questão catecumenal cristaliza, de maneira mais geral, uma mutação da sociabilidade religiosa. A adesão dos voluntários, pessoal e conscientemente engajados, tende a assentar-se na integração "natural" das gerações sucessivas dentro da Igreja. A instituição acompanha, dando a base teológica, um processo que é, de fato, cobrado dela. A prática, em vigor desde o Concílio, que consistia em exigir garantias de sua implicação pessoal aos pais que pediam o batismo para os filhos e, mais geralmente, a todos os indivíduos que pretendiam receber os serviços sacramentais da instituição, pode ser entendida claramente dentro dessa linha. E é exatamente por isso que esta prática ainda hoje é objeto de vivos debates dentro do catolicismo. As práticas de acolhimento dos convertidos, postas em marcha na França através do Serviço Nacional do Catecumenato executado localmente por suas antenas diocesanas, devem ser consideradas à luz desta tendência. Formalmente, esse serviço se apresenta como um dispositivo estruturado de "adequação" dos pedidos, necessário à integração completa dos requerentes na comunidade. A Igreja quer, com efeito, que o candidato à conversão tenha uma preparação catecumenal que dure, em geral, pelo menos dois anos. Esta preparação comporta, após o tempo do primeiro contato, sete etapas ritualmente demarcadas: desde o momento do chamado "ingresso na Igreja" em que o postulante e a instituição (representada pela assembleia local) oficializam juntos o pedido do primeiro até a recepção por parte dele dos sacramentos da iniciação cristã (batismo, eucaristia e confirmação), em geral impostos no mesmo movimento. Entre os dois, o candidato recebe uma formação catequética e litúrgica, ao mesmo tempo que uma primeira socialização eclesial assegurada pela comunidade catecumenal à qual ele está incorporado. Mas ao mesmo tempo que este percurso garante uma adequação do candidato às exigências da instituição, ele também o constitui, para a comunidade que o acolhe e para a instituição em geral, como um "crente exemplar": aquele que escolheu sua fé e responde a ela pessoalmente diante da comunidade. O fato de conferir ao convertido de uma só vez os sacramentos da iniciação cristã é, nesta perspectiva, muito mais do que uma espécie de procedimento de enlaçamento previsto para permitir ao neófito juntar-se rapidamente às tropas dos cristãos de nascença. O fato faz dele a referência de uma pastoral de iniciação que se dirige potencialmente ao conjunto de "velhos cristãos". A importância e o cuidado postos na maioria das dioceses à preparação da confirmação dos adolescentes e dos jovens demonstram esse mesmo movimento[32]. O batismo das crianças continua sendo, para a Igreja, a regra ordinária e comum. Mas é uma prática decepcionante para os padres e os leigos voluntários quando os pais resistem ou se aceitam sem grande ânimo e sem convicção o pedido de um envolvimento pessoal feito a eles, através das sessões de preparação para o batismo. Esta decepção, correntemente expressa pelos interessados, cristaliza a contradição entre o cuidado da instituição de incorporar o maior número possível de fiéis cuja participação religiosa será solicitada logo em seguida, e o imperativo da conversão pessoal que corresponde a um tempo à cultura moderna da adesão "escolhida" a uma confissão religiosa em uma sociedade secularizada. A figura do convertido batizado sob pedido seu em idade adulta permite sublimar esta contradição manifestando de maneira espetacular o sentido autêntico do sacramento que o torna membro da instituição. A solenidade litúrgica dos batismos dos adultos restitui às diferentes etapas da iniciação seu pleno alcance simbólico, "compactado" e eufemizado no ritual ordinário do batismo das crianças pequenas[33]. Recebido com circunspeção por ocasião da primeira abordagem da instituição, o convertido é simbolicamente constituído, durante o

---

[32]. O aumento das Confirmações na Igreja da Inglaterra traduz um movimento muito paralelo àquele dos batismos de adultos no catolicismo francês. Em 1996, 43 mil pessoas foram confirmadas, das quais 17 mil homens (39%) e 26 mil mulheres (61%). Esta repartição por sexos também é a mesma dos catecúmenos franceses (2/3 de mulheres, 1/3 de homens), dos quais 80% têm entre 20 e 40 anos (estatísticas: pesquisa do Service National du Catéchuménat, 1996).

[33]. Um rito litúrgico de acolhida na Igreja marca a entrada no processo catecumenal. O ritual do batismo acontece muitas vezes na noite de Páscoa. Ele é precedido pelo rito litúrgico do apelo decisivo (na missa do 1º domingo da Quaresma) e dos três "escrutínios" (ou exorcismos penitenciais) nos 3º, 4º e 5º domingos da Quaresma.

percurso iniciático que lhe é imposto, como aquele que encarna os significados partilhados de uma comunidade cujo agrupamento resulta da vontade dos indivíduos que se reconhecem nela. Atesta, ao mesmo tempo, que a figura da Igreja como "comunidade natural" definitivamente aconteceu.

Desta transformação fundamental, que envolve a própria natureza da instituição religiosa, a JMJ parisiense de agosto de 1997 ofereceu uma ilustração interessante. Contrariamente ao que tinha acontecido nos encontros precedentes em Compostela, Czestochowa ou Denver, a vigília dos jovens em torno do papa no sábado à noite em Longchamp não tomou a forma habitual de um "intercâmbio dialogal" entre os peregrinos e o soberano pontífice. Por iniciativa do arcebispo de Paris, que teve que defender com vigor uma ideia, não teve – tanto assim precisava ter – o assentimento imediato de Roma, a noite de Longchamp foi transformada em uma vigília batismal, organizada em torno do batismo e da confirmação de oito jovens adultos de diferentes continentes. Convidados a identificar-se com esse grupo de catecúmenos que encarnavam a própria diversidade da multidão presente, os peregrinos foram, eles também, pela força da imposição simbólica de uma manifestação litúrgica sem comparação, constituídos em uma assembleia de convertidos. Nesse estágio da peregrinação, jovens de afiliação religiosa flexível ou indefinida tinham-se unido aos batalhões dos primeiros peregrinos oriundos dos movimentos e paróquias católicas: a cerimônia batismal de Longchamp desfez a diversidade dos participantes e das participações transformando a multidão em uma assembleia de indivíduos em vias de conversão. Ao mesmo tempo, ela transformava a emoção coletiva acumulada no local em uma manifestação de massa da continuidade da linhagem crente significada, da maneira mais explícita, pelo carrossel de imensas faixas trazendo as invocações da litania dos santos em meio à multidão de peregrinos. A relva de Longchamp foi, naquela noite, o local da produção de uma identidade comunitária, a partir da dinâmica emocional de uma reunião de indivíduos autenticados como convertidos pelo batismo de alguns.

5 | As comunidades sob o regime do individualismo religioso

Individualismo religioso e individualismo moderno

As duas figuras típicas do "peregrino" e do "convertido" nos permitem descrever a cena religiosa contemporânea como uma cena em movimento. Elas também têm a capacidade de destacar que é o indivíduo que, na verdade, está no centro. Todas as pesquisas o confirmam, com efeito. A paisagem religiosa da modernidade é caracterizada por um movimento irresistível de individualização e de subjetivação das crenças e das práticas. "A modernidade religiosa é o individualismo": esta proposição, declinada ao infinito a partir das observações feitas em todas as sociedades ocidentais, constitui, hoje, o *leitmotiv* da reflexão sociológica a respeito do religioso. Mas a fórmula se presta também à confusão, pois ela parece sugerir que o individualismo religioso se impõe como uma realidade absolutamente nova, com a modernidade. Na verdade, pode-se falar de individualização do religioso desde quando intervém a diferenciação entre uma religião ritual, que requer unicamente dos fiéis a observância minuciosa das práticas prescritas, e uma religião da interioridade que implica, sob o modo místico ou ético, a apropriação pessoal das verdades religiosas por parte de cada crente. Em todas as grandes religiões, essa diferenciação se manifestou, sob formas diversas, bem antes da emergência da Modernidade. A história da mística cristã pode ser inteiramente lida, deste ponto de vista, como uma história da construção do sujeito religioso. História eminentemente paradoxal, pois a busca da união com Deus passa, na perspectiva mística, por um trabalho de despojamento de si mesmo, por um esvaziamento das paixões, interesses, pensamentos, sentimentos e representações nos quais repousa a singularidade do indivíduo. Contudo, o despojamento que separa o indivíduo das determinações singulares de sua vida constitui, para quem percorre esse caminho, uma via de acesso a si mesmo. Ele abre, na verdade, a mais alta consciência possível de si mesmo: aquela que procede, precisamente, de uma experiência de união com o Um. Desde o século III, Plotino, cuja experiência impregnada de influências neoplatônicas orientou de maneira decisiva toda a tradição da espiritualidade cristã, expressou muito bem esse movimento de "afirmação negativa" do sujeito que crê: "Muitas vezes – escreve ele – eu me percebo a mim mesmo separando-me de meu corpo, eu vejo uma Beleza tão maravilhosa quanto é possível. Estou convencido sobretudo de que possuo um destino superior; minha ação está no mais alto grau da vida; estou unido ao ser divino". De um lado, portanto, a via mística, desenvolvida ao longo dos séculos da história cristã, constitui um caminho extremo de individualização da experiência religiosa, reservado – de fato – a um pequeno número de virtuosos, portadores, como diria Max Weber, de um "carisma místico". De outro lado, é através da "atuação racional e metódica" da vida do indivíduo[1] que a via ética o constitui como sujeito crente. No cristianismo, foi o calvinismo que impeliu mais longe essa lógica ética da individualização religiosa, desenvolvendo a idéia de que cada um deve encontrar, em todos os aspectos de sua vida cotidiana no mundo e particularmente em sua vida profissional, a confirmação de que ele está pessoalmente salvo. Na ausência de toda mediação entre ele mesmo e Deus, o crente se encontra assim confrontado, de modo radicalmente individual, à questão de sua própria salvação.

---

1. WEBER, M. *Sociologie des religions*. Paris: Gallimard, 1996, p. 431.

Que vínculo esse individualismo religioso, de tipo místico ou ético, estabelece com a Modernidade? Desnecessário insistir longamente na tese weberiana clássica que acentuou a afinidade eletiva construída entre a ética individualista e intramundana do puritanismo e o espírito da modernidade econômica capitalista em estado nascente. Mas seria abusivo deduzir a partir daí que a trajetória cristã da individualização religiosa, que encontra sua forma mais radical em Calvino, anuncie diretamente a emergência do individualismo moderno. Estabelecer uma continuidade infalível entre o individualismo religioso de molde místico ou ético e a concepção moderna do indivíduo é tão absurdo quanto o ponto de vista inverso, que consiste em fazer do individualismo religioso uma conquista recente da Modernidade. Pois esse se separa do individualismo moderno, cuja origem se encontra no reconhecimento da autonomia do sujeito sob, ao menos, dois pontos de vista: por um lado, ele constitui o indivíduo no movimento próprio pelo qual este se desprende de si mesmo para se entregar a Deus; por outro lado, ele desvaloriza totalmente as realidades mundanas que obstaculizam esta união com o divino. Essa dupla função não caracteriza apenas uma concepção extramundana da mística e da ética, tal como a tradição católica a desenvolveu. Ela está presente também em uma concepção intramundana da ética que faz preponderar a Reforma. É por esta razão que o teólogo e sociólogo alemão Ernst Troeltsch reagiu de maneira crítica à ideia sempre repetida de que o individualismo religioso de orientação intramundana oriundo da Reforma teria preparado diretamente e enunciado a emergência da concepção moderna do indivíduo, e aberto assim o caminho para o advento da democracia. Troeltsch insiste, obviamente, no fato de que a valorização luterana do trabalho no mundo permitiu o desenvolvimento de uma ética religiosa funcional em relação ao desenvolvimento do capitalismo. Mas acentua, ao mesmo tempo, que este se encontra, ele próprio, em contradição com a ética moderna que reconhece e engrandece a autonomia das realidades mundanas. Lutero se situa ainda na perspectiva neoplatônica de uma desvalorização das realidades mundanas. De maneira ainda mais nítida, Troeltsch recusa a ideia de que, desenvolvendo sua doutrina da predestinação e levando a termo a lógica da *gratia sola*, Calvino tenha lançado o fermento do processo moderno da individualização. Pois, para Calvino, a criatura eleita também não é, nem por isso, valorizada. Salva por pura graça, nem por isso ela tem sentido fora do serviço do Reino. Se o crente se envolve intensamente nas tarefas mundanas, ele o faz exclusivamente para a glória de Deus e porque esse mundo é, ele mesmo, desejado por Deus. Mas esta ação é, enquanto tal, insignificante. Ela não permite ao indivíduo garantir sua salvação e não valoriza a realização pessoal que ela oferece ao indivíduo. O individualismo calvinista nega a autonomia do indivíduo e permanece, sob esse ponto de vista, em contradição com o individualismo racionalista e positivo oriundo das Luzes. "Calvino – escreve Troeltsch nas *Soziallehren* – não admite a liberdade do homem. Ela está excluída de seu sistema teológico e de seu sistema social. O Reino de Deus não se propõe à livre aceitação do homem; ele se define pela persuasão, sem dúvida, mas também pela repressão de toda rebelião, pela exigência [...]. Para ele, a honra de Deus é garantida quando o homem se curva diante da sua Lei em uma atitude de submissão livre ou forçada". Esta exigência da obediência se opõe fundamentalmente à concepção moderna do indivíduo autônomo. Ela também distingue o calvinismo das seitas puritanas, na medida em que estas requerem de seus membros uma adesão livre e voluntária à comunidade. De fato, se existe "modernidade protestante", é principalmente no seio destas correntes neocalvinistas pietistas e puritanas que Troeltsch a localiza. Em boa parte, ela procede dos conflitos políticos que levaram essas comunidades a reivindicar a liberdade de consciência, a promover uma organização comunitária fundada sobre a livre vontade de cada um e a afirmar sua independência generalizando a prática da eleição dos pastores. Em reação à tutela das igrejas e seu formalismo ritual, tais comunidades radicalizaram a problemática luterana da interiorização ética da relação com Deus. Ao mesmo tempo, elas desenvolveram um separatismo com o mundo que lhe atribuía, *de facto*, o reconhecimento de sua autonomia. A espiritualidade sectária da Reforma radical mantém, deste ponto de vista, afinidades eletivas positivas com o individualismo moderno. Mas a espiritualidade luterana e calvinista permanece inserida, no essencial, em uma lógica de afirmação negativa do indivíduo, característica do individualismo religioso pré-moderno[2].

O individualismo religioso não é mais criador da Modernidade do que a Modernidade é inventora do individualismo religioso. O que caracteriza o cenário religioso contemporâneo não é o individualismo como tal; é a absorção deste no individualismo moderno.

A mutação moderna do individualismo religioso: o caso da "nebulosa místico-esotérica"

Esta mutação moderna do individualismo não é perceptível em nenhum lugar melhor do que nesse conjunto composto de grupos e redes espirituais constituídos em torno das editoras, livrarias ou centros de estágio que formam aquilo que F. Champion chama de "nebulosa místico-esotérica". O que constitui a unidade desse conjunto é uma religiosidade inteiramente centrada no indivíduo e sua realização pessoal[3]. Esta se caracteriza inicialmente pelo primado dado, nesses grupos e redes, à experiência pessoal que cada um vivencia a sua própria maneira. Não se trata de descobrir e aderir a uma verdade existente fora de si, mas de experimentar – cada um por si – sua própria verdade. Nenhuma autoridade pode, em questão espiritual, definir qualquer ortodoxia ou ortopraxia impondo-a do exterior ao indivíduo. O objetivo buscado é o aperfeiçoamento de si, aperfeiçoamento que não diz respeito à realização moral do indivíduo, mas ao seu acesso a um estágio superior de ser. Este autoaperfeiçoamento é acessível através de práticas psicocor-

---

2. Cf. FROIDEVAUX, C. *Christianisme, politique, histoire*: christianisme et modernité selon Ernst Troeltsch, 1997 [Tese da École des Hautes Études en Sciences Sociales (sob a direção de M. Gauchet)]. A citação de Troeltsch (*Sozielheren des christichen Kirchen und Gruppen*. Tubingen: Mohr, 1912, p. 635, nota 330) é tomada em francês desta tese.
3. CHAMPION, F. Religieux flottant, éclectisme et syncrétismes. In: DELUMEAU, J. *Le fait religieux*. Paris: Fayard, 1993, p. 741-772. A descrição que segue baseia-se amplamente nesse texto.

porais que se servem de toda uma gama de técnicas oferecidas pelas grandes tradições espirituais e místicas. Mas o recurso a essas técnicas insere-se em uma visão definitivamente otimista das capacidades do homem para chegar, segundo a via que ele escolhe com toda responsabilidade, à plena realização de si mesmo.

A salvação visada por este trabalho de autoaperfeiçoamento diz respeito exclusivamente à vida aqui de baixo. Trata-se de atingir por si mesmo, da maneira mais completa possível, os objetivos que a sociedade moderna oferece como horizonte a todos: a saúde, o bem-estar, a vitalidade, a beleza. Esta concepção estritamente intramundana da salvação pertence a uma concepção monista do mundo. Ela rejeita todos os dualismos: humano/divino, natural/sobrenatural, etc. Ela questiona, ao mesmo tempo, a fragmentação dos saberes e das práticas que ressoam na ambição moderna ao progresso individual e coletivo. Tal perspectiva de reunificação espiritual da vida individual e coletiva deve garantir o reino de uma "ética de amor" que manifesta a convergência dos caminhos da verdade explorados pelos indivíduos. Ela também implica uma nova aliança com a ciência moderna. O objetivo de poder sobre a natureza que esta persegue, com efeito, vai ao encontro do objetivo de realização total das capacidades físicas e psíquicas do indivíduo que faz a busca espiritual. Daí a importância que tantos indivíduos dessas correntes atribuem às "realidades não ordinárias" (experiências fora do corpo físico, viagens a vidas anteriores, comunicação com os espíritos e com seres extraterrestres, etc.). O fato de o homem poder aceder a isso desenvolvendo suas capacidades espirituais próprias não contradiz o projeto da ciência. Ao contrário, ele o completa, pois constitui para o indivíduo uma maneira de entrar no projeto de conhecimento e de poder sobre o mundo que a ciência desenvolve por outras vias.

Se os grupos e redes da nebulosa místico-esotérica, apesar do caráter relativamente confidencial de seu desenvolvimento, ao menos na França, constituem um instrumento de análise da realidade religiosa contemporânea, isto se deve ao fato de eles levarem às últimas consequências as tendências presentes igualmente nos movimentos de renovação postos em marcha pelas religiões históricas: procura por autenticidade pessoal, importância dada à experiência, recusa dos sistemas de sentido que se apresentam com todas as respostas prontas, concepção intramundana de uma salvação entendida como autoaperfeiçoamento individual, etc. Essas diferentes tendências demonstram com bastante precisão o fenômeno de absorção do individualismo religioso no individualismo moderno, sob o signo da valorização do mundo, por um lado, e da afirmação da autonomia do sujeito crente, por outro. A "modernidade religiosa" é o produto dessa operação.

Deus próximo, Deus distante: os dois pólos da mutação

A questão que se coloca, naturalmente, é a das etapas históricas dessa mutação. Pode-se pensar que esta engrenou ao mesmo tempo em que se impunha, na sociedade, na política e na cultura, uma modernidade que se define a si mesma como a realização de uma ordem da razão, suscitando a ambição de uma conquista metódica da natureza e fundando a autonomia dos indivíduos capazes de exercer coletivamente sua soberania política. A virada cultural e política do século XVIII abre, sob esse duplo aspecto, a possibilidade da recomposição do individualismo religioso no individualismo moderno. Ele até o evoca, logicamente, na medida em que o advento da Modernidade não absorve – muito pelo contrário – todas as interrogações metafísicas e espirituais de uma humanidade confrontada com a incerteza e a finitude de sua própria condição. Seria necessário, para realizá-lo corretamente, dedicar-se particularmente ao estudo dos movimentos espirituais que precederam e acompanharam o advento do Iluminismo. Na impossibilidade de realizar aqui uma pesquisa desse gênero, vamos limitar-nos a traçar, de maneira totalmente rudimentar, o objetivo que se lhe poderia conferir.

O individualismo religioso moderno se caracteriza, como já dissemos, pela tônica que ele coloca na realização pessoal do indivíduo, mas igualmente pelo reconhecimento que dá às realidades do mundo no qual esse indivíduo se move de maneira autônoma. Podemos colocar a hipótese de que se o individualismo religioso pré-moderno cristão realizou sua mutação no individualismo moderno, é porque ele mesmo se orientou nessas duas direções: colocando Deus ao alcance do homem, por um lado, e afastando-o radicalmente da esfera das atividades humanas, por outro. O primeiro movimento deslocou a busca do despojamento de si mesmo em vista da união com o divino para a experiência afetiva da presença do divino em si. O segundo, reduzindo a plausibilidade de uma intervenção divina no mundo, liberou as potencialidades autônomas do indivíduo. Assim formulada, a hipótese parece, evidentemente, bastante abrupta. Ela deve, em todo caso, ser testada com muita precaução. Mas vários indícios permitem, se não estabelecê-la solidamente, ao menos tornar preciso o seu alcance. Poderíamos, assim, sugerir que a invenção do anjo da guarda pessoal, no final do século XV – invenção da qual J. Delumeau demonstrou a importância na história da espiritualidade católica – oferece uma primeira e sugestiva representação da atenção afetuosa de Deus para com as necessidades humanas, atenção que será progressivamente valorizada[4]. De modo mais geral, observa-se que o século XVII se caracteriza, tanto entre os católicos como entre os protestantes, pela emergência de movimentos que desenvolvem uma piedade fortemente emocional, sensível à proximidade afetiva do divino, mais do que à distância de um Deus ao qual o fiel não possa ter acesso, senão por meio de um despojamento que implica um impiedoso trabalho ascético sobre si mesmo. Será essa uma das explicações para a difusão que conheceram, no seio de um amplo público leigo, as orientações espirituais da corrente que passou a ser conhecida, desde a publicação da *História literária do sentimento religioso*, de Henri Brémond (1925), como a "Escola francesa de espiritualidade"? O fato é que esta corrente, ligada sobretudo ao "humanismo devoto", inspirado em São

---

[4]. DELUMEAU, J. *Rassurer et protéger* – Le sentiment de sécurité dans l'Occident d'autrefois. Paris: Fayard, 1989.

Francisco de Sales, contribuiu para propagar uma espiritualidade mais doce e mais humana do que a mística heróica dos grandes espirituais espanhóis a que ela pode ser vinculada. Uma espiritualidade, em todo caso, que situa o fiel, não no esforço desvairado para acabar com os condicionamentos de sua existência, mas em uma contemplação tranquila do Cristo "em cada um dos 'aspectos' de sua humanidade". De maneira mais genérica, as diferentes correntes de espiritualidade que proliferam na França no século XVII visam menos à extinção do indivíduo em Deus do que o acesso, pela meditação e a oração, ao sentimento simples da presença divina. Esta forma pacífica de contemplação requer a disponibilidade interior, o "recolhimento amoroso", uma "amorosa, simples e permanente atenção às coisas divinas", mas não exige necessariamente um esforço ascético obrigatório. Ao propor uma via espiritual centrada na presença divina interior, pacificadora e satisfatória de Deus, os místicos franceses abrem-na ao mesmo tempo – ao menos potencialmente – a um grande número de fiéis. Trata-se de se manter simplesmente diante de Deus, de "regozijar-se e habituar-se a sua divina companhia, falando humildemente e entretendo-se amorosamente com ele todo o tempo, em todo momento, sem regra nem medida"[5]. Tal orientação não se reservou a pessoas virtuosas com vocação excepcional. Dessa forma, embora ela permaneça ainda inserida na problemática mística de um aniquilamento em Deus que se realiza na renúncia ao desejo e ao temor, ela traça a via possível de uma espiritualidade "fácil"[6], acessível, positiva, na qual o indivíduo pode encontrar um caminho pessoal de realização. Ela

---

5. A notável síntese realizada por J.-P. Jossua (*Seul avec Dieu* – L'aventure mystique. Paris: Gallimard, 1997) evidencia esse percurso especialmente bem. As citações de São Francisco de Sales e do frei carmelita Laurent de la Résurrection (como, acima, também a de Plotino) foram tomadas dele.

6. Esta "facilidade" cristalizou a hostilidade violenta dos oponentes do "quietismo", que pretenderia encorajar um abandono passivo à vontade divina e uma concepção também inteiramente passiva da oração. A controvérsia do quietismo culminou na inserção, em 1689, do livro de J. Guyon *Le moyen court et très facile de faire oraison* (O modo curto e muito fácil de fazer oração).

anuncia um "Deus-amigo", um Deus "próximo do coração", atencioso às necessidades humanas e que se abre à comunicação íntima com ele, imagem que a espiritualidade dos séculos XIX e XX irá declinar mais tarde de maneiras diversas.

A insistência que a espiritualidade católica do século XVII coloca sobre a presença sensível de Deus e sobre a experiência afetiva que o crente pode ter sugere uma proximidade com a redescoberta da experiência emocional como fonte viva da fé perseguida pelo movimento pietista, no contexto protestante alemão do século XVII. Recusando simultaneamente o formalismo das construções dogmáticas e a frieza de uma rotina cristã rotinizada, o movimento se liga à criação das "comunidades de despertados" e a publicação, de Jacob Spener, dos *Pia desideria, ou desejo sincero de um aperfeiçoamento da verdadeira vida evangélica* (1675). Ele prospecta uma piedade interior e valoriza poderosamente a dimensão afetiva da experiência espiritual pessoal. Esta orientação dominará a teoria protestante europeia e norte-americana até meados do século XVIII e suscitará, além de uma renovação profunda da vida das igrejas, a multiplicação das iniciativas protestantes no âmbito médico, pedagógico, social e artístico[7]. A aproximação com a espiritualidade francesa do século XVII parece ainda mais justificada, dado que o pietismo se caracteriza também pelo esforço de vivificação da fé do povo cristão, e não apenas pela exploração de um caminho de virtuosidade religiosa reservado a uns poucos. De maneira mais geral, pode-se perguntar se as efervescências espirituais rituais dos séculos XVII-XVIII não podem ser colocadas em relação, de modo mais ou menos direto, com a emergência inicial de um individualismo moderno que valoriza a realização psicológica do indivíduo. Algumas correspondências notáveis entre uma problemática espiritual do repouso e da unificação de si mesmo em Deus e as reflexões que o século XVII viu florescer sobre a nature-

---

7. Cf. SCHRADER, H.J. Artigo Piétisme. In: *Encyclopédie du Protestantisme*. Paris: Le Cerf/Labor et Fides, 1995, p. 1.156.

za da bondade oferecida ao homem na terra justificam, de certa maneira, esta interrogação[8]. A "apatia feliz" que resulta, segundo Marmontel, do silêncio das paixões, no equilíbrio e no repouso, ou ainda a concepção de Rousseau da felicidade como "aproximação de si mesmo[9]" que coexiste, no autor das *Rêveries* ("devaneios"), com a busca da intensidade e da exaltação associada a uma extrema acuidade da consciência que solicitam essa aproximação. O Rousseau de *La Profession de foi du vicaire savoyard* não invoca, além do mais, um Deus "de coração sensível"? A literatura que, no século XVIII, faz do coração e dos sentimentos o meio de aceder à verdade (e simultaneamente à autorrealização) faz eco, sob certos aspectos, às correntes espirituais que transformam a experiência afetiva em momento por excelência do encontro com o divino. A centralidade atribuída pelo pietismo ao indivíduo e aos seus afetos, o lugar dado à introspecção, lugar que se manifesta na importância das correspondências e dos diários íntimos deixaram, ademais, uma marca profunda na inspiração literária pré-romântica e romântica alemã. Se devemos lidar com essas correspondências e influências com prudência podemos, pelo menos, nos perguntar se uma problemática diversificada da realização espiritual pessoal não procura seu caminho nessas diferentes correntes, para além da problemática mística pré-moderna do aniquilamento do indivíduo em Deus.

Diante do movimento que traça um Deus próximo e amical, a cultura das Luzes aparece marcada por uma tendência totalmente contrária empurrando Deus para um céu distante e deixando-o por lá. Esta espiritualidade da distância divina se dilata, de maneira mais explícita, nas diferentes correntes do deísmo. Oriunda do além-Mancha, no seio da Igreja Anglicana e das Igrejas Protestantes não conformistas, ela teve seu melhor apóstolo em Voltaire, do qual A. Dupront evidenciou admiravelmente o esforço por promo-

---

[8]. Cf. MAUZI, R. *L'idée du bonheur dans la littérature et la pensée françaises au XVIII siècle*. Paris: Albin Michel, 1994 [1ª ed., Armand Colin, 1979].
[9]. Ibid., p. 120.

ver uma religião sem igreja, capaz de superar as particularidades das diferentes revelações: uma religião enraizada em uma religião natural que é a religião universal da humanidade[10]. Esta verdadeira religião, segundo Voltaire, é a "adoração do Ser supremo, sem nenhum dogma metafísico". Deus é a potência da unidade e da eternidade do universo, um Deus que reina através de leis gerais que governam a natureza, um Deus geômetra que "estabeleceu todas as coisas com ordem, peso e medida", mas que não intervém em nada na vida dos homens. Voltaire aceita a ideia de um Deus criador e pai. Por outro lado, ele recusa qualquer ideia de um Deus encarnado, que interage com os seres humanos e com quem se possa ter uma relação pessoal. Deus somente está presente na vida dos homens na medida em que é o fundamento de uma comunidade emocional: a que une os indivíduos na fraternidade universal. "Por religião natural, diz Voltaire, eu entendo os princípios morais comuns ao gênero humano". Essa fórmula resume, sempre de acordo com Dupront, "o movimento que, pelo universal, reduz o natural à moral". É um movimento laico de dessacralização religiosa, "onde o deísmo, se não é uma moral laica, é uma religiosidade com a necessidade de uma ética coletiva". O interessante de demorar-se na análise da religião de Voltaire, do ponto de vista de suas relações entre modernidade e espiritualidade, está em ver que ela dá a forma mais explícita a um movimento bem mais amplo, que se desenvolveu antes e depois dele. O deísmo do século XVIII é portador de uma crítica radical a um cristianismo clerical ao qual reprova, ao mesmo tempo, a manutenção de um sagrado mítico, fonte de "preconceitos" e de superstições, e de ignorar, absolutizando a revelação à qual se refere, a existência de uma religião universal através do espaço e do tempo, religião comum a todos os homens e presente na diversidade das religiões históricas[11]. O deísmo inglês,

---

10. DUPRONT, A. *Qu'est-ce-que les Lumières?* Paris: Folio, 1996, p. 137-230.
11. A construção deísta de Voltaire é inseparável de seu interesse pela história das religiões, na qual ele encontra a evidência de um substrato religioso comum, presente por trás da diversidade das religiões históricas.

o misticismo intelectual de Espinosa, a concepção maçônica do grande arquiteto do universo que se difundiu no século XVIII em toda a Europa esclarecida, cada um desses à sua maneira desenvolve essa temática. O movimento deísta das Luzes procede de uma crítica da religião tradicional, mas conserva a referência a Deus e busca estabelecer-se, ao longo de todo o século, como uma religião positiva. No deísmo, Deus está presente, mas sem comunicação com o ser humano. Esta é a última etapa, segundo A. Dupront, de uma evolução religiosa constituída de três delas. A primeira corresponde à cristandade medieval, na qual "sobrenatural e natureza são coparticipantes de Deus", em que a salvação é comum e passa ao mesmo tempo por vias naturais e escatológicas. A Reforma abre uma segunda etapa, a da separação, ou, ao menos, da distinção crescente entre Deus e os homens: é a religião do *Deus solus*, comprometido com uma comunicação individual com cada crente. "A terceira etapa é o nosso tempo: entre os dois mundos, de Deus e do homem, há uma silenciosa coexistência". Assim, o deísmo conquista seu lugar nas experiências religiosas do Ocidente moderno, como "o testemunho do esgotamento de uma religião tradicional de salvação comum e também o do temor de uma sociedade em admitir todas as consequências de uma religião de salvação unicamente individual"[12]. Ele marca, dito de outra forma, a transição entre o universo da religião tradicional e o da modernidade religiosa.

Resumamo-nos. A espiritualidade das Luzes estabeleceu-se entre dois polos que se podem definir, idealmente, um pela descoberta da proximidade íntima e amical do ser humano com um Deus conhecível através do coração, e o outro, pelo estabelecimento de uma coexistência que garante ao ser humano a possibilidade de afirmar sua autonomia. Do primeiro dependem as correntes espirituais cristãs do século XVII, mas também o hassidismo judaico que prospera no século XVIII na Polônia, opondo à frieza intelectualista do judaísmo rabínico uma piedade emocional, alegre e en-

---

12. DUPRONT, A. Op. cit., p. 210-211.

tusiasta, fortemente marcada por influências cabalistas. O deísmo, nessas diferentes variantes, tem grande afinidade com o segundo pólo. Deus próximo, de um lado; Deus distante, do outro. A proximidade de um Deus com quem a comunicação é possível, fácil e afetivamente gratificante o torna mais e mais operador da satisfação pessoal do indivíduo. O distanciamento de um Deus que se pode adorar à distância e do qual não se espera que possa interferir na vida dos seres humanos assegura a plena autonomia mundana às atividades humanas. Essas duas configurações espirituais se estabelecem na junção do mundo religioso tradicional, governado pela autoridade heterônima da Revelação, com o mundo moderno, onde se impõe a autonomia do indivíduo. Ao mesmo tempo em que se acentua a distância desses dois mundos, a densidade dos conteúdos espirituais trazida por cada pólo tende progressivamente a diminuir. O deísmo, confrontado com a racionalidade do pensamento científico moderno, empalidece rapidamente; a mística católica, bem como o pietismo, marcam, ao longo de todo o século XVIII um declínio que contrasta com as efervescências espirituais do século precedente. Durante todo o percurso, os dois movimentos, aparentemente contraditórios, revelam que são, na verdade, inseparáveis um do outro e se reforçam mutuamente. A interiorização afetiva da presença do divino em si permite enfrentar a experiência de um mundo em que Deus já não age mais e acentua, ao mesmo tempo, essa experiência do vazio que marca a entrada na Modernidade[13]. As duas representações em tensão – a do Deus íntimo e a do Deus distante – constituem *juntas* a figura de transição a partir da qual o individualismo religioso pôde se integrar na cultura do Ocidente. Se o movimento da "intimização" da relação com Deus é levado a todas as suas consequências, ele não deixa

---

13. A trajetória do jansenismo no século XVIII, de que C. Maire tornou conhecidas todas as características, constitui, em um sentido, por meio dos desvarios convulsivos induzidos pelas apropriações populares das construções teológicas figuristas, uma forma exacerbada da crise que procede desta ausência social de um Deus que somente age tomando posse do corpo dos indivíduos. Cf. *De la cause de Dieu à la cause de la Nation* – Le jansénisme au XVIII siècle. Paris: Gallimard, 1997.

mais subsistir, na verdade, mais do que uma piedade puramente interior, subjetiva e privada, cada vez menos suscetível de expressar-se numa fé comunitária partilhada, e que exclui, por isso mesmo, qualquer visão de uma presença ativa de Deus na realidade do mundo. O Deus mais próximo também é, nesse cenário, o Deus mais distante. A valorização espiritual da proximidade afetiva do divino permite justificar teologicamente o retrato de Deus em um mundo definitivamente secularizado. O reconhecimento dessa ausência constitui, a partir de então, uma atitude crente legítima[14]. Essa perspectiva tem prolongamento no filósofo italiano G. Vattimo, para quem a encarnação de Cristo funda um "cristianismo amigo" ("Já não vos chamo de servos, mas de amigos") que afasta, em princípio, todos os traços transcendentes, incompreensíveis e misteriosos do sagrado natural. A intimidade de Deus com o homem constitui, segundo Vattimo, o próprio vetor da secularização realizada pelo cristianismo[15]. Esse "cristianismo amigo" implica e suscita a revolução moderna que constitui a afirmação de um sujeito crente, capaz de se pensar a si mesmo como um parceiro igual nesta relação de amigos; capaz igualmente de atuar de maneira autônoma em um mundo que se separou da presença alienante do sagrado. Uma nova figura do individualismo religioso inaugura-se aqui: a do *individualismo religioso moderno*, que se desabrocha nas formas mais contemporâneas da religiosidade.

Religiosidade moderna e busca de poder: a busca de uma nova aliança com a ciência

O quadro das efervescências espirituais que precederam imediatamente e circunscreveram a virada das Luzes faz eco, por ainda outro viés, aos traços característicos dessa religiosidade contemporânea, identificáveis particularmente a partir das correntes multifor-

---

14. Agradeço a Pierre-Antoine Fabre por suas preciosas observações sobre essa dialética da proximidade e do distanciamento divino.
15. VATTIMO, G. *Espérer croire*. Paris: Le Seuil, 1998.

mes da nebulosa místico-esotérica. Para completar essa perspectiva, precisamos considerar um terceiro componente que encontra um prolongamento muito direto nessas correntes. Trata-se dos esoterismos místicos que testemunham, de muitas maneiras, a busca de uma prática espiritual individual que dá acesso a um conhecimento e a uma nova abordagem do mundo. Uma prática capaz também de dotar o indivíduo de um domínio das forças em operação em todos os aspectos da realidade, natural, social e psíquica, e lhe permite realizar por esse meio sua aspiração a uma sociedade melhor e mais autenticamente humana. No século XVIII, as correntes espirituais que desenvolvem essa vontade de poder demiurgo se alimentam de múltiplas fontes. A cabala judaica, que os cabalistas cristãos da Renascença e seus sucessores nas diversas escolas de teosofia difundiram por toda a Europa e em todas as camadas da sociedade, oferece-lhes recursos inesgotáveis[16]. Esse filão fecundo nos múltiplos grupos em busca de uma sabedoria primordial que recapitule o conjunto dos saberes e das tradições não é o menor entre aqueles que manifestam a continuidade, há dois séculos, entre as efervescências espirituais do Século das Luzes e da nova cultura espiritual contemporânea. A cidade de Lion antes da Revolução dá uma ideia desse húmus da fé[17]. A busca de poder associada ao desenvolvimento dos novos conhecimentos impregna, por exemplo, o *martinesismo* de Martinès de Pasqually, cujo *Tratado da reintegração dos seres* combina uma leitura teosófica do universo e uma doutrina da "emanação". A unidade divina circunscreve originalmente todas as coisas; ela se desenvolve sem cessar pela emanação (a emancipação a partir do Criador) de seres "emanados" aos quais ele dá vontade própria, quer dizer, liberdade e autonomia. A doutrina de Villermoz, derivada das teorias de Pasqually, se apresenta como uma espécie de catolicismo maçônico, que acentua simultaneamente a união das igrejas, a busca

---

16. MOPSIK, C. *Cabale et cabalistes*. Paris: Bayard, 1997, p. 235ss.
17. DUPRONT, A. Province et Lumières: l'exemple de Lyon. In: *Qu'est-ce-que les Lumières?* Paris: Folio, 1996, p. 88-136.

da comunicação com o mundo espiritual e a exigência da pureza moral. O outro discípulo de Martinès de Pasqually, Claude de Saint-Martin, fundador do grande movimento místico chamado *martinismo* constata a plena universalidade da revelação – todos os povos sem exceção receberam a palavra divina – e define a vida religiosa como uma busca individual da comunicação. Seu tratado de 1782, intitulado *Quadro natural das relações que existem entre Deus, o homem e o universo*, constrói uma teologia espiritual individualista, suscetível de satisfazer igualmente o espírito das Luzes e os impulsos pré-românticos que se revelam ao mesmo tempo. O desenvolvimento desses novos movimentos (poderíamos citar muitos outros) que proliferam na França às vésperas da Revolução faz eco à busca de uma aliança – e inclusive de uma combinação – entre a busca espiritual e o projeto de conhecimento científico e de domínio técnico do mundo que geralmente se identifica como um traço específico das correntes religiosas mais contemporâneas. A experiência espiritual é concebida como o meio e a expressão do poder que o indivíduo pode exercer sobre o mundo e sobre si mesmo, fora de qualquer engajamento em uma igreja particular. Este é um aspecto essencial da reestruturação do individualismo religioso que induz sua absorção na Modernidade.

O estudo das diversas configurações das relações entre modernidade e espiritualidade desde os séculos XVII-XVIII exigiria, repitamos, considerações bem mais profundas do que as pequenas notas de impressões aqui introduzidas. Essa menção, todavia, é indispensável para uma colocação em perspectiva sobre o desenvolvimento contemporâneo dos "novos movimentos religiosos", dos quais a sociologia muitas vezes superestima o caráter inédito. Na verdade, a especificidade desses movimentos está principalmente no fato de eles levarem às últimas consequências a lógica da incorporação da busca espiritual em uma modernidade psicológica caracterizada pela preocupação individual da autorrealização. As tendências, constantemente marcadas pelas pesquisas empíricas, à subjetivação das crenças religiosas tradicionais, à recusa das "verdades" recebidas outrora, à valorização da autenticidade do trajeto espiritual que cada um deveria percorrer de acordo com suas disposições e interesses são indicadores desse movimento, em escala mais ampla.

Individualização do crer e comunicação religiosa

A questão que se coloca, então, é a de saber quais formas de sociabilidade religiosa podem ainda existir quando se impõe, de maneira tão massiva, um individualismo religioso plenamente integrado ao individualismo moderno. Se o próprio indivíduo produz, de maneira autônoma, o dispositivo do sentido que lhe permite orientar sua vida e responder às questões últimas de sua existência, se sua experiência espiritual se condensa em uma religião íntima e puramente privada com o que ele decide ou não chamar de Deus, se esta experiência eminentemente pessoal não determina uma ação no mundo, então a pertença a uma comunidade crente se torna secundária, se não completamente inútil. Esta propensão a "crer sem pertencer" se verifica no caso em que o indivíduo dá à sua busca espiritual um sentido religioso ou, dito de outra forma, quando ele estabelece um vínculo entre sua solução crente pessoal e uma tradição crente instituída à qual ele se reporta de maneira livre. "Eu me sinto espiritualmente cristão, mas não pertenço a nenhuma igreja", "eu me sinto próximo do budismo", "eu me sinto atraído pela mística muçulmana". Para fazer valer tais preferências pessoais, hoje correntemente expressas por crentes que se posicionam com uma flexível liberdade diante delas, não é necessário unir-se a nenhum grupo religioso particular. Basta ler uma revista, frequentar uma biblioteca, seguir um programa de televisão, ou ainda – o que acontece mais e mais frequentemente – acessar esse ou aquele site na internet. Essa disjunção entre a crença e a pertença é evidentemente ainda mais nítida naqueles casos todos em que o sujeito crente reivindica poder escolher, entre essas diferentes tradições, a que melhor lhe convém. Em certo sentido, podemos imaginar que a lógica da "bricolagem da fé" torna impossível a constituição de comunidades crentes reunidas em torno de uma fé comum. Nessa hipótese-limite, a atualização comunitária de uma linhagem qualquer de fé – essa referência à continuidade de uma tradição que constitui a própria substância do vínculo religioso – tende a desaparecer. A expansão da espiritualidade moderna do indivíduo poderia até indicar, sob esse prisma, o fim da religião. Porque a particularização das buscas espirituais individuais não apenas decompõe o vínculo religioso constituído na afirmação de uma verdade partilhada por uma comunidade passada, presente ou futura. Ela impede, ao mesmo tempo, em nome de uma concepção puramente subjetiva da verdade a ser atingida, a recomposição desse vínculo, sob qualquer forma que seja.

Esta hipótese de uma "decomposição sem recomposição" foi proposta por F. Champion, a respeito de algumas correntes da nebulosa místico-esotérica contemporânea, em particular para as formas mais diluídas das redes da Nova Era. Neste primeiro caso, o vínculo social entre os adeptos se resume, na verdade, à visita episódica a fontes de informação: livrarias, centros de estágio, salões de exposição, etc. Na medida em que indivíduos se encontram aí com certa frequência e estabelecem entre si laços de afinidade mais ou menos estáveis, esses serviços à disposição se constituem em cooperativas espirituais, nas quais se trocam informações, endereços, títulos de obras, etc. As revistas que circulam nesse meio se dirigem a leitores que têm interesses espirituais convergentes, mas só excepcionalmente expressam um ponto de vista que lhes seja comum. Os laços que se nutrem por esses diferentes modos revelam afinidades espirituais mais ou menos reconhecidas pelos interessados, mas não criam uma associação "religiosa" entre eles. Com efeito, falta a referência comum a uma verdade partilhada, constitutiva de uma tradição que tenha autoridade, referência que constitua a substância mesma do vínculo social-religioso. A validação do crer permanece uma tarefa rigorosamente individual: a cada um sua verdade... Este regime puramente subjetivo da verdade pode preservar uma forma de religiosidade individual (o fato, para um indivíduo, de reconhecer sua afinidade subjetiva com essa ou aquela tradição crente), mas ele dissolve, potencialmente, toda forma de comunalização religiosa.

Esse esquema constitui evidentemente uma tendência-limite. Não se realiza concretamente senão quando se impõe um regime de *autovalidação do crer*, no qual o sujeito reconhece apenas para si mesmo a capacidade de atestar a verdade da sua crença. Tal tendência existe em algumas correntes espirituais contemporâneas, mas ela está longe de ser exclusiva. A diversificação do crer suscita igualmente um movimento totalmente contrário de proliferação comunitária. Fato que pode ser resumido da seguinte maneira: quanto mais os indivíduos "bricolam" o sistema de crenças correspondente a suas próprias necessidades, tanto mais eles aspiram a intercambiar essa experiência com outros indivíduos que partilham o mesmo tipo de aspirações espirituais. Essa contradição aparente corresponde, de fato, aos limites intrínsecos da autovalidação do crer. Para estabilizar as significações que produzem a fim de dar um sentido a sua experiência cotidiana, os indivíduos raramente podem se contentar com sua própria convicção. Eles têm necessidade de encontrar no exterior a garantia de que suas crenças são pertinentes. Durante séculos, esta confirmação lhes fora fornecida por códigos globais do sentido (sistemas religiosos ou filosóficos, ideologias políticas, etc.), garantidos pelas instituições e seu clero. Esses dispositivos da validação institucional funcionam hoje de maneira caótica. Portanto, é antes de tudo na troca mútua que os indivíduos podem esperar encontrar os meios de consolidar o universo pessoal de sentido dos quais se servem. Na ausência de tal apoio, é muito provável que as significações individualmente produzidas, supondo-se ademais que elas cheguem a constituir-se como tais, não façam sentido por muito tempo. A lógica da autovalidação do crer que marca a saída definitiva da busca espiritual fora do mundo das certezas confirmadas da religião se depara igualmente com esse limite. Observa-se que ela ativa, em proporções surpreendentes, o consumo de bens culturais (livros, filmes, revistas etc.) que sustentam a procura puramente individual de confirmações da crença. Disso dá provas o sucesso de obras do gênero espiritual, de Bobin a Paulo Coelho, o triunfo editorial dos livros de testemunhos ou de entrevistas com personalidades que a mídia denomina de atletas da busca de sentido, do Dalai Lama ao Abbé Pierre, ou ainda o *boom* da literatura esotérica que ocupa há cerca de vinte anos prateleiras inteiras em todas as livrarias. A partilha dessas leituras constitui, ainda, um dos propulsores da agregação em redes de buscadores individuais de sentido: redes fluidas, móveis, instáveis e mesmo, cada vez mais, virtuais, que constituem o grau zero, se se pode assim dizer, da comunalização espiritual. Esta, se ela permite a incorporação subjetiva e objetiva dos interessados a uma linhagem crente reconhecida como tal, é suscetível de evoluir rumo a uma forma de comunalização religiosa.

Nesse último caso, a autovalidação deixa lugar a um regime de *validação mútua do crer*, fundado sobre o testemunho pessoal, a troca de experiências individuais e, eventualmente, sobre a busca das vias de seu aprofundamento coletivo. A validação mútua não está apenas no princípio da constituição das redes móveis da nebulosa místico-esotérica. Ela invade igualmente o mundo das religiões instituídas. A paisagem atual das igrejas se caracteriza pelo desenvolvimento de grupos e redes que põem em marcha, às margens ou no centro das paróquias e dos movimentos, formas flexíveis e movediças de sociabilidade, fundadas em afinidades espirituais, sociais e culturais dos indivíduos que estão implicados nelas. Um bom exemplo disso é dado pelos grupos espirituais, católicos ou protestantes, que reúnem, de maneira geralmente informal, profissionais atuando no mesmo setor de atividade e partilhando laços de amizade, mas também uma linguagem, referências, uma bagagem cultural comum. Sua principal preocupação não é, antes de tudo, evangelizar um ambiente profissional particular, à maneira, por exemplo, dos movimentos da Ação Católica especializada. Mas é, antes, dar a cada um as condições ótimas de uma expressão de suas experiências e de suas expectativas. Quando se envolve em um grupo religioso militante, o indivíduo adere a crenças comuns e se põe a serviço dos objetivos do grupo. Quando participa dos encontros de um círculo espiritual com afinidades, o grupo lhe oferece o apoio de um dispositivo de "compreensão mútua" a serviço de cada um dos membros.

Distingue-se aqui o que separa as formas de sociabilidade religiosa correspondente ao regime da validação mútua do crer e as que se estabelecem, no interior e no exterior das grandes tradições religiosas, a partir de um regime de *validação comunitária do crer*. Nesse último caso, crentes convictos assumem certezas partilhadas em formas comuns de organização da vida cotidiana e de ação no mundo. É em um modo de vida fundado inteiramente sobre princípios religiosos que se atesta a pertinência das crenças. O modelo "militante" do "movimento", citado anteriormente, mas também o modelo "monástico" de uma vida religiosa vivida fora do mundo, implicam assim a adesão a um regime comum do crer afiançado, se se pode falar assim, pela intensidade do envolvimento individual e coletivo. A coesão comunitária testemunha, para cada um, a verdade do crer comum.

As grandes religiões fazem prevalecer, em princípio, um *regime institucional da validação do crer*, realizado por instâncias garantidoras da linhagem de fé. O tipo de organização do poder de cada tradição varia. Mas, em todos os casos, autoridades religiosas reconhecidas (padres, rabinos, irmãs, etc.) definem as regras que são, para os indivíduos, os sinais estáveis da conformidade da crença e da prática. Não se exclui, entretanto, que, no interior de uma determinada instituição, se diferenciem os regimes de validação comunitária do crer correspondente ao desejo dos grupos particulares de viver sua fé de maneira intensa. Comunidades unem, assim, de maneira mais estreita, uma interpretação comum da relação com o mundo e do modo de vida decorrente da posse da verdade. As congregações e ordens religiosas, os movimentos, as confrarias, os grupos de devoção, as comunidades chamadas "novas" elaboram seu próprio regime de validação no interior de um regime geral de validação institucional. Esta reivindicação não é isenta de frequentes conflitos com as autoridades encarregadas da regulação da vida religiosa ordinária: a história dos fundadores de ordens religiosas traz particulares indícios sobre isso. O conflito assume um caráter acentuado e pode inclusive dar lugar a um cisma quando a prática da validação comunitária do crer se desenvolve de maneira autônoma, dentro de grupos ou correntes radicais que questionam, em nome da conversão que os verdadeiros crentes devem assumir, o valor da vida religiosa ordinária à qual as instituições orientam seus fiéis. O regime de validação comunitária do crer implica uma caminhada pessoal de adesão da parte dos indivíduos reunidos na comunidade. No seio do grupo de convertidos, é a intensidade do engajamento mostrado por cada um que valida, para os demais, as crenças partilhadas.

Contrariamente ao que se poderia espontaneamente pensar, o crescimento do individualismo religioso, que torna cada um responsável por sua fé, contribuiu para reforçar a afirmação e a pluralização dos regimes comunitários do crer unindo contratualmente indivíduos igualmente comprometidos em sua vida religiosa, independentemente das definições institucionais da fé formalmente (e fracamente) partilhadas por um povo de fiéis passivamente submetidos à autoridade de seus pastores. Essa tendência se manifestou de maneira evidente, na história do cristianismo, com o desenvolvimento das comunidades e movimentos da Reforma radical. Mas a tensão entre o regime institucional e os regimes comunitários de validação da verdade (ou da "verdadeira fé") está presente em todas as instituições religiosas. Levada ao extremo, ela tende a isolar da massa dos fiéis pequenos grupos de indivíduos "puros", capazes de testemunhar integralmente uns para os outros a verdade na qual eles acreditam, capazes, portanto, de transcender a legitimação da instituição. O tempo da "salvação comum", identificado por Dupront como a primeira etapa da trajetória histórica do cristianismo, foi tipicamente o da validação institucional da fé. A segunda etapa, a da confirmação, selada pela Reforma, de uma concepção individual da salvação, foi a etapa do conflito entre um regime de validação institucional do crer e regimes múltiplos de validação comunitária do crer. A terceira etapa é a da modernidade religiosa, também chamada de absorção do individualismo religioso para dentro do individualismo moderno, que se harmoniza com uma concepção intramundana e subjetivada da salvação individual. É também a etapa do advento de um regime de validação mútua do crer, que faz do intercâmbio de experiências pessoais o ponto de acesso subjetivo de cada um à "sua" verdade.

Tentemos resumir os traços desses quatro regimes típicos da validação do crer em função, em cada caso, da instância de validação (quem define o crer verdadeiro?) e do critério utilizado (o que constitui a verdade do crer?).

O regime da validação institucional do crer remete à autoridade religiosa (os detentores do poder de definir a verdade do crer) o cuidado de confirmar as crenças e práticas dos fiéis. O critério considerado é o da conformidade das crenças e das práticas para com a norma fixada pela instituição. A tipologia dos modelos de regulação religiosa estabelecida por J.P. Willaime permite apontar de maneira útil, no interior desse regime geral, modos de organização diferentes de gestão do crer no cristianismo. No catolicismo, onde prevalece um poder religioso do tipo "institucional ritual", é um magistério institucional, do qual o bispo é o personagem garantidor que assume esta função. No protestantismo, onde se impõe um modelo "institucional ideológico" do poder, o teólogo tem o primeiro papel na regulação ideológica do crer[18]. Diferenciações mais sutis de regulação do poder permitem trazer à tona uma série de variantes possíveis. Em regime de validação comunitária do crer, é o grupo como tal que constitui a instância de legitimação. Neste caso, a coerência dos comportamentos de cada um dos membros ante as normas, os objetivos e, mais amplamente, a relação com o

---

18. WILLAIME, J.P. *La précarité protestante* – Sociologie du protestantisme contemporain. Genebra: Labor et Fides, 1992, cap. I.

mundo, definidos pelo grupo, constitui o critério principal da verdade do crer partilhado. A igualdade de princípio, que rege, em tese, as relações no interior do grupo, não significa que não possa emergir um líder: mas este sempre deverá expressar-se em nome do grupo inteiro, como a voz do grupo. Em regime de validação mútua, é na confrontação intersubjetiva que se evidencia a verdade do crer. O único critério reconhecido nesse intercâmbio é o da autenticidade da busca individual que aí se exprime, para cada um daqueles que fazem parte do grupo. Nenhuma instância exterior – nem instituição, nem comunidade – pode prescrever ao indivíduo o conjunto de verdades para crer. Não existe "crer verdadeiro", senão aquele assumido pessoalmente. Em regime de autovalidação, desaparece toda instância de validação além do indivíduo, ele mesmo. É nele mesmo, na certeza subjetiva de possuir a verdade, que encontra a confirmação da verdade da crença.

Regime de validação	*Instância de validação*	*Critério de validação*
Institucional	A autoridade institucional qualificada	A conformidade
Comunitária	O grupo como tal	A coerência
Mútua	O outro	A autenticidade
Autovalidação	O indivíduo, ele mesmo	A certeza subjetiva

A esses diferentes regimes típicos da validação do crer, que podem eventualmente combinar-se, é preciso acrescentar um outro dispositivo de validação: aquele que passa pela intervenção e o testemunho de personalidades excepcionais cuja experiência (ou a revelação pessoal que receberam) os qualifica para servirem de guias àqueles que se reconhecem nelas. Tais profetas encontram na "comunidade emocional" discípulos que encontram em torno deles a confirmação de sua própria eleição carismática. Mas esse jogo de reconhecimento recíproco pode se inserir igualmente nas regras de validação comunitária do crer, bem como nas de validação mútua do crer. O profeta pode definir normas comunitárias disponíveis para a adesão de cada um dos adeptos. Ele pode simplesmente abrir um caminho aos indivíduos que se identificam com sua experiência. Pode inclusive, no caso em que se trate de uma função carismática, chegar a transformar-se em um dispositivo de validação institucional do crer. A *validação carismática* do crer não constitui, enquanto tal, um regime específico de legitimação da crença: ela passa, na verdade, pelos regimes precedentemente identificados, garantindo sobretudo a passagem de um a outro. A extrema individualização do crer que caracteriza a paisagem religiosa da modernidade anunciada, o enfraquecimento dos regimes institucionais da validação do crer e a necessidade crescente de confirmação mútua e comunitária das "pequenas verdades" produzidas pelos indivíduos fortalecem consideravelmente o papel de personalidades que podem testemunhar, por sua experiência pessoal, uma precedência no caminho da verdade e, portanto, uma capacidade de iniciar aqueles que estão dispostos a segui-las. De Desmond Tutu a Abbé Pierre, passando por Madre Teresa, o Dalai Lama ou João Paulo II, figuras religiosas exercem um fascínio sobre a opinião em contraste evidente, principalmente aos olhos dos jovens, com a pouca confiança atribuída às instituições religiosas. A aura que envolve esses "heróis espirituais" não é alheia ao processo de espetacularização generalizado da vida social que corresponde ao advento da civilização midiática. Seu sucesso preserva um vínculo certo com uma cultura da *performance* que valoriza todos aqueles, qualquer que seja o domínio em que eles exerçam suas atividades, que chegaram a sair dos caminhos batidos, afastar-se das rotinas da vida ordinária e a "ir ao máximo de si mesmos". Alguns – de Guy Gilbert, "cura entre os *loubards*" ao Monsenhor Gaillot – com incomparável êxito, fazem interagir esses diferentes registros possíveis da "carismatização" moderna. De resto, a perda de plausibilidade dos sistemas de sentido formatados pelas instituições tende a conferir a grandes testemunhas transformados em homens-sentido (ou mulheres-sentido) uma crescente "capacidade de validação". Essas figuras carismáticas – profetas, sábios, gurus, novos pastores, etc. – que substituem em diferentes níveis as figuras tradicionais do poder religioso – padres, pastores tradicionais, antigos chefes de comunidades – constituem, ao mesmo tempo, elos móveis que garantem normalmente a passagem dos indivíduos de um modo de validação do crer a um outro, e isto em todos os sentidos. Na perspectiva weberiana clássica, que faz do carisma "a força de mudança das épocas ligadas à tradição", o "portador de um carisma profético" se distingue e se afirma prevalecendo-se de uma "revelação pessoal" e nova que inaugura, para aqueles que a recebem, um novo modo de vida. O sucesso das "personalidades carismáticas" está relacionado, sobretudo nas sociedades governadas pela cultura do indivíduo, ao fato de elas representarem uma experiência pessoal original. A intensidade e a qualidade de seu engajamento definem exatamente sua capacidade normativa *vis-à-vis* com o outro, bem como a extensão do reconhecimento que elas podem almejar. A exigência da implicação pessoal remete à problemática moderna da responsabilidade do indivíduo. Ela faz dessas personalidades portadores privilegiados do regime da validação mútua do crer. Mas, em decorrência da autoridade que esses "indivíduos plenos" representam, por sua "primogenitura espiritual", eles podem cristalizar em torno de si – e isto tanto fora como dentro das grandes igrejas – comunidades de discípulos nas quais muitas vezes se impõe, ao menos depois de certo tempo, um regime comunitário de validação do crer. Assim, eles podem contribuir, em virtude unicamente de sua aura, para a evolução da rede espiritual que funciona em regime de validação mútua, rumo a um regime mais estruturado de validação comunitária do crer partilhado, do qual eles se colocam como fiadores. A dinâmica de certo número de comunidades novas, nas quais a personalidade do fundador concentrou progressivamente a adesão de membros que inicialmente se reuniram por afinidades espirituais comuns entre si de maneira homogênea, inclusive bastante independente, ilustra bem esse movimento[19]. Enfim, na medida em que podem se prevalecer simultaneamente de uma autoridade institucional formal e de uma capacidade carismática pessoal, esses líderes podem exercer um papel na "conformação" institucional de grupos ou de redes organizadas inicialmente principalmente sobre a base de uma validação comunitária ou mútua do crer comum. Certo número de padres, de pastores ou de rabinos, considerados "personalidades proféticas em grupos que aspiram beneficiar-se com a comunicação de sua experiência, exercem claramente essa função de mediadores institucionais. Seu carisma pessoal, reforçando a eficácia de seu "carisma funcional" permite, em alguns casos, restaurar um regime de validação institucional do crer, para além da disseminação de pequenos relatos de fé.

Igreja, seita, mística

Fazendo do regime de validação do crer o princípio da diferenciação das formas da sociabilidade religiosa, nos deparamos inevitavelmente com a tipologia clássica das formas de comunicação cristã definida por Weber e Troeltsch. O princípio de diferenciação que ambos consideram, antes de tudo, é a relação particular que cada uma mantém com o mundo, relação que tem sua legitimidade na própria pregação evangélica. Lembremos, rapidamente, os termos. É a Max Weber que se deve a diferenciação entre dois tipos de agrupamentos religiosos: a *igreja*, comunidade natural no seio da qual se nasce, e a *seita*, agrupamento voluntário de crentes no qual se entra após uma conversão pessoal. Mas foi Ernst Troeltsch quem deu toda a grandeza a esta oposição, ao cruzá-la –

---

19. A reprovação de "sectarização" dirigida a algumas comunidades carismáticas que protestam, em contrapartida, por sua plena e inteira inserção na Igreja, tem aqui sua fonte. Cf. a respeito disso o livro de BAFOY, T.; DELESTRE, A.; SAUZET, J.P. *Les naufragés de l'esprit* – Des sectes dans l'Eglise Catholique. Paris: Le Seuil, 1996.

em suas *Soziallehren* – com uma tipologia histórica dos grandes períodos do cristianismo: cristianismo antigo, cristianismo medieval, cristianismo da Reforma. "Instituição de salvação", a igreja é responsável pela redenção universal. Ela garante para todos os homens a transmissão da graça e deve, para realizar sua missão, abraçar todas as sociedades e todas as culturas. Instituição santa, cuja pureza não depende da pureza de seus membros, ela impõe a seus fiéis ordinários apenas exigências religiosas mínimas e reserva uma religiosidade mais intensa a um pequeno número de virtuosos, ao mesmo tempo em que requer um corpo de especialistas compostos especialmente, nesse sentido, para gerir e distribuir os bens da salvação. Este objetivo universal e esse regime de "dupla ética" dispõem-na a manter os vínculos de compromisso com a cultura e a política de seu tempo, a fim de estender sua influência sobre a sociedade. Em oposição à ação "extensiva" que caracteriza a Igreja, a seita é caracterizada pela intensidade do engajamento cotidiano que ela requer de seus membros. Estes são crentes regenerados que entram no grupo em virtude de uma escolha pessoal. Nenhuma especialização ministerial, nenhuma mediação em relação às Escrituras são imagináveis dentro de uma comunidade igualitária fundada no vínculo contratual que une os convertidos. A fidelidade religiosa exige deles um trabalho permanente de purificação e de santificação pessoais. A santidade do grupo depende da pureza de cada um e da correção fraterna exercida dentro do grupo. Enquanto a Igreja se empenha em incorporar o maior número possível de fiéis, a seita se abre exclusivamente a indivíduos "religiosamente qualificados" cujo testemunho coletivo, simplesmente exemplar ou ativamente militante, inclusive revolucionário, deve impressionar a cultura e a política mundanas chamadas a submeter-se diante da ordem divina. Fora de qualquer compromisso com o mundo profano, a seita afirma, à margem da sociedade, a radicalidade da exigência evangélica.

A perspectiva troeltschiana torna evidente a tensão entre duas concepções da realização do ideal cristão, que induzem relações diferenciadas com o mundo – negociação ou secessão – e se cristalizam em formas opostas de "associação" religiosa. Esta tensão, presente desde a origem do cristianismo, se desdobra, transformando-se em função das condições sociais, econômicas, políticas, culturais e intelectuais, durante toda a duração de sua história. Mas, a esses dois tipos de agrupamento nitidamente diferenciados, Troeltsch acrescenta ainda um terceiro, não tão claramente identificável por se desenvolver geralmente no interior mesmo das igrejas e evoluir muitas vezes no sentido da seita, ao estabilizar-se. Trata-se do tipo chamado "místico" (*spiritualismus*). Esta forma de agrupamento cristão tem sua justificação teológica no fato de Jesus Cristo não ter criado, pessoalmente, nenhuma igreja, nem seita: ele reuniu indivíduos que decidiram pessoalmente seguir o Mestre. O tempo da Reforma, tempo por excelência do individualismo religioso, deu um forte impulso a esse tipo de agrupamento em rede, reunindo indivíduos – essencialmente intelectuais – que partilhavam a ideia de que o Reino está dentro de cada pessoa. Cada um pode, portanto, de maneira direta, pessoal e imediata, fazer a experiência dessa presença. Fundada sobre a ideia da presença em cada pessoa (cristão ou não) do princípio divino, esta concepção imediata, sensível e antidogmática da experiência cristã rejeita as formulações doutrinais fixas, as práticas rituais estereotipadas e, mais amplamente, todas as formas de organização comunitária, sejam igrejas, sejam seitas. Ela privilegia a interação individual e o acompanhamento espiritual dentro dos círculos íntimos de edificação mútua. Na perspectiva troeltschiana, o tipo místico cristaliza o princípio da religiosidade individual característico da Modernidade.

Vê-se bem que é perfeitamente possível atribuir a cada um desses tipos de agrupamento religioso – Igreja, seita, rede mística – um regime dominante de legitimação de crenças. A Igreja põe em marcha um regime de validação institucional do crer; a seita possui apenas a validação comunitária, em referência direta com a Escritura; a rede mística, enfim, orienta-se para a validação mútua do crer. Por que, então, não nos atermos às categorias clássicas?

Para responder a essa questão, é preciso antes de tudo lembrar que as noções de seita e de igreja foram forjadas como tipos-ideais de agrupamentos *cristãos* combinando duas séries de traços distintos: de um lado, características relacionadas à organização dos grupos (dimensões, condições de pertença, estrutura do poder, grau de permeabilidade ao ambiente social, político e cultural, etc.); de outro lado, elementos que envolvem o conteúdo mesmo da crença (concepções do papel da Igreja na economia da salvação, teologia dos sacramentos, relação com o mundo, etc.). Quando se utiliza de maneira generalizada o termo "seita" para designar quaisquer grupos religiosos que reúnem um pequeno número de adeptos cujas crenças e cujo modo de vida separam do resto da sociedade, esquece-se que as definições estabelecidas por Weber e Troeltsh têm seu princípio nessas divergências teológicas irredutíveis, que tocam a própria concepção da salvação cristã. A "descontextualização" da tipologia clássica elaborada para pensar as diferenciações cristãs no tempo da Reforma faz com que ela sirva, de maneira totalmente abusiva, para uma classificação estática dos grupos religiosos, sem grande relação com os propósitos dos dois sociólogos alemães[20].

A tipologia clássica dos grupos cristãos sobrepõe de fato dois princípios de classificação. O primeiro diferencia modos de afirmação do cristianismo na história; o segundo identifica modos de existência social do religioso. A tipologia das formas de validação do crer concerne exclusivamente esse segundo registro. Seu interesse primeiro está, portanto, em poder funcionar como instrumento de ordenamento da realidade fora do campo cristão. Independentemente dos conteúdos religiosos ou espirituais validados, ela pode ser aplicada ao judaísmo ou ao islã, servir para definir as

---

20. Acrescentemos que o emprego pejorativo e mesmo estigmatizante do termo "seita" na linguagem corrente contribui também para a confusão e obriga os sociólogos a múltiplas precauções oratórias cada vez que eles utilizam esse termo e, particularmente quando eles tentam (muito ocasionalmente) estender a utilização desse termo para além do quadro histórico de validade fixado por Weber e Troeltsch...

diferentes correntes que se referem ao budismo no Ocidente ou para diferenciar as diversas lógicas das "novas religiões". Ademais, na medida em que ela se dedica exclusivamente às lógicas internas da legitimação do crer e às diferentes formas possíveis da gestão da verdade colocadas em andamento pelos grupos religiosos, a tipologia dos regimes de validação pode servir tanto para identificar momentos característicos da trajetória de um grupo religioso no tempo quanto para identificar formas estabilizadas e distintas de comunalização religiosa. Ela permite marcar a permeabilidade, característica da modernidade religiosa, entre as redes regidas pela validação mútua do crer e o regime puramente individual da autovalidação. Ela pode servir para colocar em evidência as passagens, em todos os sentidos, que um grupo pode realizar de um regime de validação a outro, em função de sua dinâmica interna, da disposição de seus membros, das solicitações do seu ambiente, etc. Ela permite, mais amplamente, de forma flexível, a possibilidade de uma análise da combinação entre esses diferentes regimes dentro dos grupos, que dependem, do ponto de vista de suas características formais (número, relação com o ambiente, organização interna do poder, etc.), mais do tipo "igreja" ou então do tipo "seita". A abordagem das formas de comunalização através dos modos de validação do crer permite assim identificar as dinâmicas em operação na paisagem eminentemente móvel e fluida da modernidade religiosa.

O duplo movimento da "desinstitucionalização" do religioso

A perda de força da observância, o desenvolvimento de uma religião "à la carte", a proliferação das crenças combinadas a partir de várias fontes, a diversificação das trajetórias de identificação religiosa, o desdobramento de uma religiosidade peregrina: todos esses fenômenos são indicadores de uma tendência geral à erosão do crer religioso institucionalmente validado. Em uma França majoritariamente católica, esse fenômeno atinge de maneira particularmente visível a Igreja Romana. Porém, todas as igrejas cristãs e o conjunto das instituições religiosas se confrontam, de maneiras diversas, com o enfraquecimento de sua própria capacidade reguladora. A crise transcende em muito a perda da influência sobre a sociedade, uma perda em andamento desde longa data e cujo curso se confunde com o da Modernidade ela mesma. Ela engaja a relação dos indivíduos crentes com uma instituição à qual se contesta, atualmente, a autoridade exclusiva de determinar o que é preciso crer e, portanto, de fixar a definição última da identidade comunitária. Se, aos olhos dos próprios fiéis, a autenticidade da trajetória espiritual pessoal prevalece, agora, sobre a conformidade da crença que lhes é exigida pela instituição, é a legitimidade da autoridade religiosa que se acha atingida em seu próprio fundamento.

Com razão se poderá achar que essa apresentação da "desinstitucionalização" contemporânea do religioso é exagerada. As instituições religiosas sobrevivem, elas ainda reúnem fiéis e continuam sendo ouvidas pela sociedade. Eu não estou sugerindo que o movimento conduza à desintegração pura e simples da religião institucional. Eu aponto uma tendência que trabalha as instituições religiosas e as transforma profundamente ao mesmo tempo em que provoca uma reorganização global da paisagem religiosa. Com a interferência de um regime de validação mútua do crer que dissolve suavemente, pela imposição progressiva de um "modelo frágil" do crer verdadeiro, as instituições religiosas devem elaborar, internamente, os dispositivos tradicionais da validação institucional. Elas devem enfrentar, ao mesmo tempo, interna e externamente, a pluralização dos pequenos regimes da validação comunitária que opõem ao movimento precedente a resistência de "modelos fortes" da verdade partilhada. Aqueles que são atraídos por esse modelo estão, geralmente, convencidos de que a fragilidade das instituições, sua "lassitude", ou seu medo de conflitos facilite o aumento incontrolável da individualização e da subjetivização do crer. Eles se contrapõem a isso erguendo ao redor do grupo que formam o muro de uma ortodoxia que eles próprios definem.

Para descrever mais precisamente essa situação, pode-se dizer que a paisagem religiosa da Modernidade contemporânea, na

França e em outras partes, é perpassada por dois movimentos típicos em sentido contrário. Um primeiro movimento, em ligação direta com a cultura do indivíduo que se impõe em todos os seus domínios, tende a relativizar as normas das crenças e das práticas fixadas pelas instituições religiosas. Colocando a tônica antes de tudo sobre o valor da busca e da apropriação pessoais do sentido, ele dilui praticamente e contesta, às vezes explicitamente, a noção de "obrigação" vinculada a essas crenças e a essas práticas. Se existe comunidade, ela não tem por vocação atestar uma homogeneidade de crenças postuladas *a priori*, mas manifestar a "convergência" mutuamente reconhecida dos percursos pessoais de seus membros. A aceitação do reconhecimento das diferenças, nessa perspectiva, é tão importante quanto a informação das referências de crença partilhadas no interior do grupo. Considera-se que o laço comunitário se constitui e se reconstitui permanentemente a partir do "crédito espiritual" acordado pelos indivíduos envolvidos na busca de uma expressão comum. A identificação dos limites no interior dos quais essa expressão comum continua sendo possível fica assim situada no princípio de uma definição continuamente remanejada da identidade comunitária. Nota-se que esta concepção, formalizada com maior ou menor clareza, da comunidade é frequentemente associada com a ideia de uma "convergência ética" das grandes tradições religiosas, convergência que fixa o horizonte utópico de uma unificação possível das "buscas de sentido" individuais. Um outro movimento, em sentido radicalmente contrário, contrapõe a essa concepção "processual" da comunidade, a solidez coletivamente atestada de pequenos universos de certezas que garantem eficazmente a ordenação da experiência dos indivíduos. A comunidade concretiza, então, a homogeneidade das verdades partilhadas no interior do grupo, e a aceitação desse código do crer comunitário que abraça crenças e práticas, e fixa, por outro lado, as fronteiras do grupo.

A concepção "processual" de uma comunidade, sempre por ser elaborada na realidade, corresponde ao regime da validação mútua do crer. A definição "substantiva" da comunidade combina com o regime comunitário da validação do crer. Elas não apenas se opõem diretamente uma à outra, mas desafiam igualmente a uma e a outra a visão institucional que faz da "comunidade" uma garantia transcendente, que preexiste aos grupos concretos nos quais se atualiza, de maneira variável, a pertença à linhagem de fé. Em um regime de validação institucional, é o conjunto dos crentes do passado, do presente e do futuro que constitui a "comunidade" autêntica. As pequenas comunidades são condensações históricas da linhagem de fé. Elas não exaurem a realidade da "grande comunidade" (o Povo Eleito, o Umma ou a Igreja) que é sua referência. A autoridade religiosa institucional é aquela a quem se reconhece o direito de falar legitimamente em nome da "grande comunidade". Fiadora da continuidade e da unidade desta, a autoridade religiosa controla dessa forma as dinâmicas centrífugas ou separatistas que podem surgir no interior das diversas comunidades que testemunham sua afiliação à linhagem de fé. Quando esta regulação institucional se divide, ou quando ela inexiste, as dinâmicas da individualização e da comunitarização desenvolvem seus efeitos contraditórios. Mais ainda, elas tendem a ativar-se mutuamente acentuando a tensão entre os regimes da validação mútua e da validação comunitária do crer em uma paisagem religiosa em vias de "desinstitucionalização". A tensão entre os dois movimentos que acabamos de descrever manifesta-se no exterior das "grandes instituições" onde se observam, a um tempo, a expansão de um mundo de crenças individualmente bricoladas e a proliferação de pequenas comunidades – ordinariamente chamadas de "seitas" – que pretendem para seus membros o monopólio da verdade. Mas ela perpassa também as "grandes instituições" privadas, parcialmente ao menos, de sua legitimidade em fixar para todas as suas competências um regime uniforme do crer. Estas se dedicam, então, bem ou mal em gerir a dissociação crescente entre dois imperativos contraditórios. O primeiro imperativo é o de alimentar um consenso teológico e ético mínimo, capaz de absorver e enquadrar, sem rompê-las, as diversas trajetórias cada vez mais individualizadas da identificação com a crença. O segundo imperativo é o de manter, ao mesmo tempo, um modelo suficientemente forte da verdade partilhada para evitar ser completamente invadido pelo movimento ofensivo dos pequenos mecanismos comunitários prontos a oferecer a fiéis perturbados pela ausência ou a perda de referências coletivas a segurança de um "código de verdade" pronto para ser utilizado.

6 | Instituições em crise, laicidade em pane

A questão do "poder religioso"

Todas as instituições religiosas precisam enfrentar o desafio da desinstitucionalização. Mas elas encaram esse desafio em condições diferentes, de acordo com o tipo de regulação da verdade e de organização do poder religioso que prevalece em cada uma. Pode-se pensar, espontaneamente, que o catolicismo, em que a validação do crer é assegurada por um magistério institucional, oferece uma capacidade de resistência mais forte aos dois movimentos contraditórios de que acabamos de tratar. O regime católico da validação institucional inscreveu-se, historicamente, na continuidade de uma civilização paroquial onde a conformação dos fiéis se realizava através do culto e a administração dos sacramentos. Inseparável tanto da existência de comunidades territorializadas e estáveis e da presença de uma hierarquia religiosa suficientemente numerosa para enquadrá-las, esse modelo paroquial está, hoje, em completo remanejamento. Este remanejamento não está ligado apenas ao fim do mundo rural que foi seu suporte histórico, nem à deslocação das comunidades naturais, familiares e campesinas com as quais ela estava enxertada. A mobilidade e o desenvolvimento dos intercâmbios, certamente, minaram os fundamentos sociais e culturais do universo religioso paroquial. Mas é em seu próprio princípio que esta forma de organização religiosa que inclui, por direito, todos os habitantes de um determinado território, encontra-se hoje desvalorizada. O crente moderno não se contenta mais em escolher sua fé: ele quer escolher, ao mesmo tempo, sua comunidade, ao menos quando sente necessidade de pertencer a alguma. Hoje, um católico manifesta ainda mais esta reivindicação pelo fato de perceber-se, dentro de um universo em que as identidades confessionais perderam muito de sua consistência e onde o catolicismo não pode mais se arvorar o *status* de religião dominante, como adepto voluntário de uma religião estatisticamente majoritária, mas que, cultural e socialmente, tornou-se minoritária. Na França, a vitalidade de todos os movimentos de voluntários, antigos ou que surgiram mais recentemente, contrasta imensamente com a atonia das paróquias rurais, as mais duramente atingidas pelo fim da observância e a diminuição do número de sacerdotes. Nesse novo contexto, a prática regular também é obrigada a mudar de significado. Ela torna-se uma modalidade de "engajamento" que diz respeito a um pequeno resto de fiéis fortemente envolvidos em sua vida religiosa. A prática conformista vivida como obrigação e observância apaga-se diante de uma prática militante, que se define pelo testemunho pessoal. Mesmo que se trate, aí, de uma tendência crescente e não ainda de um fato generalizado, a própria natureza da sociabilidade paroquial está profundamente transformada. A vocação associativa da paróquia prevalece, agora, sobre sua dimensão espacial. A vida religiosa local é, geralmente, assumida por grupos de leigos voluntários que substituem a intervenção clerical em todos os campos da vida pastoral, menos na administração dos sacramentos. Além do caráter funcional das operações de reorganização territorial que se tornaram necessárias pela diminuição do número de padres[1], as mutações do tecido paroquial contribuem, portanto, à sua maneira, para o processo geral de recomposição das comunidades eletivas que é, como vimos, o rever-

---

1. PALARD, J. Les recompositions territoriales de l'Eglise catholique, entre singularité et universalité. Territoire et centralisation. In: *Archives de Sciences des Religions* [não publicado].

so inseparável do individualismo das crenças. O desenvolvimento das novas comunidades, que se organizam fora das estruturas territoriais da sociabilidade católica e suscitam suas próprias filiais, radicaliza a separação crescente entre dois mecanismos concorrentes da sociabilidade católica: um, organizado sobre a base territorial, e outro, nas redes de afinidades. Para garantir seu próprio reconhecimento na instituição, essas comunidades multiplicam, muitas vezes, as demonstrações de obediência ao bispo do lugar onde elas se implantam. Por sua vez, as autoridades religiosas locais depreendem esforços para colocá-los sob sua jurisdição, confiando-lhes, conforme a necessidade, a gestão de paróquias. As comunidades novas adquirem progressivamente um estatuto canônico[2]. Todavia, a instituição tem dificuldade para controlar um processo que questiona novamente o modo territorializado de exercício do poder religioso. Longamente considerada periférica ou secundária em relação ao modelo dominante da civilização paroquial, a sociabilidade de comunidades e redes eletivas tende, hoje, a impor-se, com regimes de validação do crer que lhe correspondem, mesmo no interior de um sistema católico que representa, contudo, em princípio, um modelo típico de um regime da validação institucional.

Este novo impulso das formas de agrupamento por afinidades não constitui, evidentemente, por si só, um fato totalmente novo no catolicismo. Não mais do que os problemas de regulação que surgem no encontro dessas duas formas de organização da sociabilidade religiosa. Basta lembrar o enorme e antigo papel das ordens e congregações religiosas, das associações de padres ou de fiéis, ou a de movimentos, reunidos por uma base extrageográfica em vista de mobilizar religiosamente ambientes sociais, categorias profissionais ou grupos por idades, etc. Formalmente, a Igreja Romana dispõe de meios muito eficazes de controle das redes comunitárias que são sempre suscetíveis de se desenvolverem dentro dela a par-

---

2. Cf. COMITÉ CATHOLIQUE FRANÇAIS DES RELIGIEUX. *Vie religieuse, érémitisme, consécration des vierges, communautés nouvelles.* Paris: Le Cerf, 1993.

tir de grupos organizados de fiéis cada vez mais engajados. Mas a realização desse controle institucional é uma fonte de conflitos internos geralmente intensos. Com muitos outros exemplos possíveis, poderíamos entender as crises recorrentes da Ação Católica na França, dos anos de 1930 aos anos de 1970, como conflitos que apresentavam concepções divergentes da validação do crer. A questão crucial do caráter imperativo ou não do "mandato" confiado aos militantes pelos bispos e a questão – indissociável da precedente – da autonomia do engajamento social e político dos militantes, ilustraram amplamente a tensão entre as duas abordagens irreconciliáveis do "testemunho da verdade". Por um lado, a hierarquia fazia valer a adesão dos militantes necessariamente de acordo com os objetivos pastorais definidos por ela. Por outro, eles reivindicavam, em nome da coerência de suas escolhas religiosas, a autonomia das opções sociais e políticas que guiavam sua ação no mundo. A crise última dos movimentos da Ação Católica na virada dos anos de 1970 não se resume inteiramente à exacerbação desse conflito entre conformidade e coerência, mas manifestou, certamente, ao menos em parte, o enfraquecimento da capacidade da hierarquia em impor por alto um regime institucional de validação do crer[3].

O que hoje é surpreendente é a dificuldade permanente desses dispositivos reguladores e sua impotência crescente para executar as arbitragens e os compromissos necessários para garantir, para além dos conflitos, a perenidade de um regime institucional de validação das crenças comuns. Os esforços que o episcopado francês deve hoje empreender para resistir às pressões de correntes tradicionalistas que definem de maneira cada vez mais autônoma sua concepção da ortodoxia católica demonstram bem essa situação. Vimos de modo particularmente claro no verão de 1996, por ocasião da preparação da comemoração dos 1500 anos do batismo de

---

3. Cf. HERVIEU-LÉGER, D. *De la mission à la protestation*. Paris: Le Cerf, 1973.

Clóvis★. Por essa ocasião, os bispos da França tiveram que enfrentar, tardiamente aliás, as iniciativas de alguns grupos que viam no evento uma ocasião para promover diversas variantes de um nacional-catolicismo que pudesse, segundo seus pontos de vista, opor-se ao crescimento de um multiculturalismo perigoso tanto para a fé religiosa quanto para a identidade nacional dos "franceses de raiz". Entre tais iniciativas, uma das mais espetaculares foi, sem dúvida, a procissão das 108 estátuas das "virgens peregrinas"★★, que partiram do Puy no fim do verão de 1995 e percorreram 2 milhões de quilômetros através de todo o país, realizando 35 mil vigílias de oração e mobilizando mais de um milhão e meio de fiéis. Na origem dessa estranha caravana que associava o culto mariano à promoção de automóveis Peugeot, estavam dois leigos "apaixonados por Maria", a rainha da França. Esta procissão, organizada de maneira estritamente privada, apresentava-se como uma reterritorialização sagrada da França, à qual a viagem pontifical parecia oferecer uma conclusão milagrosa... "Reims em 1996: a França tem um encontro com sua alma [...] há 1500 anos a França escolheu Cristo", afirmavam os folhetos amplamente divulgados da Confraria Notre-Dame de France, presidida pelo notário E. Fricoteaux, no início da operação. Três bispos da região norte proibi-

---

★ Clóvis foi o general franco que, vencendo a importante batalha contra o General Syagrius, consolidou, em 486 d.C., o poder sobre todo o norte do país e sua metrópole. Convertido ao catolicismo e batizado dez anos mais tarde pelo Bispo Saint-Rémi, e com o apoio dos bispos e do povo galo-romano, o novo batizado e seus filhos puderam tomar os reinos arianos do sul e tornou-se rei dos franco-renanos. Como único chefe legítimo, reconhecido por Roma como tal em Bizâncio pelo Imperador Anastácio, Clóvis restabeleceu a ordem romana, criando a primeira entidade política coerente naquele território, reforçada pela unidade religiosa. O reino dos francos fundou-se, assim, sobre as bases do catolicismo [N.T.].

★★ O movimento de oração dedicado à devoção da Virgem Maria e de Jesus, fundado na França por Edmond Fricoteaux, em consequência de sua conversão em 1984, tornou-se um movimento religioso muito popular que reúne milhares de peregrinos de todo o país, trazendo consigo estátuas da Virgem Maria, conhecidas como "Virgens peregrinas" [N.T.].

ram a circulação das Virgens em suas dioceses. Alguns aplaudiram essa empresa de recatolicitação de uma França profundamente laicizada e a encorajaram expressamente. O maior número "acompanhou" um movimento que não podia impedir, nem organizar, deixando perceber, com maior ou menor clareza, sua distância[4]. O projeto de fazer convergirem as cento e oito virgens peregrinas até Reims, onde devia ser depositada aos pés do papa, no dia 22 de setembro de 1996, uma safra de consagrações pessoais à Virgem em forma de engajamentos escritos, suscitou uma reação mais firme. Lembrando, em um documento com data de 12 de junho de 1996, o estatuto privado da empreitada e o caráter inaceitável do "esgotamento" dos fiéis e dos padres e das coletas de fundos "sem controle eclesiástico", os bispos mobilizaram a "figura solidária" de Saint Martin para fazer do encontro do papa com os "feridos da vida" em Tours o auge de uma viagem reconduzida, sob esse viés, ao seu objetivo essencialmente pastoral. Essa estratégia de configuração ética do sentido da visita pontifical fez eficazmente com que o famoso batismo e seus significados políticos incertos passassem ao segundo plano. Mas a complexidade própria do jogo estratégico desdobrado nessa ocasião demonstrava bem o embaraço da hierarquia, diante dessas formas devocionais que escapavam à sua autoridade. As técnicas utilizadas no passado – dentre as quais estava em primeiro lugar a repressão direta da dissidência ideológica – são inoperantes quando indivíduos e grupos reivindicam poder exprimir sua "sensibilidade religiosa". Confrontada ao mesmo tempo com as reivindicações de autonomia de indivíduos crentes e as pressões de grupos que pretendem definir eles mesmos os contornos da identidade católica que eles querem para si, a instituição revela-se consideravelmente fragilizada. De fato, o catolicismo francês não é apenas caracterizado, hoje como ontem, por uma proliferação de "correntes" espirituais e ideológicas social e culturalmente dife-

---

[4]. Cf. VANDEPUTTE, B. Des vierges divisent les diocèses. In: *La Croix*, 29/08/96.

renciadas. Ele é moldado, mais profundamente, pela reorganização do regime da verdade em seu seio, reorganização que é inseparável do processo de "modernização interna"[5] ao qual, queira ou não, ele está intensamente submetido.

Quanto às Igrejas da Reforma, que assimilaram a lógica da individualização religiosa implicada pela problemática protestante da salvação e estão acostumadas desde sempre a gerir a diversidade de correntes ideológicas e teológicas em seu interior, será que estão aptas a enfrentar essa situação? Entre os protestantes, a regulação do crer é assegurada pelo teólogo, encarregado de um "magistério ideológico" que regula, em princípio, a diversidade das interpretações individuais e comunitárias possíveis da Escritura. Mas a flexibilidade desse mecanismo de regulação também é o que constitui a fragilidade institucional do protestantismo. Pois o discurso teológico explode em múltiplas correntes que pretendem dar a versão autêntica do cristianismo[6]. Esta tendência estrutural à pluralização pode reforçar-se até a atomização, pois nenhuma corrente teológica chega a impor sua hegemonia e encarnar, sobretudo, com o controle da referência autorizada à história, a fidelidade à herança doutrinal da Reforma. Dito de outra forma: porque nenhuma corrente consegue assumir a função da validação institucional do crer, para além da diversidade das sensibilidades teológicas encarnadas nas comunidades protestantes. Essa lógica de pluralização pode, ao extremo, relançar a tendência, presente em toda a história do protestantismo, ao cisma das igrejas. Esta é evidentemente favorecida pela dessacralização institucional operada pela Reforma. "A partir do momento em que a instituição eclesiástica não é mais considerada como santa em si mesma, nada se opõe à criação de outras organizações eclesiásticas, se se considera que a Igreja não é

---

5. Processo que é necessário comparar com aquele da "secularização interna" do cristianismo, analisado por F.A. Isambert (La sécularisation interne du cristianisme. *Revue Française de Sociologie*, 17, 1976).
6. WILLAIME, J.P. *La précarité protestante*. Genebra: Labor et Fides, 1992.

mais suficientemente fiel. A questão da fidelidade, na ótica protestante, não é mais uma questão institucional, mas uma questão hermenêutica"[7]. Esta situação nem sempre dá lugar a fenômenos de "cissiparidade eclesiástica, mas ela pode favorecer o fechamento das comunidades sobre si mesmas, colocando assim, à própria unidade da Igreja, questões temerárias. O exemplo norte-americano mostra o degrau que pode atingir a propensão à diferenciação, mas também à conflitividade dos regimes comunitários de validação do crer dentro do protestantismo em um contexto de uma forte desregulação, ou mesmo de uma pulverização do campo teológico[8]. A tendência ao esfacelamento que trabalha estruturalmente o protestantismo é multiplicada pela concorrência que se exerce sobre o mercado aberto dos bens salvíficos. Tal situação favorece iniciativas múltiplas de "pequenos empresários religiosos" protegidos por um regime jurídico ultraliberal em matéria de religião, à imagem da multiplicação dos pregadores que se produzem nos canais de televisão nos Estados Unidos[9].

Esse risco de esfacelamento existe, hoje, na França, quando retorna a difusão do pensamento do teólogo Karl Barth[10] que domi-

---

7. Ibid., p. 20.
8. HUNTER, J.D. *Culture Wars*: The struggle to define America. Nova York: Basic Books, 1991. HUNTER, J.D. *Before the shooting begins* – Searching for democracy in America's culture war. Nova York: The Free Press, 1994.
9. Cf. sobre as condições do funcionamento desse mercado religioso em matéria de tele-evangelismo, GUTWIRTH, J. *L'Eglise électronique* – La saga des télévangélistes. Paris: Bayard, 1998.
10. O pensamento do teólogo suíço Karl Barth (1886-1968), funda-se – ante a teologia liberal proposta por Schleiermacher, Harnack, etc., que situava no centro da reflexão o homem e suas interrogações – na evocação da precedência absoluta de Deus em sua relação com o ser humano. A renovação doutrinal barthiana e a concepção da abertura para o mundo e para o humano que ela permitia fundar permitiram o desenvolvimento de um verdadeiro movimento barthiano cuja influência foi imensa no mundo protestante e nos ambientes ecumênicos, particularmente na França. O monopólio do barthismo no campo teológico é, atualmente, menor, sobretudo devido a pesquisas menos centradas na dogmática e mais permeáveis ao desenvolvimento das ciências sociais e históricas.

nou o cenário protestante francês após a Segunda Guerra Mundial até os anos 1960? Pode-se pensar que o protestantismo francês continue sendo relativamente protegido pela força identitária que conserva, na consciência protestante nacional, a referência a uma história comum fortemente marcada por uma tradição de resistência e de luta: resistência às perseguições sofridas em nome da religião do Estado, da revogação do Edito de Nantes em 1685 com o Edito de Tolerância de 1787; luta constante em nome do indivíduo e de sua consciência contra o monopólio esmagador do catolicismo, e que explica o vigor do apoio protestante à modernidade laica, particularmente no meio escolar. A referência à história exerce nas Igrejas da Reforma "um papel semelhante ao exercido pelo rito no catolicismo" (o de uma "legitimação extraideológica que garante a permanência da legitimidade acima da flutuação da conjectura"[11]). Compreende-se melhor, então, a questão mais ampla que representa a preservação da memória protestante nacional e a importância particular que a prática comemorativa reveste para as Igrejas da Reforma na França. Vimos isso, recentemente, com as diferentes manifestações ligadas ao aniversário da promulgação do Edito de Nantes. Comemorar, nesse contexto, não é simplesmente recordar a história heróica de uma minoria religiosa em um país majoritariamente católico. É ativar a energia própria de um modo de validação institucional do crer capaz de fazer frente à diluição da referência a "valores protestantes" mutuamente validados de maneira cada vez mais solta dentro de uma "família espiritual" cujas fronteiras são pouco definidas[12] e capaz, ainda, de fazer oposição à cristalização antagônica das sensibilidades protestantes no interior de comunidade autossuficientes. Ora, esse último risco está longe de ser pequeno, atualmente. O dinamismo das igrejas evangélicas que pretendem afirmar a especificidade de uma identidade protestante mal-

---

11. WILLAIME, J.P. Op. cit., p. 27.
12. BAUBÉROT, J. *Le protestantisme doit-il mourir?* – La différence protestante dans une France multiculturelle. Paris: Le Seuil, 1988.

definida, segundo elas, pela excessivamente grande abertura ecumênica da Federação Protestante da França; a proliferação de pequenas igrejas carismáticas e neopentecostais; a acentuação da distância teológica, e também social, entre um protestantismo marcadamente emocional onde brotam as práticas de cura: essas tensões desafiam seriamente o exercício de um "magistério institucional ideológico" capaz de controlar os riscos derivados da disseminação crente e do fechamento comunitário.

Esse risco não é próprio apenas das igrejas cristãs. O modelo do judaísmo consistorial* tem sido regularmente contestado pelas expectativas comunitárias provenientes das sucessivas levas de imigrantes ashkenazes** e, em seguida, sefarditas, e isto desde o século XIX. As instituições do judaísmo francês não cessam, hoje, de ser confrontadas a correntes que fazem valer outras definições da identidade judaica. Elas precisam confrontar-se ainda com a diluição da identidade comunitária judaica em um "judaísmo silencioso", vivido como algo puramente pessoal por indivíduos que não o manifestam publicamente[13]. Nenhuma confissão religiosa organizada escapa, de fato, desta tendência. Desse ponto de vista, o caso do islã, onde a ausência de instituições confederadas deixa caminho livre para um regime generalizado de validação comunitária, múltipla e possivelmente contraditória, não constitui uma espécie de aberração na paisagem religiosa francesa. Aberração que teria, ou que ser tratada à parte, ou fazê-la entrar, à força, em um processo de institucionalização (de "eclesificação", ou de "consistorialização") considerado como a via exclusiva da normalização

---

* Adjetivo concernente a "consistório": assembleia de cardeais, presidida pelo papa, ou de rabinos, ou de pastores protestantes. E também o lugar em que se celebra essa assembleia [N.T.].

** Adjetivo hebraico que designa os judeus da Europa Central, em oposição a "sefarditas" (de "sefardim"), designação dos judeus descendentes dos primeiros israelitas de Portugal e da Espanha [N.T.].

13. Cf. AZRIA, R. Juifs des villes, juifs des champs. In: *Nouveaux Cahiers*, n. 1, 1998.

religiosa. O islã poderia bem ser, sob diversos aspectos, o revelador paradoxal de toda essa paisagem religiosa. Pois o mosaico de grupos e de associações que formam o "islã da diáspora" revela precisamente um islã perpassado por múltiplas tendências, das mais extremas às menos ortodoxas[14]. Essas diferentes correntes "interagem continuamente entre si, misturando religiosidade popular, reelaborações mais abstratas, secularização e enrijecimento doutrinal e moral. Cada membro da diáspora, em função dos seus vínculos de pertença, de suas estratégias de vida e de sua formação religiosa, extrai desse reservatório de experiências religiosas as mais variadas sua própria identificação, estruturando assim, para com o religioso, uma relação correspondente às suas necessidades e às suas aspirações"[15]. Esta fluidez paralisa as recorrentes demandas das comunidades muçulmanas de terem acesso a um pleno reconhecimento oficial do islã na França. Ela inquieta igualmente os poderes públicos, sempre em busca de um interlocutor representativo do islã. Finalmente, prejudica a gestão das relações institucionais inter-religiosas. Ligada às especificidades organizacionais e jurídicas do islã e, ao mesmo tempo, aos ajustes provenientes do confronto com o universo político, cultural e religioso das sociedades de acolhida, esta plasticidade evidencia um pouco a condição globalmente incerta da religião institucional na Modernidade. O que observamos, na verdade? O aumento da potência de um regime comunitário de validação do crer que se impõe através da proliferação de grupos de adeptos que privilegiam, independentemente das crenças às quais aderem um "modelo forte" da verdade partilhada de uma parte, e o desdobramento de um regime de validação mútua do crer dentro de uma nebulosa fluida de redes espirituais movediças em que prevalece um "modelo frágil" da verdade buscada, de outra parte. Essas duas tendências não identificam essa ou aquela confissão religiosa particular. Elas operam conjuntamente

---

14. SAINT-BLANCAT, C. *L'Islam de la diaspora*. Paris: Bayard, 1995.
15. Ibid., p. 174.

sobre o todo da paisagem religiosa. O perigo interno que comportam para todas as instituições religiosas é mais insidioso, sem dúvida, mas ele não é menos real para elas do que a "ameaça exterior" que vem da secularização do mundo social no qual estão inseridas.

Falar de "ameaça", evidentemente, é posicionar-se na perspectiva das instituições religiosas propriamente ditas. Pode-se, do ponto de vista dos indivíduos crentes, entender ao contrário essas tensões internas do campo religioso institucional como sinais promotores de sua emancipação individual e coletiva. A pressão do poder clerical se desata. Crentes maduros são agora capazes de valer-se do testemunho mútuo de sua fé sem passar pelo crivo das normas prescritas pelas autoridades religiosas. Comunidades autônomas fixam livremente as condições nas quais decidem exprimir as verdades partilhadas por seus membros. A modernidade religiosa, finalmente, chegou... Não está em minhas intenções apoiar a causa das instituições, nem, tampouco, a da "desinstitucionalização liberal". O problema não está em saber se a crise generalizada dos mecanismos institucionais da validação do crer religioso é uma catástrofe para a religião ou um benefício para os crentes. A questão é, sim, tentar analisar algumas de suas implicações sociais e culturais. E a primeira dentre elas é paradoxalmente a desorganização que afeta o funcionamento da laicidade.

A laicidade: um sistema de regulação institucional do religioso na República

"A França é uma República indivisível e laica". A primeira frase da Constituição de 27 de outubro de 1946, reassumida pela Constituição de 1958, afirma com solenidade que a laicidade do Estado é um componente fundamental da tradição republicana. Quando se precisa evocar a questão da laicidade diante de interlocutores estrangeiros, constata-se que a fórmula é, geralmente, vista como misteriosa – o próprio termo laicidade é intraduzível – e incongruente. Ela chega a aparecer escandalosa quando associada, na mente de alguns, à idéia de um combate contra a religião que entra em conflito com o ideal de tolerância de uma sociedade pluralista. Para evitar mal-entendidos previsíveis, devemos, então, explicar o que foi a gênese histórica da laicidade à francesa. Precisamos nos lembrar de que não é à religião enquanto tal que a laicidade se opõe, mas à tutela clerical que a instituição religiosa entendia fazer pesar sobre o poder político. Não é inútil, para o nosso propósito atual, retomar essa trajetória em suas grandes linhas. Na véspera de 1789, o catolicismo estava presente por toda parte na sociedade francesa. Ele legitimava as instituições políticas, regia o tempo e o espaço da vida coletiva, controlava o estado civil, o ensino, a medicina e as instituições sociais. Em alguns meses (entre maio e setembro de 1789), o Antigo Regime desaba e a monarquia constitucional que o sucede se caracteriza pela laicização imediata do regime político. A legitimidade da monarquia perde seu fundamento religioso: ela passa a basear-se em um contrato firmado entre o rei e a nação[16]. O cidadão se define por sua pertença à coletividade nacional e ninguém pode ser impedido de participar da vida política por motivos de sua pertença confessional. A proclamação do princípio da liberdade religiosa pelo artigo X da Declaração dos Direitos do Homem de 1789 é uma etapa decisiva nessa mutação política. As minorias religiosas – protestante e judaica – recebem gradualmente todos os direitos associados à cidadania. A Constituição adotada em 3 de setembro de 1791 garante como "direito natural e civil" a liberdade para cidadão de "exercer o culto ao qual pertence". Mas a afirmação da liberdade religiosa coloca, ao mesmo tempo, a questão do estatuto do catolicismo na nação. E é esta questão que provoca a ruptura com a Igreja Católica. Em sucessivas ocasiões, a Assembleia rejeita que o catolicismo seja reconhecido como religião do Estado. Toda a construção moderna da lai-

---

16. LANGLOIS, C. Permanence, renouveaux et affrontement (1830-1880). In: LEBRUN, F. (org.). *Histoire des catholiques en France*. Paris: Privat/Hachette, 1980, p. 321-406.

cidade, que culminará no princípio da separação entre as Igrejas e Estado em 1905, está contida em germe nessa primeira sistematização das relações entre o Estado e as religiões. Ela corresponde a uma "concepção política que implica a separação da sociedade civil e da sociedade religiosa, o Estado não exercendo nenhum poder religioso e as igrejas não exercendo nenhum poder político"[17].

Por que esse processo de dissociação do religioso e do político, que caracteriza todos os países modernos, revestiu-se, na França, durante mais de um século, de um caráter tão conflituoso? A principal razão é que a simbiose histórica entre a instituição católica e a monarquia absoluta deu ao processo de modernização política, adquirido, no entanto, com o apoio de uma parte do clero, a dimensão de um verdadeiro conflito religioso que atravessou a própria Igreja. A radicalização das posições tomadas impunha, de ambas as partes, a exclusão do adversário. A República não podia triunfar senão rebaixando a Igreja, mas isso significava "a vitória de uma metade da França sobre a outra"[18]. Rompendo o contrato firmado com a nação com sua fuga para Varennes em 1791, o rei prejudicou o equilíbrio estabelecido pela Constituição e provocou a instauração da República. Diante das tentativas que visavam restaurar o Antigo Regime, as medidas laicizantes se defrontaram então diretamente com a potência social da Igreja: o Estado civil, que era mantido pelo clero, foi colocado nas mãos das municipalidades; o casamento, contrato civil, foi claramente separado de sua celebração religiosa. As dioceses e paróquias foram desmembradas como circunscrições administrativas; a designação de bispos e de párocos passou a ser feita por eleição. Os revolucionários de 1791, no entanto, não estavam colocando em questão a importância da religião na vida social, mas seu objetivo era "regenerar"[19] a instituição

---

17. CAPITANT, H. (org.). *Vocabulaire juridique*. Paris: PUF, 1936.
18. WINOCK, M. Les combats de la laïcité. In: *L'Histoire*, n. 128, dez./1989.
19. OZOUF, M. *L'Homme régénéré* – Essais sur la Révolution Française. Paris: Gallimard, 1989.

eclesiástica, "fazer com que ela se unisse à sociedade civil para que fosse sempre fonte de moral social"[20]. Promulgada em 1790, a Constituição civil do clero, que obrigava os padres a prestar juramento ao novo regime, foi o instrumento dessa política. Sua aplicação, dividindo o clero entre padres "juramentados", ligados ao novo regime, e "padres refratários", imediatamente suspeitos de serem oponentes políticos, contribuiu para a radicalização irremediável do conflito. O catolicismo francês se cindiu desde então em duas frações iguais e opostas: uma unida ao novo regime; outra fechada em uma oposição cada vez mais clara à ordem instaurada pela Revolução. O enrijecimento dessa oposição, a repressão que se abateu sobre os "padres refratários", a radicalização autoritária e a deriva religiosa do regime procedente de 1789 – a instauração dos cultos revolucionários ocorridos em 1793, ao mesmo tempo que o começo do terror – engajaram a França em uma guerra de religiões de uma inacreditável violência. Os excessos da luta antirreligiosa e os das correntes contrarrevolucionárias que invocavam a defesa da fé católica partiram permanentemente a França em duas. Eles criaram as condições para essa "guerra das duas Franças"[21] que marca toda a história nacional até a Primeira Guerra Mundial e cujos traços ainda não estão totalmente apagados na memória coletiva.

Declarada "religião da maioria francesa" pela Convenção de 1801, o catolicismo não recuperou, no entanto o estatuto de religião do Estado. O Estado assume a proteção dos cultos que ajudam a garantir a moralidade pública e mantém materialmente seus ministros. Estes são funcionários cujas obrigações são definidas de maneira puramente administrativa. Esse sistema garantiu a autonomia da Igreja Católica em relação a Roma, mas não resolveu o desequilíbrio entre as religiões minoritárias e um "culto católico"

---

20. BAUBÉROT, J. *La laïcité, quel héritage?* – De 1789 à nos jours. Genebra: Labor et Fides, 1990.
21. POULAT, E. *Liberté, laïcité* – La guerre des deux France et le principe de la modernité. Paris: Cujas/Le Cerf, 1987.

que é o da grande maioria dos franceses, e que pretendia, sempre por esse título, encarnar "a religião" no seio da nação. No interior do catolicismo, uma corrente liberal procedente da Igreja constitucional e alimentada pelas tradições gálicas* e jansenistas procurou o compromisso com o mundo novo originado na Revolução. Ela se opôs a um catolicismo intransigente que visava, ao contrário, reconstruir a influência histórica da Igreja romana sobre a sociedade e que, finalmente, conseguiu se impor. As tribulações políticas do século XIX, com sua alternância entre choques revolucionários e inflexibilidade conservadora, e a extensão dos movimentos sociais ligados à industrialização e à acelerada urbanização da França produziram uma simplificação e uma nova radicalização das posições da época. A Igreja Católica se manifesta ligada definitivamente ao "partido da ordem" ao mesmo tempo em que acontece, no meio do século, o que G. Le Bras descreveu como "o grande *chassé-croisé*** das classes a caminho da Igreja"[22]. A burguesia liberal e voltairiana apoia-se na instituição católica para defender a propriedade, ao passo que uma parte das massas populares se afasta da Igreja ao mesmo tempo em que se deslocam do campo para as fábricas das cidades. Esse período corresponde ao enrijecimento intransigente da Igreja romana completamente mobilizada pela luta contra a modernidade liberal e as liberdades individuais que ela promoveu. Mas marca também uma renovação espiritual intensa por um catolicismo francês fortemente identificado com as raízes rurais da nação, que se reapropria com fervor da memória do

---

* Adjetivo que concerne à Igreja Católica da França (do latim medieval *gallicus*, de *Gallia*, *"Gália"*) [N.T.].

** Oriunda dos movimentos de dança, em que os dançarinos se revezam repetindo os passos um do outro, a expressão passou a ser usada para designar, em geral, pessoas que acabam não fazendo mais que mudar as coisas de lugar ou "trocando seis por meia dúzia" [N.T.].

22. LE BRAS, G. *Introduction à l' histoire de la pratique religieuse en France*. Vol. II. Paris: PUF, 1945, p. 61-65.

passado cristão da França contra as turbulências do mundo moderno[23]. Além do problema sempre acentuado da regulamentação jurídica das relações entre o Estado e a Igreja, é o enfrentamento de duas visões do mundo, de dois universos de valores e de dois sistemas de normas que se cristaliza ao longo desse conflito. No plano político, este deu-se no enfrentamento entre a instituição católica, fortaleza assediada que aspirava a recuperar seus poderes perdidos, e os republicanos que pretendiam ir até o fim no processo de emancipação religiosa do Estado e da sociedade. Nesse processo, a luta contra o poder das congregações religiosas revestiu-se de uma importância simbólica e prática maior. Enquanto o clero diocesano aceitava pouco a pouco a vinculação à República defendida por Leão XIII, as congregações continuavam sendo o pivô das correntes antirrepublicanas e antidemocráticas. Através da proibição do ensino aos membros das congregações, os republicanos, filhos da *Enciclopédia* e das Luzes, se propunham acabar com o que o protestante Fernand Buisson, inspirador e teórico da escola leiga, denominou "a liberdade de monopolizar as consciências" deixada às ordens religiosas católicas. Expulsando pela força as congregações, o governo do radical Emile Combes, que sucedeu em 1902 um presidente do Conselho bem mais conciliador, transformou o conflito entre a França clerical e a França laica em uma verdadeira batalha campal. Ex-seminarista, a quem Pio X chamava de "satânico Sr. Combes" encarnava uma concepção extremista da luta anticlerical. Por sua vez, o sucessor de Leão XIII se identificava com uma versão igualmente dura do intransigentismo católico. Os passos falsos do papado e os excessos anticlericais dos radicais e dos socialistas tornaram inevitável a Lei de Separação, promulgada em 11 de dezembro de 1905.

Votada num "clima de guerra entre religiões"[24], a Lei de Separação de 1905 pode ser, paradoxalmente, considerada um disposi-

---

23. LANGLOIS, C. Op. cit.
24. RÉMOND, R. *Introduction à l'histoire de notre temps* – Vol. 2: Le XIX siècle, 1815-1914. Paris: Le Seuil, 1974.

tivo mediador que permitiu a regulamentação e o apaziguamento dos ânimos contrários, que entraram, no fim do século XIX, em uma fase paroxística. No novo regime religioso, instaurado em 1905, a religião é considerada um assunto privado: a liberdade religiosa faz parte das liberdades públicas. O Estado garante a cada cidadão a liberdade de professar uma religião se ele tem uma, e penas severas são previstas para quem tentasse obstaculizar o exercício normal de um culto. Mas a religião é um assunto estritamente pessoal e opcional. A República "não reconhece, nem paga, nem subvenciona culto algum" (Art. 2 da lei de 1905). A privatização da religião na França é, assim, resultado de uma política, bem como a conclusão de um processo cultural verificado, ademais, em todas as sociedades modernas. O estabelecimento dessa política, à qual a hierarquia da Igreja Católica opôs-se inicialmente com todas as suas forças, deu lugar a enfrentamentos violentos, por ocasião, sobretudo, dos inventários de bens eclesiásticos que antecederam sua entrega a associações cultuais de direito privado. No entanto, apesar da condenação do papa, a lei encontrou apoio da parte de personalidades católicas que consideravam que ela podia constituir-se em um instrumento de mediação jurídica do conflito inexpugnável entre as duas Franças, e esse foi efetivamente o caso. Dois elementos interferiram nesse sentido. O primeiro é que a própria lei constitui um texto de compromisso entre diversas concepções concorrentes da laicidade[25]. Combes sonhava com um desmantelamento de todas as igrejas, proibindo-lhes de se organizarem em âmbito nacional. A Lei de Separação, redigida pelo protestante Méjean, e marcada pela influência dos socialistas Jaurès e Brian, fez prevalecer uma inspiração liberal que respeita a organização interna das igrejas. O sistema instaurado pela lei de 1905 une, num intento pacificador, as diferentes tradições do mundo laico: o espírito das Luzes de Voltaire, Diderot ou Condorcet; o posi-

---

25. BAUBÉROT, J. *La laïcité, quel héritage?...* Op. cit. O desenvolvimento feito a seguir retoma essa análise.

tivismo científico de Augusto Comte; as diferentes correntes da franco-maçonaria. Corresponde, ainda, às expectativas das minorias protestante e judaica profundamente desconfiadas com relação às pretensões da religião dominante. Elas, aliás, contribuíram de maneira decisiva na mediação do conflito garantindo, diante da vontade de totalização católica, a aculturação religiosa dos ideais laicos e a aculturação republicana dos ideais religiosos. Valorizando o indivíduo e sua liberdade, os protestantes franceses, numerosos entre as grandes figuras do pensamento laico, exerceram um grande papel na elaboração das concepções republicanas da moral, da responsabilidade educativa e da civilidade. Mas o texto de 1905 convinha também a um catolicismo liberal que procurava conciliar a religião e os princípios de 1789: um catolicismo marginalizado pelas orientações romanas desde meados do século XIX, mas que conservava uma presença e uma vitalidade intelectual na vida religiosa da França. O segundo elemento é que, durante o século XIX, o povo católico associou-se, progressivamente, em sua imensa maioria, ao regime republicano. No começo do século XX, a natureza – monárquica ou republicana – do regime deixa de estar no centro do debate. As paixões religiosas, bem como as paixões anticlericais, se aplacam. A guerra de 1914-1918, mostrando a possibilidade de uma "união sagrada" entre leigos e católicos contra o inimigo exterior, conduziu o processo ao seu termo. A "guerra das duas Franças" terminou, de certo modo, nas trincheiras.

Após o enfrentamento laico, o pós-Segunda Guerra Mundial abriu um novo período: o de uma laicidade comprometida. A Igreja aceitava mais e mais completamente os princípios da liberdade e do pluralismo que são os da sociedade democrática moderna. A laicidade perdeu, ao mesmo tempo, parte de sua paixão anticlerical e podia tornar-se "uma solução de neutralidade, permitindo fazer conviverem crianças pertencentes a famílias diferentes e que se respeitavam"[26]. Isto não significa – bem longe disso – que univer-

---

26. WINOCK, M. Art. cit.

sos distintos de sensibilidades e de orientações políticas, morais e espirituais, se tivessem milagrosamente homogeneizado. Eles mantêm, ao contrário, para os franceses atuais, uma forte capacidade de identificação simbólica. O significado dado ao pacto republicano nunca deixou de ser objeto de discussões. A questão escolar continua sendo sempre suscetível – viu-se isso em 1984, depois em 1994 – de cristalizar as diferenças e reativar conflitos ideológicos que se acreditava estarem apagados. O presente, nesse campo sensível, continua ainda "envolto pela história"[27]. Mesmo assim, todavia, o sistema original implantado pela lei de 1905 é objeto de um consenso muito amplo e garante, de fato, uma gestão pacífica das relações entre o Estado, a Igreja Católica e as outras instituições religiosas.

Esse sistema repousa, no essencial, sobre uma definição confessional dessas instituições, ela própria fundada sobre um duplo postulado: o primeiro é o do caráter privado das opções religiosas individuais; o segundo é o da modalidade essencialmente ritual e cultual, segundo a qual essas opções devem expressar-se normalmente de maneira coletiva. É esse duplo postulado que governa o quadro no interior do qual a atividade religiosa está sujeita à jurisdição de um reconhecimento por parte do poder público. O modelo tão especificamente francês do judaísmo consistorial instaurado por Napoleão em 1808 ilustra perfeitamente como isso foi implantado. É a renúncia ao caráter nacional da identidade judaica, renúncia inseparável da plena integração dos judeus na nação francesa, que garantiu, igualmente, o reconhecimento do judaísmo como uma das "religiões oficiais da França". Para que o judaísmo pudesse contar entre as religiões reconhecidas perante o Estado, foi necessário que se constituísse como uma confissão dotada de uma autoridade central e que definisse um culto particular. Era preciso, dizendo de outra forma, que ele se constituísse dentro de um quadro organizacional demarcado, quanto ao essencial, nos moldes do da

---

27. RÉMOND, R. Le présent encombré par l' histoire. In: *Le Monde*, 03/03/84.

Igreja Católica. Nos termos da lei de 1905, a República não reconhecia mais formalmente nenhum culto. Mas ela pereniza essa concepção confessional da religião que define a comunidade religiosa reduzindo-a, em última instância, à assembleia dos fiéis reunidos para o culto. Ora, essa definição confessional da comunidade religiosa, compatível com o modelo assimilacionista da identidade nacional herdada das Luzes e da Revolução Francesa, ajusta-se muito bem como modelo institucional ritual da Igreja Católica, tal como se realiza em uma civilização paroquial cuja reunião cultual é, precisamente, a peça-chave. De fato, ela deriva diretamente disso. Aqui se revela, ao mesmo tempo, a afinidade que existe, para além de sua concorrência histórica, entre o dispositivo católico de um poder religioso hierarquizado e territorializado, inseparável de uma estrita divisão do trabalho religioso dos padres e leigos, e o modelo universalista e administrativo que a República implanta em todos os âmbitos. Não é apenas devido ao fato de seu domínio histórico em toda a nação que o modelo da Igreja romana foi constituído, no quadro da laicidade francesa, como a referência organizacional de todas as religiões. É pelo fato, sim, que a construção institucional ritual que ela encarna constitui a referência implícita da elaboração institucional ritual da própria República. A laicidade conteve a força social e simbólica da instituição católica opondo-lhe simetricamente seu próprio dispositivo social e simbólico: a rede territorial das escolas públicas, como contrapartida à rede de escolas públicas das paróquias; a figura de autoridade do diretor escolar em contrapartida à figura do padre; a representação da comunidade cidadã em contrapartida à representação da comunhão católica, etc. A República somente pôde combater e vencer a força da Igreja Católica opondo-lhe o contramodelo de uma "verdadeira religião civil"[28], que possui, como diz P. Nora, seu Panteão, seu martirológio, sua liturgia, seus mitos, seus ritos, seus altares e seus

---

28. NORA, P. (org.). *Lieux de mémoire – La république* (tomo I); *La nation* (tomos II, III e IV). Paris: Gallimard, 1984 e 1987.

templos. A definição confessional da religião nos limites da República, que ela impõe à Igreja Católica e a todas as instituições religiosas, procede igualmente desse jogo de espelhos. Ela se vale, de fato, para suas referências, do modelo católico cujas pretensões pretende conter. Essa afinidade paradoxal pode ser considerada uma das chaves da "conciliação laica" que pôde acontecer, com o tempo, entre os adversários de então. Mas para que esse sistema funcione fora do catolicismo, é necessário que as instituições religiosas possam entrar nesse molde confessional. Sobretudo, é preciso que elas estejam preparadas para estabelecer, diante do poder público, "interlocutores" qualificados, suscetíveis de serem reconhecidos pelos fiéis como capacitados para se expressarem legitimamente em seu nome. Para que esta segunda condição se realize, as instituições religiosas precisam ser capazes de impor em seu interior um regime de validação do crer que faça da autoridade institucional o garantidor último da verdade partilhada pelos fiéis. A desorganização institucional da paisagem religiosa contribui para desestabilizar o modelo da laicidade à francesa, abalada, além de tudo, por evoluções políticas, econômicas e culturais que atingem em seu princípio os valores sobre os quais ele repousa[29].

A questão do islã

A tendência à desinstitucionalização que se opera nas instituições cristã e judaica faz parte dessa desorganização. Mas ela não compromete, momentaneamente, pelo menos, o dispositivo das relações entre tais instituições e o Estado. A capacidade interna das instituições de regularem o crer comum se debilitou, mas isso, por enquanto, ainda não questiona, fundamentalmente, a representatividade externa das autoridades religiosas. O presidente da Conferência Episcopal, o presidente da Federação Protestante da Fran-

---

[29]. Cf. GAUCHET, M. Sécularisation, laïcité: sur la singularité du parcours français. In: *Les Idées en Mouvement* – Mensuel de la Ligue de l'Enseignement, suplemento do n. 58, abr./1998.

ça e o Grande Rabino da França continuam sendo interlocutores reconhecidos pela influência pública quando se trata de discutir assuntos religiosos. Marginalmente, no entanto, o dispositivo da gestão pública do religioso perde a força. Pode-se perceber isso, por exemplo, na dificuldade de tratar, nesse contexto, das reivindicações de correntes judaicas ortodoxas relacionadas ao programa escolar e à obrigação apresentada a todos os alunos de irem à escola nos sábados. Também se percebe isso nos conflitos que surgem localmente a propósito dos quarteirões judaicos ou muçulmanos nos cemitérios. Pode-se, ainda, ter uma ideia disso pelas manifestações, às vezes violentas, como no caso do Chamblac no Eure em 1997, da reivindicação de grupos católicos tradicionalistas de disporem de uma igreja (propriedade do Estado) para celebrar, contraditoriamente às decisões do bispo do lugar, uma missa segundo o rito de São Pio V. No Chamblac, a reivindicação provinha conjuntamente de membros da Fraternidade São Pio X (cismáticos) e de fiéis "romanos" do falecido cura, tacitamente autorizados pelo bispo a celebrarem segundo o antigo rito. Nessa situação, o prefeito manifestou – é tudo que se pode afirmar – algumas dúvidas sobre a maneira de enfrentar um problema de ordem pública no qual estavam presentes questões teológico-políticas fora de seu alcance. Mas que poderia ele fazer, não apenas quando o bispo lhe solicitou para restabelecer a ordem pública, mas também quando um administrador municipal (católico) colocou sua sede administrativa à disposição de correntes tradicionalistas para servir-lhes de sacristia, porque seus administrados não conseguiam entender que o direito à liberdade de expressão não lhes estava sendo garantido? Com enfrentamentos violentos (arrombamentos de igrejas, paralisação de serviços, etc.) que dividiram a população local sem levar as autoridades civis a intervirem, uma fórmula de compromisso foi apresentada, que consistia em desativar uma igreja de bairro (não paroquial), e agendar uma convenção entre o administrador da comuna em questão e a fraternidade São Pio X. Essa solução não resolveu o problema dos movimentos católicos tradicionalistas –

Notre-Dame de Chretienté, Chevaliers de Saint-Lazare – que ficaram na Igreja Romana e reclamavam ao bispo o direito de celebrar regularmente o rito tridentino. Uma petição nesse sentido foi, ademais, espalhada para abaixo-assinado em toda a região. No próprio Chamblac, a celebração de aniversário do falecimento do antigo cura deu lugar, em 30 de novembro de 1997, sob a vigilância de inúmeras tropas policiais, a manifestações religiosas concorrentes e animadas, colocando em confronto o clero e a população local com as correntes tradicionalistas militantes dentro e fora da Igreja, numa demonstração exemplar de desregulamentação religiosa. O caso do Chamblac anuncia conflitos que podem se multiplicar, mas por enquanto, tratando-se do catolicismo em escala nacional, o dispositivo da gestão pública do religioso continua funcionando.

As implicações do não funcionamento desse sistema aparecem, por outro lado, em toda sua extensão à luz das questões que se colocam pela presença de uma população muçulmana que se tornou a segunda religião na França. Obviamente que a presença muçulmana na França não é, em si, uma realidade inédita. A mesquita de Paris foi inaugurada em 1926, recordemo-lo, para marcar o reconhecimento da pátria para com os inúmeros muçulmanos que deram a vida defendendo-a em 1914-1918. Ela é que constituiu, ademais, até 1981[30], a "vitrine" oficial do islã na França. Contudo, as coisas acontecem como se os franceses, hoje "descobrissem" a existência do islã entre eles. Essa inquieta tomada de consciência, evidentemente, está ligada ao choque psicológico da ascensão dos movimentos islamistas em todos os países islâmicos e, particularmente, na Argélia, país sensível, por excelência, aos franceses. Mas

---

30. Data em que foi promulgada a lei de 9 de outubro, substituindo o decreto de 12 de abril de 1939 que restringia o direito dos estrangeiros a se associarem no quadro da lei de 1901. A partir dessa data, as associações se multiplicaram, dois terços das quais (dentre cerca de 2.000) gerem os 1.500 lugares de culto recenseados na França. Além disso, um grande número de associações que reúnem jovens muçulmanos está registrado sob uma razão social não especificamente religiosa (esportiva, cultural, musical, etc.), ou são associações de fato.

o essencial do fenômeno consiste, antes de tudo, na transformação, nesses últimos trinta anos, da condição de imigrados vindos do Magreb para trabalhar na França, à sedentarização definitiva das famílias no país de acolhida e à chegada à idade adulta de gerações de origem muçulmana nascidas na França. Esses jovens são, atualmente, os mais atingidos pelas dificuldades de integração social e profissional. São também os mais vulneráveis às ameaças de exclusão. A experiência da denegação da identidade social que vivem cotidianamente os conduz a fazer da religião o lugar da conquista possível de sua dignidade e da construção de sua individualidade. Eles reivindicam viver pública e coletivamente um islã do qual se apropriam como uma dimensão fundamental de sua identidade cultural e social: é o único bem cultural e simbólico que eles podem especificamente reivindicar ante os "franceses de raiz", e que lhes permite – como vimos – transformar a exclusão sofrida em um diferencial voluntariamente assumido.

Essa reivindicação identitária se exprime de forma ainda mais fácil na diversidade de suas variantes pelo fato de que o islã não possui nem clero, nem instituição, na França, ao menos, que possa assumir a função de fazer a regulação ideológica das comunidades. O islã francês é eminentemente policêntrico e a concorrência é intensa entre os diferentes grupos que procuram dar a definição do islã autêntico, ao mesmo tempo em que se esforçam para controlar suas implantações concretas: mesquitas, escolas, rádios, espaço televisual atribuído ao islã nas emissões religiosas do domingo de manhã, jornais, associações, comunidades locais, etc. Bruno Etienne distingue, no islã na França, três níveis de estruturas concorrentes. O primeiro é o das "pequenas comunidades organizadas localmente, praticamente sem laços entre si, que procuram simplesmente organizar a vida dos muçulmanos no plano cultual". O segundo nível reúne "associações estabelecidas pelos Estados estrangeiros que procuram controlar sua população". O terceiro nível é o das "ligas islâmicas que apoiam a problemática das minorias muçulmanas tal como é definida pela ortodoxia islâmica"[31]. "Cada uma dessas estruturas produz clérigos, pregadores, imãs mais ou menos autônomos" e a concorrência deles acontece sobretudo em relação ao controle das mesquitas e salas de oração. Confrontado com um mosaico de grupos ideológica, étnica e nacionalmente diferenciados, em parte colocados sob o controle de organismos concorrentes[32], o Estado francês é impotente para fazer funcionarem mecanismos reguladores que postulam a existência, à sua frente, de um interlocutor institucional único e reconhecido, capaz de falar em nome da "confissão muçulmana" em conjunto. Iniciativas foram tomadas pelos governos de esquerda e de direita para suscitar essa resposta. Apelos são regularmente lançados em vista de uma "consistorialização" do islã na França. Sem sucesso. O islã resiste à institucionalização confessional e revela, dessa forma, os limites da regulação laica das relações entre as religiões e o Estado. A decisão de criar, dentro da comunidade francesa, um centro nacional de estudos sobre o islã, na interseção do ensino com a pesquisa, apto a formar uma elite religiosa esclarecida (e não imãs), constitui, do ponto de vista do governo, uma primeira etapa. "Bem longe de renunciar à presença de um interlocutor legítimo, o Estado aceitará aquele que lhe for proposto, por pouco que ele possa ser considerado como tal pela maioria", destaca o comunicado do ministro do Interior, no dia 19 de maio de 1998. "Se isso levar muito tempo, o Estado tampouco descartou a possibilidade de intervir, no quadro da laicidade republicana, para oferecer a nossos compatriotas muçulmanos um reconhecimento de sua cultura e o meio de pôr fim às discriminações"[33]. A intenção está posta, mas a ex-

---

31. ETIENNE, B. *L'Islamisme radical*. Paris: Hachette, 1987, p. 308-309 [Le Livre de Poche].
32. Assim: a Grande Mesquita de Paris, a Federação Nacional dos Muçulmanos da França, a União das Organizações Islâmicas da França, a Associação Fé e Prática (Jamah-al-Tabligh).
33. *Le Monde*, 21/05/98.

pectativa de acontecer essa "regulação" do islã, considerando-se as divisões internas da população muçulmana, continua distante.

A situação é, evidentemente, propícia para o desencadeamento de sentimentos contrários. Alguns, sobremaneira com relação ao "caso do véu", relacionaram a um novo "caso Dreyfus". Contudo, o acontecimento que esteve na origem da extraordinária explosão de paixões que a França viveu por longos meses pode parecer menor a quem quer que considere os fatos a partir de fora. Em junho de 1989, o conselho administrativo de um colégio secundário da grande periferia norte de Paris, que acolhia alunos de vinte e cinco nacionalidades diferentes, deu-se conta de que um grupo importante de crianças de confissão judaica habituou-se a faltar sistematicamente às aulas nos sábados e nas festas judaicas. Os professores decidem fazer constar no projeto do estabelecimento uma rubrica "laicidade" que especifica que 1) as ausências às aulas por razões religiosas não serão admitidas a partir do período seguinte, e 2) que a discrição é requerida em matéria de porte de sinais religiosos distintivos. Citam, os professores, a propósito disso, o caso de três meninas muçulmanas que usavam o *hijeb*. No retorno, o acesso às salas de aula é negado às meninas que usavam o véu islâmico. O diretor notifica a exclusão provisória das aulas às três alunas que se negavam a retirar o véu. Um compromisso é, finalmente, firmado ao término de uma reunião do conselho administrativo do colégio com os pais das três alunas, os presidentes das associações laicas tunesiana, marroquina e argelina, e os representantes das associações de pais de alunos: as jovens portarão seu fular no recinto da escola, mas o retirarão durante as aulas deixando-os arreados sobre os ombros. Elas se comprometem, além disso, a assistir a todas as aulas, inclusive as de ciências naturais e de esporte.

Mas, nesse intervalo, a imprensa local, primeiro, depois a nacional, faz um grande alarde sobre o caso. A dramatização midiática se desenvolve simultaneamente a uma ampliação ideológica da controvérsia em escala nacional. O ministro socialista – e protestante – da Educação nacional, L. Jospin, adota uma posição sutil que será a sua linha de conduta daí para adiante: "Trata-se – diz ele – de respeitar a laicidade da escola não portando de maneira ostentatória os sinais de sua pertença religiosa". Mas acrescenta: "A escola existe para acolher as crianças, não para excluí-las". Propósito esse, confirmado em seu discurso diante da Assembleia Nacional em 25 de outubro de 1989: "a laicidade não precisa mais ser uma laicidade em combate. Ela deveria ser, ao contrário, uma laicidade amistosa, feita precisamente para evitar as guerras, inclusive as guerras religiosas". "Seria – acrescenta ele – uma falta grave, adotando uma atitude rígida, por um reflexo de solidariedade para com alguns elementos isolados, estigmatizar toda essa comunidade. Não é através da rejeição, praticando a exclusão, que se favorecerá a evolução do islã no mundo ocidental. Quem pode assegurar que, dentro de dez anos, essas meninas muçulmanas que hoje ocupam espaço na mídia, ainda usarão o fular, que não serão emancipadas?" Esta posição temperada é claramente apoiada pelo Presidente Mitterrand e pelo primeiro-ministro, igualmente protestante, M. Rocard. Mas ela se choca com a radicalização das posições que se confrontam agora no cenário público. Em campo, a lógica da provocação e a da exclusão se encontram e se reforçam mutuamente. Em Creil, lugar simbólico do conflito, as colegiais rompem o compromisso e retomam o uso do fular durante as aulas. Essa reviravolta sucede a conversa que seus pais tiveram com um representante da Federação Nacional dos Muçulmanos da França, que defende a ideia, pela boca de um de seus responsáveis, Daniel Youssef Leclerc, que o porte do véu é "uma questão de pudor" e "que não se pode comprometer a religião". Elas são imediatamente excluídas das aulas, mas acolhidas na escola, na biblioteca. Um comitê de apoio às jovens de Creil se constitui, e uma queixa é apresentada, por "discriminação racial". Mas uma manifestação de rua organizada em Paris no dia 22 de outubro por duas organizações muçulmanas integralistas, e que não reuniu mais do que seiscentas pessoas, é desautorizada pela Grande Mesquita de Paris e pela Federação Nacional dos Muçulmanos Franceses.

Essa divisão das associações muçulmanas sobre a estratégia a adotar em relação às medidas das quais elas denunciaram o caráter "discriminatório" e "intolerante", traz à luz um fato mais abrangente: o da divisão introduzida pelo "caso do véu" em todas as famílias de pensamento político, religioso e ideológico, bem como entre os intelectuais que põem sua pena a serviço da dramatização do conflito. Do lado das organizações leigas, as posições estão longe de possuir uma unidade. Enquanto os membros mais rígidos exigem a proibição geral do porte do véu, as correntes renovadoras reclamam, pelo contrário, uma "laicidade aberta". M. Morineau, secretário nacional da Liga do Ensino (Ligue de l'Enseignement), organização de vanguarda das correntes leigas, interroga: "Essas meninas manifestaram, realmente, o desejo de influenciar suas colegas? Elas fizeram ostensivamente suas orações em classe, expressaram hostilidade em relação aos católicos, protestantes, israelitas ou descrentes? Se recusaram a participar de alguma aula? Se não, que usem o fular! Um regulamento não é algo sagrado, nem eterno, e a laicidade não consiste em manter, a todo preço, a ordem estabelecida"[34]. A FCPE, associação de pais de alunos claramente orientada à esquerda e firmemente ligada à laicidade da escola pública, manifesta igualmente suas dúvidas: "O que devemos apregoar? Certamente não a exclusão que lança os interessados numa atitude mais defensiva, certamente não uma estrita regra de comportamento nacional. É preciso assumir o caminho estreito entre a rejeição, solução simplista, e a abdicação, solução perniciosa"[35]. Os sindicatos de professores, ao contrário, manifestam uma posição rigorosamente oposta a toda reconciliação, em nome da barragem que consideram necessária ao crescimento de todas as formas de integralismos religiosos e em nome da igualdade sexual, afetada pelo porte obrigatório do fular. Igualmente é em virtude dos direitos da mulher que as associações feministas se mobilizam contra a posi-

---

34. *Le Monde*, 26/10/89.
35. Declaração de 24/10/89.

ção conciliadora, segundo elas, do governo e do ministro nacional da Educação. O Grande Oriente da França situa-se na mesma linha. Mas as organizações antirracistas e as associações de defesa dos direitos dos imigrantes estão divididas. SOS-racismo, claramente de esquerda, rejeita os termos do debate: "A verdadeira questão, insiste seu presidente Harlem Désir, não é ser a favor ou contra o fular na escola pública, mas saber para qual escola irão essas crianças e como conseguir sua integração"[36]; enquanto isso, o presidente da France-Plus, de orientação liberal, cita Leonel Jospin para quem "é preciso impor urgentemente o respeito da laicidade diante dos fulars, os kipás e quaisquer outros sinais religiosos que possam ameaçar a paz e a escola"[37]. Do lado das instituições religiosas não muçulmanas, as posições são variadas. As organizações judaicas apresentam seu apoio às reivindicações de uma livre expressão das crenças nas escolas, considerando que "não haja risco de desestabilização da sociedade". Os protestantes acreditam "que não há razão alguma para proibir o uso do véu nas escolas desde que ele não vise nenhum proselitismo, mas o respeito da laicidade deve ser absoluto"[38]. A Igreja Católica partilha do mesmo ponto de vista e procura, sobretudo, pela voz do Monsenhor Lustiger, cardeal-arcebispo de Paris, desdramatizar o dossiê: "O uso do véu talvez tenha apenas um significado oposicional, um pouco como o corte de cabelo ao estilo rastafari. Não façamos a guerra contra esses adolescentes. Cessar fogo! Não vamos confundir o problema do islã com o da adolescência. Paremos essa discussão até que as autoridades muçulmanas puderem nos explicar com clareza qual o real significado do véu, de maneira que entendamos se isso contradiz ou não a definição francesa da laicidade"[39]. No processo de radicalização ideológico-política de um debate que, algu-

---

36. Declaração de 15/10/89.
37. Ibid.
38. Declaração da Federação Protestante da França, de 24/10/89.
39. Diálogo na Agence France-Presse, 19/1089.

mas vezes, reuniu em uma espécie de convergência antinatural a intransigência de algumas correntes laicas antirreligiosas e a rejeição oposta ao islã dos imigrados por algumas correntes da direita conservadora e nacionalista, os intelectuais portadores de visões antagônicas da "missão da esquerda" também tiveram sua parte. Alguns se perguntam "se o ano do bicentenário assistirá ao Munique* da escola republicana"[40]. Outros afirmam que a exclusão favorece o integralismo e a Frente Nacional e se perguntam se "aqueles que invocam hoje o Munique da escola republicana não suscitam o Vichy** da integração dos imigrados"[41]. A controvérsia levanta uma enorme massa de escritos, artigos e manifestos. Tomadas de posição pacificadoras, no entanto, aparecem, visando desdramatizar a questão do conflito e avaliar o papel regulador do islã na França[42], ou ainda colocar o problema no campo pedagógico e educativo, perguntando, por exemplo, como ajudar as jovens muçulmanas, geralmente obrigadas por seus pais e principalmente por seus irmãos, a usar o véu contra sua vontade, a adquirir, no âmbito escolar, uma verdadeira autonomia pessoal. Esses esforços de racionalização têm pouco peso diante da fúria dos anátemas.

Nesse contexto de guerra ideológica, o ministro da Educação nacional tenta, portanto, uma mediação "por alto". Pede uma opi-

---

* Provável referência ao movimento de estudantes da cidade de Munique, na Alemanha, que, de junho de 1942 a fevereiro de 1943, fez resistência ao nazismo até serem presos e executados após a distribuição do "Manifesto dos estudantes de Munique" (N.T.).

40. "Professores, não cedamos!" Carta assinada por E. Badinter, R. Debray, A. Finkielkraut, E. de Fontenay e C. Kintzler. In: *Nouvel Observateur*, 02/11/89.

** Em referência ao Regime Vichy, vigente na França de julho de 1940 a agosto de 1944, que sucedeu a Terceira República e foi estabelecido após a rendição da França à Alemanha em junho de 1940, e cuja sede administrativa fixou-se nessa cidade da França Central.

41. Carta assinada por J. Kaufmann, H. Désir, R. Dumont, G. Perrault e A. Touraine. In: *Politis*, n. 79, 09-15/11/89.

42. ROUX, M. Vers um islam français. In: *Hommes et Migrations*, n. 1129/1130, fev.-mar./90.

nião ao Conselho de Estado, opinião emitida no dia 27 de novembro de 1989. A opinião é matizada: "o uso de insígnias religiosas pelos alunos não é incompatível com a laicidade", define o texto, desde que esses sinais não possuam um "caráter ostentatório ou reivindicativo". Essa opinião, portanto, deixa aos responsáveis dos estabelecimentos "o cuidado de apreciar, caso a caso e sob o controle dos juízes, os limites de tal tolerância". O ministro publica, então, uma circular que retoma os princípios anunciados pelo Conselho de Estado. Ele dá prioridade ao diálogo em caso de uso de sinais religiosos dos alunos, desde que tais marcas do vestuário não tendam a promover uma crença religiosa, mas defende a firmeza se os princípios de neutralidade e de assiduidade forem ameaçados. Essa tentativa para favorecer um regulamento caso a caso das "questões do véu" não chega a suscitar a dinâmica de discussão desejada pelo ministro. Sua "ambiguidade" causa a crítica dos sindicatos de professores, pouco desejosos de verem a responsabilidade principal da decisão recair sobre eles. Observam-se vivas reações entre os defensores mais rigorosamente anticomunitários da laicidade, e da parte das correntes feministas. Mas nota-se igualmente que a direita política, tentando conter a atração crescente da fração mais conservadora de seu eleitorado por uma Frente nacional que prega sem cessar a ameaça da "invasão islâmica", também serviu-se do "caso dos véus" para denunciar globalmente a "lassidão" do governo e questionar a política de integração conduzida em favor dos imigrados; na ausência de uma prática coerente de negociação, os anos 1991-1992 foram marcados ao mesmo tempo pela multiplicação e a banalização dos "casos dos véus". Segundo uma lógica repetitiva, os casos de exclusão (algumas dezenas desde 1989) foram levados pelas famílias diante dos tribunais administrativos que, geralmente, confirmaram as decisões de exclusão. Essa sentença é levada em apelo ao Conselho de Estado, que anula a regulamentação anterior dos estabelecimentos, dando um alcance geral à proibição. Essa arbitragem por parte dos tribunais permite resolver, caso a caso, a situação das alunas: ou elas aceitavam, finalmente, retirar o véu, ou optavam pelo ensino por correspondência, ou ainda que fossem acolhidas com seu véu, mas comprometendo-se a evitar todo proselitismo... no ensino privado católico. Note-se que, em Creil, foi a intervenção direta do rei de Marrocos – Comandante dos Crentes – pedindo expressamente às jovens marroquinas que retirassem o véu e aceitassem as regras do jogo da laicidade francesa, que permitiu sua reintegração no colégio...

A dramatização do "caso dos véus" e o fracasso das tentativas de mediação tentando promover uma solução negociada do conflito se desdobram por detrás de um conflito social e cultural bem mais fundamental ainda, que é o do lugar a ser dado, numa sociedade democrática desestabilizada pelo desemprego, às comunidades imigradas e, portanto, ao islã, com o qual elas estão relacionadas[43]. Essa interferência dos dois problemas aparece ainda mais claramente na segunda fase quente do problema do véu, a que se abre no retorno de 1993 no Colégio Xavier-Bichat de Nantua no Ain, com a exclusão de quatro jovens alunas turcas que se recusavam a retirar o véu durante as atividades esportivas. Além do problema escolar propriamente dito, a crise revela a rejeição de que é objeto, nessa região do Jura, uma comunidade turca numerosa, cujo fechamento sobre si mesma se reforça com a língua (diferentemente das comunidades magrebinas que falam francês) e cuja afirmação religiosa cristaliza o apego a suas próprias tradições. Mas o "caso de Nantua" revela a dimensão diretamente política do conflito. Esta se expressa com vigor nas tomadas de posição que associam diretamente a proibição total do véu na escola, a limitação da imigração e a expulsão dos imigrados clandestinos. Pouco tempo depois, na Assembleia Nacional, o ministro centrista da Educação do governo da direita que retornou ao poder, François Bayrou, é intimado pelos elementos da ala mais conservadora de sua maioria a pôr fim ao "vandalismo institucional" favorecido pela Lei

---

43. WILLAIME, J.P. La laïcité française au miroir du foulard. In: *Le Supplément*, n. 181, jul./1992.

Jospin de 1989, que encorajava a busca de uma "jihad insidiosa" por parte dos muçulmanos dentro das escolas. Para desfazer essa pressão e garantir aos diretores de estabelecimentos que temem a anulação judiciária de suas decisões, F. Bayrou publica, no dia 27 de outubro de 1993, uma circular que retoma, no essencial, os termos da Circular Jospin e a opinião do Conselho de Estado de novembro de 1989. Os princípios fundamentais são mencionados e o texto insiste firmemente sobre a responsabilidade própria dos diretores de estabelecimentos, convidando-os a reagirem rápida e firmemente diante dos atos de pressão, de provocação e de proselitismo suscetíveis de tumultuar a ordem pública. Com o endurecimento de alguns conflitos locais, uma segunda circular datada de 20 de setembro de 1994 vai mais adiante e define o uso de insígnias religiosas como "sinais que são em si mesmos elementos de proselitismo" e pede aos diretores que "proponham aos conselhos administrativos, na redação dos regulamentos internos, a proibição de sinais ostentatórios, sabendo que a presença de sinais mais discretos que traduzem o apego a uma convicção pessoal não pode ser objeto das mesmas reservas". É claro que a noção de "sinais ostentatórios" visa, aqui, expressamente o fular islâmico, ao passo que a cruz e o kipá são considerados "sinais discretos". Tomada pela pressão de uma maioria política que defende uma determinada concepção da identidade francesa ameaçada, segundo ela, pela imigração, a segunda circular de Bayrou tem por efeito sistematizar, tornando-os comuns, os procedimentos de exclusão. O ministro queria, como seu predecessor socialista, "convencer sem constranger", mas o resultado de sua intervenção revela-se igualmente mitigado. De 1989 a 1996, se 1.500 jovens optaram por abandonar seu fular, outras 150 foram excluídas dos estabelecimentos. Esse número significativo de exclusões demonstra não apenas o fracasso de uma "determinada concepção de escola". A impossibilidade de estabelecer um procedimento que permitisse chegar a soluções diferenciadas segundo os comportamentos das jovens muçulmanas em relação ao véu[44] marca também o fracasso da regulação leiga do religioso[45]. O islã é, por natureza, "inassimilável" pela República? Muitas vezes colocada, a pergunta questiona igualmente o islamismo, ele próprio, bem como as "regras de assimilabilidade" que a República impõe às religiões presentes no solo nacional. Pois essas regras definem, de fato, um regime implícito para os cultos reconhecidos diretamente tomados como padrão pela falta de regulação presente no cenário religioso.

A religião "incontrolável": o caso das seitas

A situação de incerteza que cerca o modelo laico de gestão pública das confissões religiosas manifesta-se de maneira mais acentuada quando a questão é regular a situação dos grupos que reivindicam ser tratados como "religiões" e beneficiar-se, dessa forma, das liberdades que a Constituição garante aos diversos cultos na República. O problema do controle das seitas cristaliza, sob esse ponto de vista, todos os pontos de regulação do religioso. As condições passionais nas quais ele sempre é colocado, diante da opinião como no cenário político, evidentemente não favorece uma regulação tranquila. De que se trata, exatamente? Do ponto de vista do poder público, é preciso impedir que grupos constituídos em geral por associações segundo termos da lei de 1901 desobedeçam à lei em qualquer aspecto que seja. Até aqui as coisas são bastante simples: se delitos ou crimes forem constatados, eles podem e devem

---

44. Entre elas existe, com efeito, uma gama de atitudes (rejeição, adoção forçada, adoção indiferente, adoção voluntária como sinal de envolvimento pessoal, adoção militante, etc.) em relação ao véu. Cf. GASPARD, F. & KHOSROWKHAVAR, F. *Le voile et la République*. Paris: La Découverte, 1995.

45. Para tentar fazer evoluir essa situação, uma mediadora nacional, Sra. Harrifa Cherifi, foi nomeada em novembro de 1994. De maneira discreta, ela procura, caso a caso, superar uma gestão puramente disciplinar do véu e construir, em função de dados próprios do dossiê, um compromisso aceitável pelas partes envolvidas: as jovens, as famílias e os professores (Entrevista dada ao *Monde*, 10-11/01/99). Um caso recente, em um colégio de Flers (Orne) em janeiro de 1999, mostrou, mais uma vez, toda a dificuldade dessa tarefa.

ser objeto de procedimentos penais. O direito civil e o penal, igualmente fixam um certo número de limites às exigências que um determinado grupo pode impor aos seus adeptos. As leis que protegem as liberdades individuais, a infância, os bens das pessoas, a herança, a assistência ao outro, a saúde pública, etc. constituem o amparo jurídico que limita, em princípio, as pretensões de um grupo determinado a reger completamente a vida de seus membros. Mas, fora desses limites, as possibilidades de intervenção direta do poder público cessam. Nada pode impedir um indivíduo adulto de escolher não apenas suas crenças, como também o modo de vida segundo o qual deseja viver, desde que ele não saia do âmbito da lei. Mais que isso, o direito à radicalidade religiosa livremente consentida deve também ser protegido, pois os tempos atuais são propícios à difusão de um modelo normativo de condutas "religiosamente corretas". Um indivíduo adulto deve poder decidir viver pobre e casto por razões religiosas sem que a "loucura" dessa escolha o leve a ser considerado um desequilibrado mental e, dessa forma, recolhido sob tutela! Ademais, nada pode impedir uma associação legalmente constituída de difundir suas idéias se seu proselitismo permanece compatível com as regras de direito que regem essa matéria.

Ora, precisamente, a opinião requer mais. Os suicídios coletivos e assassinatos perpetrados na Guiana, em Waco e nos sítios da Organização do Templo Solar revelaram o poder da influência exercida sobre os indivíduos por associações de pensamento que propõem a seus adeptos uma reforma integral de suas vidas. Traumatizada, a opinião reclama uma ação preventiva, destinada a contrapor, nesse sentido, a ação desses grupos. As associações antisseitas, onde ingressam muitos indivíduos, muitas vezes atingidos pessoalmente pela adesão de um familiar nesse tipo de grupo, não requerem apenas a aplicação integral da lei. Elas esperam que um dispositivo legislativo os situe fora da lei antes que seu poder nocivo chegue a acontecer. A noção de "nocividade" ultrapassa bastante, nesse caso, a noção de "ilegalidade". Esta concepção da defesa

contra as seitas encontra um amplo eco entre os políticos, particularmente, preocupados com a representação da opinião nesse terreno sensível. Daí as paixões que surgem quando se discute publicamente a questão de saber se as "seitas" podem se prevalecer da proteção devida à liberdade religiosa. A laicidade do Estado não permite fornecer uma resposta a essa pergunta. Pode-se apenas partir do fato de que grupos socialmente designados como seitas definam crenças comuns, que se autodenominem "religiões", e que a liberdade de crença, como tal, é absoluta. A corte de apelos de Lion que sentenciou, numa prisão ocorrida em 28 de julho de 1997, sobre o caso da Igreja de cientologia não fez nada mais do que reconhecer essa situação. O tribunal observa que "na medida em que uma religião pode se definir pela coincidência de dois elementos, um elemento objetivo – a existência de uma comunidade, embora reduzida – e um elemento subjetivo – uma fé comum –, a Igreja de cientologia pode reivindicar o título de religião e desenvolver com toda a liberdade, no quadro das leis existentes, suas atividades, inclusive suas atividades missionárias, mesmo o proselitismo [...][46].
A Igreja de cientologia aclamou esse julgamento como tendo-lhe dado reconhecimento de cidadania entre as religiões respeitáveis. Os adversários do julgamento – as associações antisseitas como também a Igreja Católica – denunciaram o reconhecimento religioso acordado pelo tribunal à Igreja de cientologia. Essas duas leituras distorcem, na verdade, o sentido da intenção do julgamento. A Igreja de cientologia reivindicava ser tratada como uma religião, a fim de poder invocar a lei que garante a liberdade religiosa. Foi em resposta a esse meio de defesa que os magistrados se pronunciaram. Não tendo nenhum meio jurídico para determinar se a Igreja de cientologia se autoproclama *legitimamente* como uma religião, eles consideraram que a questão de saber se tal associação é uma religião ou uma seita é, em si, uma questão inútil. Dessa forma, o tribunal não "reconhece" juridicamente a Igreja de cientologia como

---

46. *Le Monde*, 30/07/97.

uma religião. Ademais, seguindo a jurisprudência nesse assunto, o tribunal fez a única coisa que podia fazer. Considerou que os interessados se designam a si mesmos como uma "religião" e que partilham efetivamente de crenças comuns. Mas seu dever de defender o caráter absoluto da liberdade de crença não o impede absolutamente de definir se as atividades praticadas a título dessas crenças são realizadas ou não "de acordo com as leis existentes". Sob esse último ponto, sua resposta foi claramente negativa e a Igreja de cientologia foi novamente condenada.

Os debates que cercaram essa decisão da justiça situam a contradição diante da qual o Estado se encontra colocado, uma vez colocado o problema, não apenas da repressão, mas também da prevenção dos excessos sectários. A resposta fornecida pelo relatório de uma comissão parlamentar de inquérito sobre as seitas, publicado em 10 de janeiro de 1996 e adotado unanimemente pela Assembleia Nacional[47], põe completamente em claro os termos do dilema. Em nome do necessário respeito da neutralidade do Estado, garante da liberdade de consciência, de religião e de expressão, o relatório descarta a ideia de uma "lei antisseitas" cuja existência, em si, contrariaria o princípio da igualdade dos cultos estabelecida pela lei de 1905. Essa proposição confirma que a questão das seitas está relacionada ao problema geral da gestão da religião em âmbito público. Ela implica ainda que o Estado, fundamentalmente "indiferente" às religiões, não se preocupa em dar uma definição jurídica da religião que pudesse permitir excluir *a priori* esse ou aquele tipo de grupo do benefício das liberdades que ele garante. Mas o relatório se propõe, contudo, a identificar associações que podem ser consideradas como seitas, a partir de dez "critérios de periculosidade": "ruptura com o ambiente social", "exigências financeiras exorbitantes", "discurso antissocial", etc. Para que uma das associações seja considerada como uma "seita perigosa", é suficiente que

---

47. Assembleia Nacional, relatório feito em nome da comissão de pesquisa sobre as seitas, sendo presidente: M.A. Gest; relator: M.J. Guyard, n. 2.468, 1996.

ela se enquadre em, ao menos, um desses critérios. Não nos atenhamos, aqui, a discutir esses critérios, cujo caráter indefinido e a reversibilidade em relação à história já foram amplamente colocados em evidência, mas passemos à lógica da própria trajetória adotada[48]. Se a questão das "seitas" é, sim, uma questão de religião (já que a proteção da liberdade religiosa e a regra da igualdade dos cultos excluem uma lei geral antisseita) e se a "periculosidade" ("perigo para as liberdades individuais, a saúde, a educação, as instituições democráticas") que caracteriza a seita socialmente nociva, o relatório apresenta ao menos uma definição prática da "religião perigosa". O relatório, com efeito, não se contenta em fazer uma lista de práticas ilegais susceptíveis de procedimentos penais ou civis. Ele acentua traços, inclusive tendências que deixam presumir, fora de qualquer falta constatada, a nocividade da associação examinada. Levemos o questionamento ao extremo: em um Estado onde a liberdade religiosa é garantida – onde toda a vida religiosa, não é, portanto, considerada "má" e, assim, proscrita –, a designação pública de uma "religião má" postula que a definição de uma "religião boa", ou ao menos "socialmente tolerável", possa ser-lhe contraposta. Sendo que a laicidade do Estado exclui que ele assuma a definição jurídica da religião, não é no terreno do direito que essa designação positiva da religião é produzida, mas no próprio terreno social. As religiões socialmente toleráveis são, no fim das contas, aquelas que a opinião aceita como tais; dito de outra forma, são aquelas que se inscrevem, grosso modo, no quadro das "religiões históricas". Pode-se observar que essa apreciação de caráter extrajudicial é suscetível de variações que acabem por gerar efeitos no campo do direito: o Exército da Salvação foi, no passado, estigmatizado como um grupo prejudicial. Hoje ele goza, além de um

---

[48]. Ver, particularmente, sobre esse ponto e para uma análise de conjunto da lógica do texto, BAUBEROT, J. Le rapport de la commission parlementaire sur les sectes, entre neutralité et "dangerosité" sociale. In: INTROVIGNE, M. & GORDON MELTON, J. (eds.). *Pour en finir avec les sectes* – Le débat sur le rapport de la commission parlementaire. Turim: Cesnur-Di Giovanni, 1996.

amplo reconhecimento público por sua ação humanitária, de um estatuto de "congregação"[49]. Desde 1988, o Conselho de Estado admite, na verdade, que congregações não católicas – budistas e ortodoxas, sobretudo – possam ser reconhecidas de direito.

A preocupação legítima de controlar os comportamentos perniciosos de grupos que se apresentam como "religiões", remete, portanto, a uma questão mais ampla que é a de saber como o Estado pode regular manifestações que se definem religiosas e que não entram no quadro implícito da gestão do religioso. A esta pergunta, a comissão responde estabelecendo a lista de grupos a manter sob alta vigilância. O problema posto por essa resposta não é apenas o da frágil operacionalidade de tal lista, sabendo que alguns grupos podem figurar nela sem uma razão válida[50], ou que basta a outros mudarem sua razão social para escapar do inventário. A fragilidade principal da resposta está no fato de ela confirmar, de maneira implícita, ao menos, a existência de um regime de fato dos cultos reconhecidos, dos quais não se pode senão constatar que entram em contravenção com os termos da lei de 1905. Esta conclusão se impõe ainda mais tendo a Comissão decidido descartar *a priori* do seu exame os grupos ligados às "Igrejas históricas", chamadas por ela de "diferentes religiões reconhecidas"! Essa disposição, sobre a qual o texto não fornece explicação, poupava a Comissão de ter que justificar a razão pela qual ela não podia encarar a classificação, entre as "seitas perigosas" – por motivo, por exemplo, da "ruptura como ambiente de origem" –, não apenas algumas comunidades novas, carismáticas ou outras, mas igualmente todos os noviciados das ordens religiosas! No entanto, seria reduzida uma análise que não visse nessa triagem efetuada sem exame entre "boa" e "má" religião, mais que a instauração de uma política

---

[49]. Sobre os diferentes estatutos jurídicos, cf. BOUSSINESCQ, J. *La laïcité française*. Paris: Le Seuil/Points, 1994.

[50]. Como, por exemplo, a Eglise évangélique de Pentecôte de Besançon, que faz parte do movimento das igrejas pentecostais independentes, e cuja presença entre o rol das "seitas perigosas" é difícil de entender...

implícita de marginalização, inclusive de perseguição das minorias religiosas, apoiada discretamente pelas "Igrejas históricas" e particularmente pela Igreja Católica que forneceu vários expertos consultados pela Comissão. Já foi aventado que as coisas teriam sido diferentes se a Comissão tivesse consultado "bons" expertos, historiadores e sociólogos, capazes de formular, sobre esses fenômenos, um parecer objetivo e exterior às paixões que parasitam o debate público. Esses teriam, sem dúvida, podido demonstrar utilmente a inanidade prática de um procedimento de inventário a ser retomado ao infinito. Teriam, provavelmente, sublinhado a fraqueza dos critérios adotados e evidenciado, de modo mais amplo, as contradições da abordagem desses fenômenos pela periculosidade. Mas eles não tencionavam absolutamente retirar o debate do emaranhado propriamente jurídico em que estava. O experto, por definição, não se ocuparia com o direito. O dilema fundamental tem sua origem na lógica da própria laicidade, enraizada em uma problemática institucional e confessional do religioso que remete, em última instância, ao *vis-à-vis* com a Igreja Romana que presidiu sua construção histórica. A capacidade reguladora do Estado em matéria religiosa, capacidade esta que ele subordina à sua necessária neutralidade, se exerce de fato em um espaço institucional do religioso pré-delimitado por religiões reconhecidas, de fato, senão de direito. Fora desse espaço, o Estado não tem nada a dizer sobre a religião, senão esforçar-se por colocar em operação eficazmente os meios para identificar e reprimir os abusos da liberdade religiosa que ele garante. A "política das seitas", atualmente em fase de elaboração, se orienta em um sentido nitidamente repressivo. Em abril de 1998, um relatório preparado a pedido do primeiro-ministro pelo Observatório Interministerial de Combate às Seitas propõe, além de uma série de medidas destinadas a aperfeiçoar o combate aos agitamentos delituosos ou criminosos, um verdadeiro dispositivo judicial de ação antisseitas, instaurando principalmente uma seção judiciária específica, retomada do modelo antiterrorista, e prevendo um "privilégio de jurisdição" para as infrações cometidas em relação com as seitas. O reforço do dispositivo penal em relação às associações criadas de acordo com a lei de 1901, que servem ordinariamente de cobertura às seitas, é igualmente previsto[51]. Uma circular, com data de 1º de dezembro de 1998 e endereçada a todos os procuradores, acentua a dificuldade de definir a qualificação penal dos fatos mais apropriada para enquadrar eficazmente os grupos delituosos e criminais. Ela pede que uma colaboração estreita seja efetuada, nesse campo, com as associações antisseitas "julgadas sérias", a Unadfi (União das Associações para a Defesa das Famílias e do Indivíduo) e o CCMM (Centro de Documentação, Educação e Ação contra a Manipulação Mental). Em cada tribunal, um magistrado do distrito especializado é encarregado da colaboração com outras jurisdições e serviços administrativos. Em 1º de maio de 1998, 153 dossiês tinham sido abertos, 47 estavam em andamento de instrução e 17 tinham levado a condenação. Obviamente, é preciso esperar que esse dispositivo proteja realmente os cidadãos e consiga acalmar, ao mesmo tempo, as angústias e os ânimos da opinião pública. Mas ele deixará intactos, de qualquer modo, os problemas colocados à laicidade pela desregulação do religioso, desregulação que se exprime precisamente na proliferação de grupos que se reivindicam como "religiosos", fora de toda referência aos sistemas institucionalmente validados do crer religioso que lhes fornecem sua definição não autorizada da religião.

Um problema mais amplo

A ideia segundo a qual a debilitação da faculdade reguladora das instituições influencia na debilitação da laicidade não é procedente. Pode-se considerar, pelo contrário, que a liberalização interna das instituições religiosas e, particularmente, da Igreja católica é um fator importante de pacificação da laicidade. A Igreja não

---

51. *Le Figaro*, 23/04/98.

é mais um bloco. A pluralidade política dos católicos franceses é algo já perfeitamente constatado[52]. No próprio âmbito da ética, os fiéis – inclusive os mais engajados – reivindicam uma autonomia que os leva a fazerem valer suas escolhas pessoais, posicionando-se de maneira contraditória em relação às prescrições da hierarquia. A liberdade com a qual os católicos se colocam diante das normas da autoridade romana em matéria sexual e familiar tende a demonstrar que a Igreja se tornou, ao menos na França, uma "Igreja de indivíduos". Esta modernização interna do corpo católico é inseparável do movimento pelo qual a laicidade impõe-se aí como o quadro institucional normal da vida pública e do exercício religioso. Hoje, pode-se considerar que a Igreja Católica da França já percorreu a maior parte de um caminho de vinculação cultural com a laicidade que completa, assim, a trajetória iniciada com uma aproximação política da República. O movimento funcionou nos dois sentidos. A aculturação dos católicos ao universo da laicidade constituiu um indiscutível encorajamento para a liberalização interna da instituição. No sentido inverso, a pluralização interna da esfera católica é uma componente importante da aclimatização da Igreja à laicidade. Enquanto a diversidade das expressões religiosas se mantém no interior dos espaços religiosos institucionalmente controlados, mesmo que de maneira formal, a gestão laica do religioso pode acontecer e, na verdade, encontra-se consideravelmente facilitada. É a época de uma "laicidade positiva" que pode, de forma ainda melhor, oferecer às instituições religiosas liberalizadas o apoio da neutralidade vigilante do Estado, visto que estas não possuem mais nem os meios nem o propósito de requerer de seus fiéis uma concepção e uma prática comum de obediência.

Colocando, para além do catolicismo, a questão das implicações da desinstitucionalização do ponto de vista da gestão laica do

---

52. Cf. DONEGANI, J.M. *La liberté de choisir* – Pluralisme religieux et pluralisme politique dans le catholicisme français contemporain. Paris: Fondation Nacional des Sciences Politiques, 1993.

religioso, não se contesta a evidência dessa evolução. Coloquemo-nos em um momento ulterior do percurso: aquele em que a combinação da desregulação interna das instituições e da diversificação externa da paisagem religiosa tende a transformar as condições do exercício da função do Estado em questões religiosas. A desregulação institucional e a proliferação dos fenômenos religiosos "extrainstitucionais" tendem conjuntamente a confundir a delimitação dos espaços dentro dos quais as instituições religiosas, por um lado, e o Estado, por outro, exercem respectivamente seu poder. Em princípio, a neutralidade estatal que deve prevalecer é difícil de ser mantida quando conflitos propriamente religiosos – e cuja regulação não pode ser entregue, de acordo com uma jurisprudência constante, ao direito próprio das igrejas[53] – recaem sobre o cenário público. O fato de o Estado ser chamado a testemunhar, em nome da liberdade religiosa de que ele é o garante, em uma sociedade democrática, por associações que reivindicam sua autonomia de intervenção num cenário religioso aberto à concorrência não diz respeito apenas ao caso confuso das novas "seitas". Essa possibilidade estende-se, na verdade, a grupos e correntes formalmente vinculados a instituições religiosas, mas cujas iniciativas escapam praticamente à sua tutela, ou dos quais essas recusam a colocar-se como garantes. A crise da validação institucional do crer favorece a multiplicação dos sistemas do crer regulados comunitariamente, tanto no interior quanto no exterior das grandes igrejas. As questões colocadas à laicidade pelo atual desenvolvimento das seitas traz em germe todas aquelas que podem surgir, nas "grandes religiões", a partir do processo de dispersão comunitária que induz a tendência presente à desinstitucionalização. Não se resolverá o problema decidindo *a priori*, como fez a Comissão Parlamentar de Inquérito sobre as seitas, que os grupos vinculados às "religiões reconhecidas" (sic) serão mantidos fora da investigação. Não bastará, tampouco, abrigar-se por trás do direito recordando que a ativi-

---

53. BOUSSINESCQ, J. Op. cit., p. 52.

dade de toda associação de cunho cultual, se ela está regularmente constituída como tal, será regida ou pela lei de 1901-1907, ou pela lei de 1905. É preciso, de um modo ou de outro, repensar, em função dos problemas novos que a desinstitucionalização faz surgirem, um modelo de laicidade que seja inteiramente estruturado pelo projeto de conter, em todos os campos, as pretensões de uma Igreja Católica em situação de quase monopólio religioso.

Conclusão
Por uma laicidade mediadora

A laicidade tem os meios para esta revisão? Sabemos que ela, hoje, é novamente questionada pelas mudanças que fragilizam o ideal universalista sobre o qual repousa. O triunfo das lógicas liberais em todos os domínios da vida econômica, social e cultural, a desvalorização do papel do Estado, o empobrecimento da concepção moderna da autonomia do sujeito, absorvida pela reivindicação puramente individualista da independência de cada um em sua vida privada, a resignação coletiva diante dos fenômenos de exclusão e o enrijecimento correspondente das corporações de toda ordem, etc.: todos esses processos concorrem para o esfacelamento da laicidade. O foco desse sismo é a crise da instituição escolar, que pulveriza o mito da igualdade através da escola e afeta o dispositivo ideológico e simbólico pelo qual se esperaria que os valores republicanos fossem um bem partilhado pela comunidade dos cidadãos[1]. Evidentemente não é o caso, aqui, de detalhar as múltiplas implicações desse desencantamento do modelo da integração cidadã, mas fazer perceber que o processo de desregulação da laicidade que ele provoca perpassa, agravando-o, aquele da desregulação do religioso. O campo privilegiado desse encontro é o das múltiplas formas de fechamento sobre a identidade e a etnia

---

1. SCHNAPPER, D. *La communauté des citoyens* – Sur l'idée moderne de nation. Paris: Gallimard, 1994.

que favorece a fragmentação social e cultural de nossa sociedade. Tais comunitarismos se alimentam ainda mais facilmente do reservatório de recursos simbólicos e ideológicos constituído pelas grandes religiões pelo fato de que o acesso a esse estoque é mais livre e escapa amplamente aos esforços de controle das instituições[2]. Dessa forma se estabelece uma espiral de bricolagem: a perda de plausibilidade social dos ideais da laicidade favorece as construções étnico-religiosas as mais variadas; a multiplicação dessas bricolagens ativa, ao invés, a desregulação do religioso desacelerando a instrumentalização identitária das peças e partes tomadas emprestado das tradições das grandes religiões. Nesse movimento, os valores e símbolos da laicidade são, além do mais, suscetíveis de mobilizações tão variadas quanto o são os valores e símbolos religiosos. O "caso do véu" mostrou muito bem, no campo altamente simbólico da escola, de quais instrumentalizações políticas contraditórias esses valores laicos podiam tornar-se objeto, desde que o problema da aculturação do islã à Modernidade foi parasitado pelo debate sobre a imigração e sobre a integração dos imigrados na sociedade francesa[3].

Uma "virada cooperativa" nas relações entre as famílias espirituais e o Estado

A constatação dessa flutuação generalizada dos dispositivos reguladores, seja do lado da laicidade, seja do lado das instituições religiosas, não constitui, no entanto, a última palavra na descrição da paisagem religiosa em movimento à qual nos dedicamos ao lon-

---

2. SCHNAPPER, D. Le sens de l'ethnico-religieux. *Archives de Sciences Sociales des Religions*, 81, jan.-mar./1993, p 149-163.
3. O caso de Flers mostrou, principalmente, com o apoio dado por Bruno Mégret aos adversários mais determinados do uso do fular na escola, a capacidade de deturpação do debate público evidenciada pela extrema direita nesse assunto. É preciso acrescentar que o líder nas desavenças da Frente Nacional teve que deixar seu lugar sob as vaias das duas partes, acordadas entre si na recusa da instrumentalização racista da "questão do véu".

go deste livro. Se esta situação incerta faz emergir, como vimos, formas inéditas de experiência e de sociabilidade religiosas, ela favorece igualmente novas composições que podem traçar, finalmente, uma configuração nova do próprio "pacto leigo"[4]. As ameaças que pesam sobre os valores da laicidade suscitam, com efeito, um trabalho de inventário e de renovação desse capital simbólico que mobiliza juntamente as diferentes "famílias de pensamento" e que envolve o Estado. Os adversários de ontem, confrontados ao risco de dissolução do laço social, são levados a pôr em comum um determinado número de recursos simbólicos constituídos no conflito histórico que os colocou em oposição, a fim de contribuir para a preservação e o restabelecimento da memória coletiva, indispensável para a emergência da vontade de viver juntos. A República leiga não se contenta apenas em supervisionar, com o maior cuidado, a manutenção e a valorização do patrimônio comum constituído pelas igrejas e as edificações religiosas da França. Ela tende, hoje, a incorporar explicitamente a memória religiosa nacional na formação e na celebração da continuidade cultural da nação: uma prática galopante de comemorações é regularmente ocasião para isso. Assistimos, por ocasião da celebração do bicentenário da Revolução Francesa, à manifestação solenizada de um "ecumenismo de direitos humanos"[5], que contrastava singularmente, apesar de algumas tensões localizadas[6], com os enfrentamentos ideológicos entre republicanos e clérigos aos quais a celebração do primeiro centenário havia dado lugar. Por outro lado, as autoridades vigiam com atenção redobrada para salvaguardar as celebrações de eventos religiosos históricos no interior de um espaço de referências

---

4. BAUBÉROT, J. *Vers un nouveau pacte laïque?* Paris: Le Seuil, 1990.
5. WILLAIME, J. Laïcité et religion en France. In: DAVIE, G. & HERVIEU-LÉGER, D. (orgs.). *Identités religieuses en Europe*. Paris: La Découverte, 1996.
6. A propósito, principalmente, da acolhida, no Panteão, das cinzas do Abade Gregório, que prestou juramento à constituição civil do clero e encarnava dessa forma, mas de maneira abusiva aos olhos da hierarquia católica, o vínculo da Igreja Católica com os ideais da Revolução Francesa.

compatíveis – ao menos relativamente – com as de uma laicidade aberta. Isso foi visível, quando da comemoração do batismo de Clovis em setembro de 1996, na insistência dada pelo Episcopado em evitar (e fazer com que o papa evitasse) qualquer menção a um "batismo da França", que pudesse alimentar ao mesmo tempo um reforço nacionalista da identidade católica e um fortalecimento religioso da identidade nacional. Em agosto de 1998, por ocasião das Jornadas Mundiais da Juventude, foi a República que se aplicou, na voz de um primeiro-ministro de origem protestante e de um ministro do Interior não suspeito de simpatias devocionais, a representar o interesse da laicidade por um agrupamento que testemunhava um forte apreço aos valores da tolerância, da igualdade entre os povos e de fraternidade. Diante dessa convergência ética trazida à tona pela "corrente da fraternidade", organizada em torno da cidade de Paris e que se definia sem referências religiosas particulares, a pequena manifestação anticatólica organizada no mesmo momento por grupos laicos intransigentes na Praça de Clichy teve pouco peso. Essa unanimidade de conjunto suscita, de ambas as partes, reações irritadas ou contestações indignadas: essas têm, essencialmente, pouca relevância.

Na mesma direção, o debate vasto e pacífico que se abriu há alguns anos sobre a "incultura religiosa" dos alunos, a necessidade de introduzir na escola pública um ensino das diferentes "culturas religiosas" e a necessidade de reavaliar o lugar dedicado aos fatos religiosos nas diferentes matérias do ensino secundário não constitui um episódio anedótico encoberto pelas ondas de projetos de reforma do ensino[7]. Ele marca uma virada cooperativa na relação entre as diferentes famílias de pensamento. Esta cooperação não diz respeito somente à preservação da memória comum. Funciona também por ocasião dos grandes debates éticos relacionados ao futuro da sociedade e da humanidade, tratando-se, por exemplo, da gestão do progresso das pesquisas na biologia e na genética ou ainda

---

7. MESSNER, F. (org.). *La culture religieuse à l' école*. Paris: Le Cerf, 1995.

da luta contra a Aids. As "famílias espirituais" são representadas no Comitê Consultivo de Ética para as Ciências da Vida e da Saúde, criado em 1983, e no Conselho Nacional da Aids, criado em 1989. Esta convergência se desenvolve igualmente no campo da ação social e da solidariedade, sendo que os poderes públicos reconhecem o grande papel das instituições religiosas nesse terreno e fazem apelo expresso a elas na luta contra a exclusão social. Comum em muitos países, essa mútua legitimação da ação social do Estado e a das igrejas constitui um elemento novo na paisagem francesa. Essa aproximação cooperativa não significa que reinem, agora, relações definitivamente pacíficas entre as correntes de pensamento enraizadas na tradição da laicidade e as grandes correntes religiosas. A escola continua a ser, como vimos em 1984 e depois em 1994, um terreno ultrassensível[8]. Os debates relacionados ao aborto ou à procriação medicamente assistida mostraram a existência de lacunas cuja profundidade se pode avaliar novamente com os discursos que surgiram com o Pacs (Pacto civil de solidariedade) que estende aos parceiros não casados, sem distinção de sexo, direitos ligados ao casamento. A questão particularmente delicada do reconhecimento do concubinato homossexual tem força para reativar conflitos de valores que não foram dissipados – muito longe disso – pelas várias expressões oficiais de um ecumenismo de valores surgidas ante as grandes questões éticas e sociais do mundo contemporâneo. Resta que se abriu um novo curso das relações entre a laicidade e as religiões, desde que a perspectiva de uma contribuição comum das tradições religiosas para a renovação da prática cidadã substituiu o enfrentamento, ou a coe-

---

8. Em 1984, o projeto do governo socialista de criar um grande serviço público unificado e laico da educação nacional fez descerem às ruas milhares de católicos, com os bispos à frente. Em 1994, o projeto do governo de direita de autorizar as coletividades locais a financiarem as despesas do investimento dos estabelecimentos privados além de 10% previstos por lei provocou, da parte dos leigos, uma mobilização de igual amplidão.

xistência suspeita, de universos de pensamento que se entendem como irreconciliáveis.

Nada, em tudo isso, sugere qualquer "reconhecimento" das religiões, no sentido que esse termo tinha antes da lei de 1905. O princípio fundamental da laicidade que é a autonomia política do Estado em relação a todas as confissões não poderia mais ser colocada em questão. Também não se trata de opor às invocações dramatizadas da pureza laica a ideia inconsistente de uma laicidade transformada em síntese pluralista das contribuições das diferentes famílias espirituais. Todavia, não se deixa de observar que as relações entre a República laica e as religiões podem se deslocar, e mesmo passar de um regime de neutralidade relativamente pacífica ao de uma cooperação razoável em matéria de produção das referências éticas, de preservação da memória e de construção do vínculo social. Um consenso perfeito permanece um horizonte que não é, provavelmente, nem necessário nem desejável de se atingir algum dia. A existência de uma diversidade de "relações com o mundo" não constitui apenas uma riqueza cultural preciosa, mas também traça uma espécie de debate indispensável à inovação normativa e simbólica exigida por uma sociedade complexa e intensamente submetida à mudança. Todavia, os efeitos de convergência são, hoje, suficientes para induzir, na esfera religiosa como no espaço político, dinâmicas de mudanças significativas.

A dinâmica das relações inter-religiosas e a recomposição da laicidade

O desenvolvimento das relações inter-religiosas é, sem dúvida, entre essas dinâmicas, uma das mais interessantes que se possam hoje destacar. Doze anos após o encontro de Assis e a surpreendente valorização das orientações formuladas na Declaração Conciliar *Nostra Aetate* – que pode ser considerada, da parte católica, a carta de diálogo com as outras religiões – assiste-se na França a uma espantosa proliferação de iniciativas tendendo, no nível das comunidades, a dar um conteúdo concreto à descoberta e ao intercâmbio de experiência espiritual entre as diferentes tradições. Beneficiárias do apoio de uma pesquisa teológica em pleno vigor, estas alimentam, em contrapartida, as reações de defesa patrimonial da "tradição verdadeira", seja entre os católicos quanto entre os protestantes. No catolicismo, essas reações não são obra exclusiva das correntes integralistas ou neotradicionalistas que fizeram do combate contra o espírito de Assis a pedra angular da defesa da ortodoxia católica. Elas se manifestam, também, sob formas menos violentamente agressivas, em ambientes que têm o sentimento de perda, ante esse movimento de reconhecimento dos "valores salvíficos"[9] das outras religiões, suas características identitárias. O temor mais voluntariamente expresso é que o diálogo inter-religioso abra caminho ao sincretismo e às diversas formas do relativismo característico da cultura moderna do indivíduo, ou melhor, que desemboque em sínteses inconsistentes. Esses riscos não deixam de existir. Mas o ponto central do debate é outro. Para além dos temerosos desvios do relativismo e do subjetivismo religiosos, é a questão do *status* da verdade e da pretensão de uma revelação particular a ser assumida inteiramente que está colocada. Esse movimento faz surgir, por parte dos teólogos e dos fiéis cristãos que estão envolvidos com a questão, um conjunto de perguntas inquietantes. O que significa, para um crente de uma determinada confissão, a desabsolutização da verdade que se abre com o confronto de diferentes tradições? Que sentido pode ser dado, nesse contexto, ao enraizamento pessoal e comunitário em uma determinada linhagem de fé? Que concepção da autoridade própria de cada tradição decorre disso? Essas interrogações vivenciadas – que são a substância própria do "diálogo" inter-religioso – apresentam um grande interesse do ponto de vista sociológico. Quando se estudam as práticas inter-religiosas, nota-se, com efeito, que elas estão longe de induzir e aumentar os fenômenos de dispersão individualista das crenças, mas constituem, pelo contrário, uma forma emergen-

---

[9]. A formulação é do teólogo dominicano Claude Geffré.

te e inovadora de regulação da identificação com tradições particulares. Os fiéis parecem ser ainda mais inclinados a reconhecer a especificidade do aporte de sua própria tradição à experiência religiosa da humanidade na medida em que eles atestam e valorizam a pluralidade das revelações apresentadas pelas tradições dos outros. Ao mesmo tempo, as iniciativas inter-religiosas contribuem poderosamente para substituir as iniciativas mais oficiais que tendem a significar, em diferentes campos, a convergência ética das grandes "linhagens de fé" religiosas e laicas. O protesto comum diante do crescimento das manifestações de racismo e de antissemitismo constitui, hoje, o eixo principal dessas iniciativas. Um exemplo recente é o da "Declaração inter-religiosa a propósito da vida política francesa atual" assinada conjuntamente pelo presidente da Conferência dos Bispos da França, o reitor da Grande Mesquita de Paris, o presidente do Comitê Interepiscopal Ortodoxo da França, o presidente do Consistório Central Israelita, o presidente da Federação Protestante da França e o Grande Rabino da França, imediatamente após as eleições regionais de março de 1998 e as alianças seladas entre a direita republicana e a extrema-direita que se lhes seguiram. Evocando "o período em que alguns desvios ideológicos e a indiferença de muitos poderes contribuíram para tornar a Shoah possível", os representantes das grandes correntes religiosas manifestavam juntos, naquele ano do 50º aniversário da Declaração Universal dos Direitos Humanos, sua inquietação perante "o lugar que passou a ocupar na vida política francesa um partido que não escondeu suas teses racistas, xenófobas e antissemitas". Eles pretendiam "atrair a atenção dos franceses sobre a necessidade absoluta de redescobrir os valores fundadores da democracia, dos quais o primeiro é o absoluto respeito à dignidade de todo ser humano"[10]. Feita ao mesmo tempo em que as declarações do presidente da República e do primeiro-ministro que condenavam em termos muito parecidos as teses racistas e xenófobas da Frente Nacional,

---

10. *La Croix*, 29-30/03/1998.

essa declaração manifesta a base ético-política sobre a qual pode ser estabelecido um novo tipo de relações entre as várias correntes religiosas e a laicidade. Esses fundamentos comuns delimitam ainda o espaço no interior do qual pode dar-se – e desta vez de maneira perfeitamente compatível com os princípios de 1905 – uma prática do "reconhecimento" da presença de diferentes tradições religiosas na vida pública e na cultura. Esse reconhecimento não procede do direito, mas do crédito ético e político atribuído a famílias espirituais que dão mostras de sua capacidade de atuar positivamente na defesa e no desenvolvimento de *todas* as liberdades públicas, fora das quais a liberdade religiosa que elas reivindicam para si mesmas não teria nenhum sentido. A capacidade de entrar na dinâmica da cooperação inter-religiosa nesse terreno constitui, nessa perspectiva, um critério essencial do acesso a esse reconhecimento.

Por uma laicidade mediadora

A liberdade religiosa não pode ser reivindicada como um direito absoluto senão na medida em que essa reivindicação ateste absolutamente sua conformidade aos direitos humanos. Reclamar seus benefícios é, para qualquer grupo, aceitar colocar-se a si mesmo na dependência desse sistema. Pouco importa saber se um grupo que invoca a liberdade religiosa inscrita na lei possui um título legítimo para se declarar "religioso". A única coisa que conta, desde que tal grupo reclame esse direito devido pela democracia, deve-se saber em que medida os valores que ele propaga e as práticas que realiza são compatíveis não apenas com o Estado de direito, mas também com o universo de valores que pode, unicamente, garantir-lhe o exercício efetivo do direito que ele reivindica. Sobre o primeiro ponto, o juiz dispõe, civil e penalmente, de instrumentos de controle e de sanção. Sobre o segundo, resta criar uma instância mediadora que possa ser incumbida dos "litígios a respeito dos valores" decorrentes da proliferação dos regimes comunitários de validação do crer, uma instância que elaboraria, caso a caso, uma definição prática (e não jurídica) dos limites aceitáveis da liberdade religiosa praticada em uma sociedade democrática. Sua missão não seria estatuir, mas organizar o debate e tornar públicos seus termos, em todos os casos em que esse exercício da liberdade suscita conflitos que não cabe ao direito regulamentar, mas que tocam igualmente os princípios fundamentais da vida coletiva. Hoje, esse debate acontece da maneira mais anárquica, por meio de mídias interpostas, elas mesmas sujeitas às pressões contrárias das partes envolvidas no debate. A desregulação institucional e a pluralização do religioso não obrigam apenas o Estado laico a reorganizar o dispositivo de repressão dos abusos cometidos em nome da liberdade religiosa. Se o Estado pôde, durante muito tempo, remeter a questão da crença ao domínio da vida privada dos indivíduos e afirmar sua perfeita neutralidade nos confrontos de todas as religiões, é porque ele sabia, ademais, poder contar com a capacidade das instituições religiosas representativas de enquadramento do crer. A desinstitucionalização atual do religioso faz essa ficção ir para os ares. Na medida em que a existência de um regime implícito de cultos reconhecidos passou a não substituir mais a ausência de uma definição jurídica da própria religião em si, ela impõe ao Estado assumir a racionalização do debate suscitado pela delimitação prática do exercício dessa liberdade. Ao aceitar ou recusar o princípio dessa mediação estatal, as diferentes famílias espirituais e o conjunto dos grupos e movimentos que reivindicam para si mesmos o benefício da liberdade religiosa demonstrariam, ademais, ao mesmo tempo, sua aceitação ou sua recusa do quadro democrático no interior do qual essa liberdade pode ser invocada.

A parábola neocaledoniana

Vamos até o fim do raciocínio. Não é muito difícil imaginar que o reconhecimento da contribuição democrática das diferentes famílias espirituais possa, ao contrário, desenvolver-se como um enriquecimento da laicidade, a ponto de constituir um vetor possível de mediação nos conflitos que são, ao mesmo tempo, expressão e resultado da crise da normatividade republicana. Tal perspectiva é muito menos utópica do que parece, pois a demonstração de sua plausibilidade já foi feita. Esse livro se abriu pela parábola da modernidade religiosa. Uma outra parábola pode servir, à guisa de conclusão, para ilustrar a direção na qual pode engajar-se, no contexto dessa modernidade em si, a pesquisa de uma nova prática da laicidade. A maneira como, em 1988, foi apresentada uma solução ao violento conflito que opunha as comunidades melanesiana e europeia na Nova Caledônia, representa um ótimo exemplo.

Vale a pena especificar um pouco os termos deste "estudo de caso", sem, no entanto, tentar restituir de maneira detalhada as origens primitivas do conflito entre uma população melanesiana presente no território antes de 1853 e uma população alóctone implantada desde um pouco mais de um século, descendente dos colonizadores e que possui a alavanca do poder econômico e social. A crise econômica dos anos de 1970 revelou brutalmente as fendas étnicas e socioeconômicas que perduravam sob a fachada da expansão econômica da ilha. A reivindicação da independência canaca é o último degrau da oposição entre um poder policêntrico (o das chefias tradicionais) e o poder do Estado, mas seria redutivo ver nesse conflito uma simples luta de emancipação colonial. Porque a população alóctone que reivindica a valorização econômica do país é, ela mesma, composta, feita de aportes múltiplos oriundos dos antigos colonizadores, mas vindos também da Ásia e da Oceania e formando comunidades fortemente estruturadas. Em 1983, o governo socialista reuniu na França os representantes das principais comunidades, para tentar tratar dessa situação. Estas reconhecem juntas, por uma declaração comum, sua identidade e seus respectivos direitos[11]. Uma missão, dirigida pelo ex-ministro geral da Gália, Edgard Pisani, dirige-se ao local para instalar um mecanismo de regionalização que permita aos canacas, onde eles são maioria, estabelecer políticas de desenvolvimento, nos âmbitos agrícolas e escolares, sobretudo, de acordo com suas necessida-

---

11. Declaração de Nainville-les-Roches, 12/07/83.

des específicas. O movimento que incitava a paz civil foi brutalmente interrompido pela decisão do governo Chirac (com o retorno da direita ao poder de 1986 a 1988) de acelerar o processo no campo institucional. A idéia era que, para resolver o problema dessas terras longínquas, era preciso outorgar-lhes uma autonomia de gestão tão ampla quanto possível. Tal política fez com que se consolidasse uma distribuição desigual do poder territorial em benefício de uma comunidade sobre as outras, com base na maioridade legal. O anúncio de um *referendum* sobre o novo estatuto promulgado em 22 de janeiro de 1988 pôs fogo à pólvora. Em 22 de fevereiro, um comando do FLNKS (Frente de libertação nacional canaca socialista) tomou como reféns nove policiais. A libertação destes por meio da força deu lugar a diversas prisões. Em 22 de abril, no ataque de um posto policial em Fayaoué, quatro policiais foram mortos, vinte e dois levados reféns, além de um magistrado. Sob a pressão da ala direita em sua maioria e do *front* nacional, Jacques Chirac rejeita a intervenção de um mediador pedido pelos líderes do FLNKS, Jean-Marie Tjibaou e Léopold Jorédié, mas o Presidente Mitterrand, partidário da mediação, opõe-se à dissolução do FLNKS. A Nova Caledônia entra em guerra civil. Na eleição presidencial de abril de 1988, Mitterrand é reeleito com ampla maioria. Mas em 5 de maio, antes da nomeação do novo governo socialista, o governo Chirac, ainda nas funções, ordena aos paraquedistas, policiais e marinheiros tomarem de assalto a Grota de Ouvéa, onde estavam refugiados os sequestradores: dois policiais e dezenove independentistas morreram nessa operação.

Esses dados cronológicos são indispensáveis para compreendermos o alcance da iniciativa tomada pelo Primeiro-ministro Michel Rocard. A partir de sua nomeação, ele criou uma missão de seis pessoas encarregada de "avaliar a situação e restabelecer o diálogo na Nova Caledônia". Essa missão, que deveria permanecer um mês no local, não possuía instruções precisas: cabia-lhe criar os contatos e implantar ações de conciliação indispensáveis ao restabelecimento do diálogo entre as comunidades. A escolha dos membros dessa missão é particularmente interessante. Seu coordenador, encarregado da redação do relatório final que esclareceria a situação ao governo, é o Prefeito Christian Blanc, braço direito de Edgard Pisani na primeira missão, que conhece muito bem o dossiê caledoniano. Ao seu lado, encontram-se outros dois "grandes delegados do Estado": o primeiro é o Subprefeito Pierre Steinmetz, colaborador próximo de Raymond Barre, cuja presença mostra claramente que a regularização do caso caledoniano deve transcender as questões políticas habituais; o segundo é Jean-Claude Périer, ex-diretor da polícia, cuja ação inteligente foi muito bem-vista em maio de 1968: conselheiro de Estado, ele representa uma garantia para o exército e das forças da ordem. Esses três representantes da República têm ao seu redor três membros das "famílias espirituais" fortemente presentes no território da Caledônia. O primeiro é o Monsenhor Paul Guiberteau, reitor do Instituto Católico de Paris, ex-diretor do ensino católico e autor do primeiro plano na ocasião do conflito sobre a escola privada de 1984. Único membro da missão sem experiência na Caledônia, ele é uma personalidade marcante do catolicismo francês. Além de os europeus caledônicos serem majoritariamente católicos, sua presença na missão permite, também, que Michel Rocard mostre que a querela escolar pertence ao passado. O segundo é o Pastor Jacques Stewart, presidente da Federação Protestante da França, cuja presença é muito importante porque os melanesianos pertencem, em grande parte, às igrejas evangélicas (presbiteriana, sobretudo). O terceiro é Roger Leray, ex-Grand Maître do Grand Orient de France, já cogitado como mediador por François Mitterrand, na fase anterior do conflito: a franco-maçonaria é muito presente na ilha, e os dois líderes independentista (Jean-Marie Tjibaout) e lealista (Jacques Lafleur) são, um e outro, franco-maçons. A vinda da missão é acolhida com ceticismo e inclusive com frieza, por parte da FLNKS e do RPCR (União pela Caledônia na República), braço caledônio do partido de Jacques Chirac, em quem os europeus caledônios se reconhecem amplamente.

O trabalho da missão comportava duas fases distintas. A primeira, de 20 a 28 de maio de 1988, tinha dois objetivos principais: por um lado, restabelecer o diálogo entre as diferentes comunidades da Nova Caledônia e o Estado, restaurando a legitimidade desacreditada da República na ilha; por outro lado, estabelecer um diagnóstico social e político da situação. O fato mais marcante é o lugar que foi dado, nessa fase, a ações simbólicas, mais do que a discussões. Após os indispensáveis encontros com os representantes das comunidades, das igrejas e das organizações políticas, sindicatos e profissionais sociais, os "missionários" começam seu percurso em campo por Ouvéa, território habitado por melanesianos. Eles se encontram com os chefes costumeiros, fazem a habitual troca de palavras e se dirigem à fossa comum onde estão enterrados os dezenove sequestradores mortos no assalto à grota, e onde balança a bandeira canaca[12]. Esse trajeto, que provoca indignação entre os lealistas, abre espaço do lado dos independentistas. Ele marca o início de um trajeto simbólico em que a gestão do silêncio teve tanta importância quanto os discursos verbais. Na própria grota, o Prefeito Blanc declara solenemente: "Aqui ocorreram fatos muito duros. Eu não quero fazer-lhes um discurso. Nós viemos partilhar o silêncio com vocês". Mesmo silêncio no posto policial de Fayaoué, onde quatro policiais foram massacrados em abril. O respeito prestado a todos os mortos é a primeira condição para o diálogo. No dia 26 de maio, a missão encontra-se com Jean-Marie Tjibaou, em sua Vila de Hienghène. Esse encontro com aquele que, apesar das pressões dos partidários mais duros da independência, continua a ser o símbolo da luta canaca, anuncia a entrada da mediação em uma segunda fase: a das negociações. Após as visitas costumeiras aos chefes, e a refeição dos missionários na tribo, Tjibaou abre a porta ao diálogo: "Podemos colocar um ponto final aos conflitos –

---

12. "Nós viemos para saudar os mortos – declaram eles – e não uma bandeira. E se esse emblema é o de uma identidade e de uma dignidade reivindicadas, por que deveríamos estar chocados com isso? Não é preferível lutar com uma bandeira a lutar com fuzis?" (*Libération*, 26/05/88).

declara ele – se pudermos vislumbrar a esperança. É preciso encontrar-se para apresentar os problemas, e cada um exprimirá, então, suas inquietações, suas reivindicações, seus direitos a respeito do futuro. Poderemos assim elencar os problemas, ver o que pode ser discutido, as soluções que são possíveis e definir um cronograma para elas. Cada um fará concessões. No início, cada um começa colocando a barra no ponto mais alto possível, isso é normal. Em seguida, com as discussões, se verá se os interesses de uns e de outros são negociáveis. É absolutamente necessário que, ao redor da mesa, encontremos uma saída para a reivindicação canaca"[13]. A missão recolhe as proposições da Frente Independentista. Ao mesmo tempo, encontra os jovens, os "broussards" (colonos lealistas), os representantes das comunidades caledônia, walisiana, futuniana, polinesiana, vietnamita, etc. No local, a situação continua extremamente tensa, mas os contatos coletivos iniciados pela missão com todos os grupos sociais criam condições mínimas de confiança para a entrada na fase de discussões. Esta dura de 26 de maio a 6 de junho. J.C. Périer acompanha um dia inteiro de atividade dos policiais móveis. O Pastor Steward conversa, a pedido de Jean- Marie Tjibaou, com os comitês de luta canaca. O Cônego Guiberteau participa da primeira peregrinação organizada com todas as comunidades juntas pelo conjunto das igrejas. Christian Blanc e Pierre Steinmetz encontram-se secretamente com os dois líderes independentistas, Tjibaou e Yeiwéné, depois, também sem a presença das mídias, com Jacques Lafleur, líder dos caledônios europeus. Em primeiro de junho, Jacques Lafleur se declara, pelo rádio, disposto ao diálogo. Pela primeira vez, ele reconhece a dimensão étnica da questão caledônia, admitindo que se sacrifícios são exigidos àqueles que exigem a independência "em nome de primeiro ocupante", "nós devemos dar também e livremente consentir sacrifícios". Em 4 de junho, a partir dessas múltiplas orquestrações, a missão inicia a redação do relatório que o Prefeito Blanc en-

---

[13]. *Le Figaro*, 27/05/88.

via a Michel Rocard. Esse relatório propõe um novo estatuto para esse território: uma divisão do espaço em distritos federais ou regiões autônomas respeitando a divisão das populações; um *referendum* em dez anos pelo qual os dois distritos federais se pronunciarão pela permanência no âmbito francês ou pela independência. Retornando à França no dia 7 de junho, a missão é recebida pelo primeiro-ministro. Esse considera que o trabalho da missão trouxe esperanças e abre "perspectivas de um diálogo direto entre as comunidades, com a arbitragem e sob a autoridade do Estado". A partir desse momento se inicia um processo acelerado de visitas e de encontros entre os diversos parceiros. Os acordos Martignon são assinados no dia 26 de junho, com dois dias de antecedência em relação ao calendário previsto.

Elogiados pela opinião pública unanimemente como um método político original e bem-sucedido, esses acordos não resolveram todos os problemas – longe disso – da Nova Caledônia. Mas a missão dirigida por Christian Blanc restabeleceu as condições da ordem pública e contribuiu para traçar os caminhos de uma paz civil. Ela pôs em marcha, com passos certos, uma dinâmica que encontrou um primeiro resultado na assinatura, em abril de 1998, dos acordos de Nouméa sobre o futuro da Nova Caledônia pelo Primeiro-ministro L. Jospin, J. Lafleur, presidente do Rassemblement pous la Calédonie dans la République (Liga pela Caledônia na República), e R. Wamytan, presidente do FLNKS independentista. Interferindo em um momento de crise aguda, ela restaurou não apenas para os neocaledônios, mas para todos os cidadãos franceses a credibilidade dos ideais republicanos, para além do conflito ideológico entre as correntes políticas favoráveis à conclusão imediata da descolonização, menosprezando a realidade social local e as correntes pela preservação intransigente da unidade do território, mesmo que ao preço da violência. Não é necessário mencionar o caráter inédito desse percurso, no contexto tão ideologizado da vida política francesa. Mas o interesse disso reside não simplesmente na abordagem pragmática da realidade envolvida. Está, sobretudo, no tipo de mobilização ética que a missão permitiu situar no centro da ação política. Os enviados do governo não estavam encarregados de propor um programa para a Nova Caledônia. Eles estavam lá para ouvir e tomar a sério o que os atores tinham a dizer. A missão os convidou a apresentar os valores que podiam servir para refazer o diálogo entre eles, oferecendo-lhes o testemunho da "convergência republicana" das tradições encarnadas por cada um dos membros da missão: tradição do serviço público, tradição do exército, tradições das igrejas cristãs, tradições do livre pensamento racionalista, etc. essas tradições traçam, em função dos dados próprios à Nova Caledônia[14], a constelação de uma laicidade desconflitualizada, transformada em dispositivo de produção de valores comuns e pluralistas.

O processo da mediação laica implantado nesse caso consistiu em abrir ao máximo a possibilidade oferecida aos atores de expressar sua visão própria do mundo, a fim de restaurar, de religar ou de estabelecer, a partir da diversidade e das contradições que se manifestam entre essas expressões, laços entre todos aqueles que estão envolvidos no conflito. A conciliação dos pontos de vista, que a presidência arbitral do representante da República tinha por função fazer acontecer, não se inscreveu na redação de uma moção de síntese mais ou menos frágil. Ela deu-se através de um trabalho de reconstituição do tecido social, permitindo que se estabeleçam relações de confiança e de cooperação entre os diferentes protagonistas. Esse trabalho os tornou aptos a produzirem eles mesmos o compromisso concreto que demanda a vida das diferentes comunidades. Os agentes mediadores e, sobretudo, os representantes das grandes famílias espirituais, não interferiram do exterior nas discussões, a título de representação de um ponto de vista ideológico

---

14. Assim, a ausência de representantes do judaísmo se explica pela inexistência de uma comunidade judaica na Nova Caledônia. É uma questão interessante perguntar-se se a sua presença deveria ter sido garantida apesar de tudo – do ponto de vista da lógica da trajetória adotada – ou se as condições concretas do diálogo a ser engajado justificavam essa ausência.

ou de interesses particulares. Eles se envolveram pessoalmente em um processo não definido com antecedência, de produção de um "quadro de valores" que permitisse organizar e orientar a expressão pública das aspirações dos grupos presentes. Um exercício desse tipo poderia ser repetido para tratar de outros problemas nos quais está envolvida a definição mesma dos fundamentos do vínculo social: lógicas de exclusão, lugar do estrangeiro, relações de trabalho, as relações entre as gerações, redefinição da conjugalidade, renovação da educação, etc.? Pode-se, em todo caso, considerar que o método utilizado naquela ocasião abriu ao mesmo tempo caminhos para uma renovação possível da prática da laicidade e das práticas de uma cooperação inter-religiosa que poderia tornar-se a base de um "reconhecimento" original da contribuição das várias "famílias espirituais" para a vida pública. Não é proibido sonhar que esta experiência possa alimentar outras mais.

CULTURAL

Administração
Antropologia
Biografias
Comunicação
Dinâmicas e Jogos
Ecologia e Meio Ambiente
Educação e Pedagogia
Filosofia
História
Letras e Literatura
Obras de referência
Política
Psicologia
Saúde e Nutrição
Serviço Social e Trabalho
Sociologia

CATEQUÉTICO PASTORAL

Catequese
Geral
Crisma
Primeira Eucaristia

Pastoral
Geral
Sacramental
Familiar
Social
Ensino Religioso Escolar

TEOLÓGICO ESPIRITUAL

Biografias
Devocionários
Espiritualidade e Mística
Espiritualidade Mariana
Franciscanismo
Autoconhecimento
Liturgia
Obras de referência
Sagrada Escritura e Livros Apócrifos

Teologia
Bíblica
Histórica
Prática
Sistemática

VOZES NOBILIS

Uma linha editorial especial, com importantes autores, alto valor agregado e qualidade superior.

REVISTAS

Concilium
Estudos Bíblicos
Grande Sinal
REB (Revista Eclesiástica Brasileira)
SEDOC (Serviço de Documentação)

VOZES DE BOLSO

Obras clássicas de Ciências Humanas em formato de bolso.

PRODUTOS SAZONAIS

Folhinha do Sagrado Coração de Jesus
Calendário de mesa do Sagrado Coração de Jesus
Agenda do Sagrado Coração de Jesus
Almanaque Santo Antônio
Agendinha
Diário Vozes
Meditações para o dia a dia
Encontro diário com Deus
Guia Litúrgico

CADASTRE-SE
www.vozes.com.br

EDITORA VOZES LTDA.
Rua Frei Luís, 100 – Centro – Cep 25689-900 – Petrópolis, RJ
Tel.: (24) 2233-9000 – Fax: (24) 2231-4676 – E-mail: vendas@vozes.com.br

UNIDADES NO BRASIL: Belo Horizonte, MG – Brasília, DF – Campinas, SP – Cuiabá, MT
Curitiba, PR – Florianópolis, SC – Fortaleza, CE – Goiânia, GO – Juiz de Fora, MG
Manaus, AM – Petrópolis, RJ – Porto Alegre, RS – Recife, PE – Rio de Janeiro, RJ
Salvador, BA – São Paulo, SP